Gisela Gottschalk · Chinas große Kaiser

Gisela Gottschalk

Chinas

Die chinesische
Herrscherdynastie
in Bildern, Berichte
und Dokumente

große Kaiser

Ihre Geschichte – Ihre Kultur – Ihre Leistungen

Für meinen zu früh verstorbenen Freund
Winfried Barthold

Genehmigte Lizenzausgabe 1985 für
Manfred Pawlak Verlagsgesellschaft mbH, Herrsching
Schutzumschlaggestaltung: Graupner + Partner, unter Verwendung der »Figur eines berittenen Bogenschützen« (T'ang-Zeit, Museum Sian).

Druck: Uhl, Radolfzell
ISBN: 3-88199-229-4

Inhalt

Fu Hsi, der erste der mythischen Urkaiser, galt als Schutzgott der Gelehrten, mit deren äußerlichen Kennzeichen, lange Finger- und Fußnägel, ihn der Maler Ma Lin (Sung-Dynastie) dargestellt hat.

I Der Ursprung der »Himmelssöhne«

Von den mythischen Urkaisern zur Shang-Dynastie

»Söhne des Himmels« nannten sich die chinesischen Kaiser, und um die wunderbare Geburt der frühesten Herrscher als Folge der Vereinigung irdischer Mütter mit dem höchsten Himmelsgott, dem Jade-Kaiser, ranken sich phantastische Sagen. In einer Zeit, die ganz im Zeichen des Glaubens an Götter, Geister und Dämonen stand, galt der Kaiser aufgrund seiner göttlichen Herkunft als Vermittler zwischen den Bewohnern der Erde, den Geistern der Ahnen und dem Reich übernatürlicher Kräfte. Zugleich oberster Schamane und Medizinmann seines Volkes, vermochte er Naturgottheiten und Geister zu besänftigen und umzustimmen, ihren Willen zu erforschen und ihre Forderungen – meist ging es dabei um Blutopfer – zu erfüllen. Zu seinen wichtigsten Aufgaben gehörte der Regenzauber.

18 000 Jahre lang, so berichtet die Legende, haben Gottkaiser das Reich der Mitte regiert. In diesen mythischen Zeiten sollen die Menschen jahrhundertelang gelebt haben. Dieses sagenhafte Alter der früh- oder vorchinesisch-mongolischen Kultur wurde 1980 durch den sensationellen Fund einer versteinerten, 30 000 Jahre alten Schildkröte in Sibirien bestätigt. Auf ihrem Panzer entdeckten die Archäologen eine Art Himmelskarte. Unter den eingebohrten Sternbildern ließen sich der Große Bär und der Polarstern identifizieren. Tatsächlich gingen die chinesischen Astronomen bei der Berechnung des Kalenders häufig nicht von der Sonne, sondern vom Polarstern aus, der als Zentrum des Himmels galt. Deshalb trägt China in der Sprache der Chinesen von alters her den Namen *Chung-kuo*, Reich der Mitte.

Nur die letzten acht »Urkaiser« jenes Goldenen Zeitalters sind uns namentlich bekannt. Fu Hsi, der älteste der sogenannten Drei Erhabenen, soll um 2800 v. Chr. die Schrift und den Kalender erfunden haben; aber auch der Fischfang, die Domestizierung der ersten Tiere sowie die Seidenraupenzucht und das Seidenweben werden auf ihn zurückgeführt. Fu Hsi und seine Gemahlin, die göttliche Kaiserin Nü-kua, werden meist mit Drachen- oder Schlangenleibern dargestellt. Schon aus dieser Zeit also scheint der Drache mit den fünf Krallen als Symbol der Kaiser zu stammen. Fu Hsis Nachfolger war Shen-nung, der »Heilige Bauer«, ein Heros, der den Körper eines Menschen und das Haupt eines Stiers besaß. Er schenkte seinem Volk den Pflug, brachte ihm die Grundlagen des Ackerbaus bei und führte die fünf Feldfrüchte Hirse, Weizen, Reis, Gerste und Bohnen ein. Er lehrte die Menschen auch den Gebrauch der Heilkräuter und soll als Grundlage der Arzneimittelkunde ein Buch verfaßt haben, in dem einhundert verschiedene Pflanzen behandelt wurden. Man nannte ihn den Roten Kaiser, weil das Feuer sein Schutzelement war.

Eine erbliche Thronfolge und eine Herrscherdynastie gab es zu dieser Zeit noch nicht. Der Kaiser bestimmte einen ihm besonders geeignet erscheinenden jungen Mann zu seinem präsumtiven Nachfolger, beaufsichtigte seine Erziehung und nahm ihn durch Adoption in seine Familie auf. Diese »Adoptivmonarchie« der Urkaiser wurde später von Konfuzius, dem einflußreichsten Philosophen der gesamten chinesischen Kultur, als die ideale Staatsform gepriesen. Shen-nung hatte einen Mann namens Huang-ti zum Nachfolger auserwählt, doch Ch'ih-yü, der Sohn oder Enkel des Kaisers, machte seinen Anspruch auf den Thron mit Waffengewalt geltend und erwarb sich damit den traurigen Ruhm, der »Erfinder des Krieges« zu sein. Huang-ti besiegte ihn und trat als letzter der Drei Erhabenen, zugleich aber auch als erster der Fünf Kaiser die Herrschaft an.

Dem Gelben Kaiser, wie Huang-ti nach seinem Schutzelement, dem gelben Lößboden seines Reiches, genannt wurde, wird die Erfindung des Kompasses, der Töpferscheibe, des Rades und der Seeschiffahrt zugeschrieben. Lange galt er auch als Initiator der chinesischen Medizin. Man hielt ihn für den Verfasser des *Huang-ti nei-ching*, das heißt »Buch des Gelben Kaisers über die innere Medizin«. Heute steht zwar eindeutig fest, daß dieses anatomische und physiologische Grundlagenwerk erst im 1. Jahrhundert v. Chr. entstand. Es ist jedoch durchaus möglich, daß die anonym gebliebenen Autoren auf eine wesentlich ältere Vorlage zurückgegriffen haben. Lei Kung, ein Schüler des Gelben Kaisers, soll ein Buch über Pharmakologie geschrieben haben, in dem Drogen mineralischer, pflanzlicher und tierischer Herkunft behandelt wurden. Huang-ti wurde später als das Idealbild eines Herrschers besonders von den Taoisten verehrt, den Anhängern einer von dem Weisen Lao-tse begründeten philosophischen und religiösen Lehre, die das kulturelle Leben Chinas zweieinhalb Jahrtausende geprägt hat und noch heute weit über Asien hinaus wirksam ist.

Über die Kaiser Chuan-hsü und K'u ist kaum mehr zu berichten, als daß sie beide etwa siebzig Jahre lang die Herrschaft ausgeübt haben sollen. Etwas mehr wissen wir dagegen über Yao, den vierten der Fünf Kaiser. Seine Minister Hsi und Ho gelten als Begründer der Astronomie. Der Überlieferung nach haben sie erstmals den Lauf der Sonne, des Mondes und der Planeten berechnet und aufgezeichnet. Einer anderen Interpretation zufolge war Hsi-ho allerdings der Name eines Gottes, der – wie der griechische Helios – die Sonne über das Firmament lenkte.

Zur Zeit Yaos ereignete sich eine ungeheure sintflutartige Überschwem-

Der »Gelbe Kaiser« im Gespräch mit seinem Vorgänger Shen-nung, dessen klassisches Buch der Medizin angeblich auch das Rezept für die Pille der Unsterblichkeit und für die Herstellung von Gold enthielt.

mung. Die segensreichen Monsunwinde schenkten den Bauern wohl reiche Ernten, aber sie führten auch zu Hochwasser und mörderischen Überschwemmungen. Nicht nur der ungebärdige Gelbe Fluß, der Huangho, auch die anderen großen Flüsse des Landes traten über ihre Ufer, und die Wassermengen reichten bis an den Himmel, wie die Legende zu berichten weiß. Der Gelbe Fluß spielt in der Entwicklung des Chinesischen Reiches eine ähnlich wichtige Rolle als Lebensader wie der Nil für Ägypten oder Euphrat und Tigris für Mesopotamien. Im Gegensatz zu ihnen aber war der Huangho ein unberechenbarer, tückischer Strom, der gewaltige Schlammassen vor sich herschob und die breite Ebene, durch die sein Flußbett führte, immer wieder in eine gefährliche Morastlandschaft verwandelte. In dem Zeitraum zwischen

Die Brüder Hsi und Ho erhalten von Kaiser Yao den Auftrag, einen Kalender zu schaffen. (Illustration aus einem Druck des *Buches der Urkunden*, Ch'ing-Zeit.)

2278 v. Chr. und 1922 n. Chr. soll der Gelbe Fluß nicht weniger als 418mal die Deiche gesprengt und mindestens zehnmal sein Flußbett gewechselt haben. Jedesmal fiel ihm fruchtbares, frisch bestelltes Ackerland zum Opfer. Dennoch begann Chinas Geschichte in der großen Schleife des Huangho. Hier liegt die Keimzelle der chinesischen Kultur; in dem ertragreichen Lößboden fand man Spuren der ältesten Ansiedlungen.

Zahlreiche chinesische Märchen und Sagen ranken sich um Naturkatastrophen. Wie in der biblischen Sintflut-Erzählung kommt der Rettung der Tiere dabei ein besonderes Gewicht zu. In dem Märchen *Das große Wasser* hilft die in den Ahnenhimmel eingegangene Großmutter, eine Göttin, ihrer Familie, die furchtbare Überschwemmung in einem Schiff zu überleben. Sie befiehlt ihren Nachkommen ausdrücklich, alle Tiere, die herangetrieben werden, zu retten, nicht aber die Schwarzköpfe – die Menschen.

Die Legende feiert Kaiser Yao als ersten Bezwinger der Sintflut. Er bat, so heißt es, den Urenkel von Huang-ti um Hilfe, dessen Name Kun soviel wie »Großer Fisch« bedeutet, und dieser ließ Dämme aus »schwellender Erde« errichten, die sich unaufhörlich vermehrte. Weil aber Kun diese magische Erde zuvor seinem im Himmel thronenden Urgroßvater entwendet hatte, mußte er bitter büßen: Huang-ti ließ ihn von Chu-jung, dem himmlischen Scharfrichter und Geist des Feuers, erschlagen. Doch sein Leichnam verweste nicht. Drei Jahre später wurde sein Leib mit einem Schwert geöffnet, und sein Sohn Yü entstieg ihm, um das unvollendete Werk seines Vaters fortzuführen.

Gerühmt wird die asketische Bedürfnislosigkeit des mythischen Urkaisers Yao. »Er ernährte sich von rauher Hirse und aß bittere grüne Suppe«, erzählt Han Fei, ein chinesischer Philosoph, der im Jahre 233 v. Chr. von dem mit ihm rivalisierenden Minister Li Ssu zum Selbstmord gezwungen wurde. »Im Winter ging er mit Fellen bekleidet und im Sommer mit rauhen Pflanzenfasern. Selbst der geringste Torwächter war nicht schlechter gekleidet und ernährte sich nicht schlechter als er.«[1*] In der Lehre des Konfuzius erhielt Yao einen Ehrenplatz als »Heiliger König«, als eine vollkommene, ideale Herrschergestalt.

Nachfolger Yaos wurde sein Ratgeber und Schwiegersohn Shun. Sein Beiname »Herr der Elefanten« läßt eher auf einen Waldgott schließen, dem der Schutz der Tiere in der Wildnis oblag, als auf einen irdischen Herrscher. Doch soll er seinem Volk besonders praktische Fertigkeiten für den Haushalt und den Lebensunterhalt wie etwa die Töpferei vermittelt haben. Unter Shuns Herrschaft vollbrachte Yü, bekannt geworden unter den Ehrentiteln »Der Meister der Fluten« und »Der große Ingenieur«, das gewaltige Werk der Eindämmung der Flüsse. Auf seine Bitte schenkte sein Urahn Huang-ti ihm ein wenig »schwellende Erde«, ein

* Die hochgestellten Ziffern beziehen sich auf die entsprechenden Nummern der »Zitatnachweise«, Seite 258.

Shun, der letzte der mythischen Urkaiser, hilft den Bauern auf dem Berg Li bei der Feldarbeit. (Druck vom Anfang des 18. Jh.s)

Wundermittel, mit dessen Hilfe er angeblich »233 559 Flußläufe« eindämmte. Außerdem errichtete Yü ein wohldurchdachtes System von Abzugsgräben und Tunneln. Diese gigantischen Leistungen der altchinesischen Wasserbaukunst stellen sogar die Großtaten des griechischen Herakles in den Schatten.
Eine Weissagung verhieß Yü den Thron. Wer den weißen Fuchs mit

neun Schwänzen erblickt, so hieß es, der sei zum Herrscher bestimmt. Eines Tages sah der »große Ingenieur« tatsächlich das Fabeltier, und das Orakel ging in Erfüllung. Nach dem Tode Shuns, dem letzten der Fünf Kaiser, begründete Yü um 1994 v. Chr. die in ihren Anfängen noch legendäre Hsia-Dynastie.

Soweit die Legende. Historische oder archäologische Indizien für einen realen Hintergrund der Überlieferung von den Drei Erhabenen und den Fünf Kaisern gibt es bis heute nicht. Die geschichtliche Zeit beginnt in China frühestens um das Jahr 2000 v. Chr., gleichzeitig mit der Erfindung der Bronze. Jetzt erst trat die erste Dynastie auf, für deren Existenz wir zumindest gewisse Anhaltspunkte besitzen.

Das chinesische Neolithikum (Jungsteinzeit) wird in die Zeit zwischen 6000 und 2000 v. Chr. datiert. In diesem Zeitraum entwickelten sich die Yang-shao- und die Lung-shan-Kultur. Das Zentrum der ersteren befand sich am Gelben Fluß, wo die Reste zahlreicher neolithischer Siedlungen und Friedhöfe entdeckt wurden. Die Menschen lebten in kreisförmig oder oval angelegten Dörfern und errichteten ihre Häuser aus Lehm, Holz und Stroh. Sie bauten Hirse an, domestizierten Ziegen, Schweine sowie Hunde und verstanden sich auf Fischfang und Jagd. Ihre schwungvollen rötlichen Keramikschalen, -becher und -töpfe wurden noch von Hand geformt und mit Linien oder geometrischen Mustern bemalt.

Einiges Kopfzerbrechen bereiten chinesischen Archäologen noch immer die »Schriftzeichen« von Pan-p'o-ts'un und Chiang-chai, zwei nur 15 Kilometer voneinander entfernt liegenden jungsteinzeitlichen Dörfern in der Provinz Shensi. In Pan-p'o-ts'un entdeckte man Keramik mit seltsamen schriftähnlichen Ritzzeichnungen, die in den feuchten Ton

Rekonstruktion des neolithischen Dorfes Pan-p'o-ts'un nahe Sian. Die Reste der ca. 6000 Jahre alten Siedlung wurden 1953 beim Bau einer Fabrik entdeckt.

eingepreßt worden waren. In Chiang-chai kam eine Reihe von Gefäßen mit eingeritzten Zeichen am Rand zutage, möglicherweise frühe Werkstatt- oder Töpfermarken. Die augenfällige Verwandtschaft dieser Keramikzeichen mit Clan-Emblemen und numerischen Zeichen der späteren Shang-Dynastie spricht für die Vermutung, daß es sich bei diesen Ritzzeichen um die Anfänge der chinesischen Schrift handelt.

Die auf dem Gebiet der Landwirtschaft bereits höher entwickelte Lung-shan-Kultur entstand etwa zur gleichen Zeit an der Ostküste Chinas mit Schwerpunkten in den Provinzen Shantung und Kiangsu. In ihrer Blütezeit um 3000 v. Chr. drang sie bis ins Herz des Yang-shao-Kulturbereichs, nach Honan, vor. Ihre meist schwarze, dünnwandige und glänzend polierte Keramik wurde bereits auf der Drehscheibe geformt. Charakteristisch für die Lung-shan-Kultur sind Kannen mit drei Füßen, in denen Hirsewein erwärmt wurde. Hirse bildete die Grundlage der Ernährung. Außerdem wurden Pfirsiche, Erdnüsse, Melonen und Wasserkastanien angebaut, vereinzelt auch bereits Reis und Weizen. Neben Schweinen und Hunden züchteten die Lung-shan-Leute Kühe, Schafe und zähmten vielleicht schon die ersten Wildpferde. Bekannt waren in beiden chinesischen Frühkulturen sowohl die Webtechnik als auch das Flechten von Matten und Körben. Schmuck fertigte man aus Jade und Alabaster an.

Eine kulturhistorische Revolution bedeutete die Erfindung der Bronze vor fast 4000 Jahren, also die Technik der Legierung aus Kupfer und Zinn.

Diese 30 cm hohe Wasserkanne vom Typ *kuei* aus der Lung-shan-Kultur wurde in Wei-fang (Prov. Shantung) gefunden (Höhe 29,7 cm).

Aus dem kostbaren Metall wurden in erster Linie die für den Ahnenkult so wichtigen Ritualgefäße gegossen. Die schon traditionsreiche Verehrung der Vorfahren stand in engem Zusammenhang mit dem Fruchtbarkeitskult. Die Ahnen galten als Erhalter und Beschützer ihres Geschlechts, deshalb brachte man ihnen regelmäßig Opfer dar. Die Ahnen der Herrscher wurden als Hüter der Dynastie angesehen. Der Ahnenkult war es übrigens, der archäologische Forschungen noch in unserem Jahrhundert in China erheblich behinderte, da die empörte Bevölkerung aus Sorge um die Ruhe und das Wohlwollen ihrer Ahnen wissenschaftliche Grabungen oft gewaltsam unterband. Erst die Volksrepublik China ermöglichte den Ausgräbern eine kontinuierliche Arbeit.
Die frühen Ritualbronzen wurden mit Hilfe von tönernen Teilformen und einem inneren Tonkern gegossen. Man unterscheidet nicht weniger als achtzehn verschiedene Gefäßformen, die auf einen hochentwickelten und spezialisierten Totenkult schließen lassen. Einige besonders schöne und wertvolle Weinopfergefäße erhielten die Gestalt von Tieren. Die große chinesische Kunst der Tierplastik späterer Zeiten dürfte hier ihren Ursprung haben. Die Bronzegefäße in Form von Büffeln oder Elefanten erfüllen die Ansprüche des Ästheten und des Pragmatikers gleichermaßen. Sie sind eigenständige Kunstwerke, die Kraft, Wesen und Anmut des dargestellten Tieres vollendet wiedergeben und zugleich ihrer funktionellen Aufgabe als Weinkanne gerecht werden. Die schlichte, kraft-

Bronze-Gießgefäß für Opferwein aus der späten Shang-Zeit (Höhe 17,2 cm). Der kleine Elefant auf dem Rücken des großen bildet den Deckelknauf.

volle Formgebung weist darüber hinaus bereits die typischen chinesischen Stilelemente auf.
Die Erfindung der Bronze fällt in die Zeit der Hsia-Dynastie, deren Begründer Yü uns schon begegnet ist. Die Herrscher dieses Geschlechts führten den Königstitel. Insgesamt siebzehn von ihnen sollen 471 Jahre lang regiert haben. Obwohl die archäologischen Beweisstücke für diese Zeit noch sehr spärlich sind, herrscht heute bei den Forschern weitgehend Einigkeit darüber, daß man die Hsia-Dynastie nicht einfach als Phantasieprodukt späterer historischer Spekulation beiseite schieben kann.[2] Aufgrund moderner Berechnungen kommt man auf den Zeitraum zwischen 1994 und 1523 v. Chr.
Bei Ausgrabungen in dem Dorf Erh-li-t'ou im Westen der Provinz Honan, die zwischen 1959 und 1964 durchgeführt wurden, glaubten die chinesischen Wissenschaftler zunächst, das sagenumwobene Po, die erste Hauptstadt der Shang-Zeit, gefunden zu haben. Es wurde eine nahezu quadratische, steinhart gestampfte Erdterrasse mit einem Umfang von 100 zu 108 Metern freigelegt, auf welcher sich, wie Spuren von Pfostenlöchern und Reste von Fundamenten zeigen, einst Repräsentationsgebäude erhoben, die als Vorläufer der späteren chinesischen Palastarchitektur gelten können. Bei Nachgrabungen im Jahre 1975 entdeckte man hier zahlreiche sehr schöne Jadearbeiten und Bronzewaffen, die ins 19.–16. Jahrhundert v. Chr. datiert werden, also in die Zeit der Hsia. Man nimmt deshalb heute an, daß in Erh-li-t'ou eine Hauptstadt der Hsia-Dynastie lag, die mit dieser These endgültig in historische Zeit gerückt wird.
Bereits die Legende verbindet Yü, den Begründer dieser Dynastie, aufs engste mit dem Bronzezeitalter. Er goß, so heißt es, eigenhändig neun monumentale Dreifußkessel, einen für jede Provinz seines Reiches, die jeweils mit einer Art Landkarte verziert waren, die alle geographischen Besonderheiten des betreffenden Landesteiles festhielt. Vergleichbare Dreifußkessel wurden tatsächlich gefunden. Es handelt sich um die sogenannten *yü-tings*, monumentale Bronzekessel auf drei zylindrischen Beinen, die in den beiden ersten historisch gesicherten Dynastien eine wichtige Rolle spielten – als Speiseopfergefäße im Ahnenkult, aber auch als Denkmäler neuer Herrschergeschlechter. Ob es ein reiner Zufall ist, daß schon der Name *yü-ting* an den großen Yü erinnert, mag dahingestellt bleiben.
Der erste Hsia-König soll übrigens auch eine Schrift verfaßt haben, in der er die Grundlagen der Geographie niederlegte und eigene Messungsergebnisse festhielt. Er stellte sich die Erde quadratisch vor und gab die Entfernung zwischen jedem Eckpfosten der Himmelsrichtung mit 233 575 Schritt an.
Die Könige der Hsia-Dynastie, deren Wappentier der Drache war, scheinen die erbliche Monarchie eingeführt zu haben. So wurde Ch'i, der Sohn Yüs, Nachfolger seines Vaters, allerdings gegen Yüs Wunsch,

In der Provinz Shantung ausgegrabene Zeremonialaxt aus Bronze, die eine Menschenmaske zeigt. (Shang-Zeit, Höhe 31,8 cm.)

Bronzebecken (*ting*) zu rituellem Gebrauch beim Ahnenkult. Die Gesichter lassen auf den Brauch des Menschenopfers schließen. (Shang-Zeit, Höhe 38,7 cm.)

der seinen Minister Po-yi zum Thronfolger bestimmt hatte. Ob Ch'i den Rivalen erschlug und die Macht an sich riß oder ob Feudalherren den Sohn des Königs seinem Minister vorzogen, ist umstritten. Für den feudalistischen Charakter der Hsia-Gesellschaft besitzen wir nur Anhaltspunkte. Es scheint aber festzustehen, daß dem Königshaus einflußreiche Familien, deren Macht und Ansehen auf dem Besitz eigener, ausgedehnter Ländereien beruhte, zur Seite standen und bei wichtigen politischen Entscheidungen ein gewisses Mitspracherecht besaßen. Ob sie, wie in der folgenden Shang-Dynastie, bereits feste Tribute an den Herrscher entrichteten, ist, wie so vieles in der halblegendären Hsia-Zeit, nicht eindeutig geklärt.
Ch'i trägt ebenso wie sein Vater noch alle Züge eines mythischen Heros. Es wird berichtet, der zweite Hsia-König habe seine göttlichen Ahnen im Himmel besucht, wobei ihm zwei Drachen als Reittiere dienten. Verzaubert vom Wohlklang der sphärischen Harmonien, unterwies er die Menschen in der Kunst der Musik.
Von den meisten der weiteren fünfzehn Hsia-Herrscher wird kaum mehr überliefert als der bloße Name. Es herrschten unruhige Zeiten. Nicht nur

Phantasieporträt des legendären Kaisers Yü, der die Hsia-Dynastie begründet haben soll.

der Huangho, auch der im Süden fließende Jangtse trat immer wieder über die Ufer. Verheerende Überschwemmungen vertrieben die Bauern von ihrem Land. Riesige Flüchtlingsscharen drangen ins Hsia-Reich ein. Banden zogen raubend und plündernd umher, und die Zahl der Kapitalverbrechen stieg sprunghaft in die Höhe. Verzweifelt ermahnte ein Hsia-Herrscher seinen Justizminister, die chaotischen Zustände mit rigorosen Maßnahmen zu bekämpfen. »Du bist der Justizminister. Wende gegen die Verbrecher die fünf großen Strafen an, laß sie an drei verschiedenen Orten leiden. Setze die fünf Arten der Verbannung wieder in Kraft und verteile die Verbannten dieser fünf Grade auf die drei Verbannungszonen. Es wird sehr großer Weitsicht und Fürsorge bedürfen, damit man (wieder) Vertrauen in deine Rechtsprechung gewinnt.«[3]
Es scheint dem Minister aber nicht gelungen zu sein, Ordnung in das Chaos zu bringen. Die letzten Hsia-Könige werden als grausame Tyrannen geschildert, denen im Kampf um ihre bedrohte Existenz jedes Mittel recht war. Das kriegerische Volk der Shang, dessen militärische Überlegenheit auf dem Besitz von Streitwagen, die von Pferden gezogen wurden, und Bronzewaffen beruhte, setzte der Tyrannenherrschaft schließlich ein Ende. Chieh, der letzte Hsia-König, wird als sittenloser Despot geschildert, der Dämonen und Geistern diente. Anscheinend litt er auch an Größenwahn. So soll er einmal gesagt haben: »Zu der Zeit, da die Sonne aufhören wird zu scheinen und stirbt, werde auch ich umkommen und ihr alle mit mir.«[4] Zum Charakteristikum von Orakeln gehört es, daß sie dunkel und vieldeutig sind. Die Sonne »stirbt« jeden Abend, um am nächsten Morgen strahlend wieder am Firmament zu erscheinen. Der lasterhafte Chieh aber, wenn seine Prophezeiung in

Der Huangho bei Lanchou. Das Ufer zeigt die charakteristische Lößlandschaft zu beiden Seiten des »Gelben Flusses«.

Erfüllung gegangen sein sollte, wurde der Überlieferung zufolge an einem Abend des Jahres 1558 v. Chr. nach Sonnenuntergang von Ch'eng T'ang, dem Anführer der Shang, gestürzt und getötet.

Mit Beginn der Shang-Dynastie befinden wir uns auf festem historischem Boden. Nach dem neuesten Stand der Forschung herrschten die Shang-Könige – 31 sollen es insgesamt gewesen sein – von vor 1500 bis 1025 v. Chr. Häufig wurde ein Bruder des verstorbenen Herrschers dessen Nachfolger, vielleicht weil nicht immer ein geeigneter Kronprinz zur Verfügung stand. Als eigentlicher Thronerbe galt der älteste Sohn der ersten unter den drei Hauptfrauen des Königs.

Das Shang-Reich lag am mittleren Huangho und im Deltaraum, also im nördlichen Zentralchina. Seine erste Hauptstadt Po ist nach letzten Untersuchungen wahrscheinlich identisch mit einer in Cheng-chou in der Provinz Honan ausgegrabenen Stadt unmittelbar am Gelben Fluß. Hier wurde eine gewaltige Stadtmauer von 7195 Metern Länge entdeckt, die ein nahezu quadratisch angelegtes Kult- und Verwaltungszentrum mit dem königlichen Palast umschloß. Außerhalb der Mauer lagen die Wohnbezirke, Werkstätten und die Friedhöfe.

Ch'eng T'ang, der erste Shang-König, leitete seine Herkunft von Huang-ti, dem Gelben Kaiser, her. Die gelbe Eule, der heilige Vogel Huang-tis, war das Emblem seiner Königsstandarte. Seine Familie soll seit dreizehn Generationen im Hochland von Shang im Osten der Provinz Shensi ansässig gewesen sein. Zu einem nicht näher bestimmbaren Zeitpunkt hatte sie Shang als Lehen erhalten. Der Legende nach bestraften die Götter Ch'eng T'angs Aufruhr gegen seinen Lehnsherrn Chieh mit einer verheerenden Dürrezeit von sieben Jahren. Erst als der neue König sich in einem Hain von Maulbeerbäumen der Sonne als Opfer anbot, fiel endlich der erste Regen. Diese Geschichte erinnert an den uralten Brauch, Schamanen, wenn ihr Regenzauber wirkungslos blieb, der Sonnenglut auszusetzen oder sogar zu verbrennen. Für das Volk war der König immer noch in erster Linie der oberste Regenmacher.

Die Landbevölkerung lebte trotz der Erfindung von Bronzegeräten aller Art nicht viel anders als im Neolithikum. Noch immer arbeiteten die Bauern mit hölzernen Pflanzstäben sowie mit steinernen Hacken und Sicheln. Es gab weder Pflüge noch Zugtiere. Angebaut wurden vor allem Hirse, Gerste und Weizen. Reis war zwar schon bekannt, spielte aber wegen der schwierigen Bewässerung noch eine völlig untergeordnete Rolle für die Ernährung der Bevölkerung.

In den Städten bildeten sich dagegen mehr und mehr spezialisierte Handwerkszweige aus, und dem Herrscher stand für die Aufgaben der Verwaltung bereits ein hochentwickelter Beamtenapparat zur Verfügung. Zweifelsfrei nachweisen läßt sich auch die feudalistische Struktur des Shang-Reiches. Das Kernland des Königs war umgeben von den Domänen adeliger Großgrundbesitzer, die ihm Tribut zahlten und Truppenkontingente für Feldzüge stellten.

Bronzegefäß für Opferwein (*hsiao-yu*) in Form zweier gegeneinanderstehender Eulen. (Shang-Zeit, Höhe 23,4 cm.)

Die Shang-Zivilisation besaß einen entschieden militanten Charakter. Es wird von zahlreichen Expansionskriegen in Nachbargebieten berichtet und von räuberischen Feldzügen, deren Ziel es war, Kriegsgefangene zu erbeuten, die als Arbeitssklaven eingesetzt oder den Göttern als Opfer dargebracht wurden. Die gefährlichste Waffe der Soldaten war die gekrümmte Dolchaxt, ferner verfügten sie über zusammengesetzte Bögen von großer Spannkraft, Messer und Schilde. Zu jeder Kompanie, deren Stärke 150 Mann betrug, gehörten fünf zweiräderige Streitwagen, die von je zwei Pferden gezogen wurden.
Zum Vergnügen des Hofstaats und der Vasallenherren wurden große Jagden organisiert. In den ausgedehnten Sumpfwäldern herrschte ein ungeheurer Tierreichtum. Elefanten, Nashörner und Tapire, Bären, Panther und Wildschweine, Hasen, Dachse und Wildgeflügel lebten darin. Oberster Jagdherr war der König. Eine Inschrift besagt, daß bei einer Jagd ein Tiger, 40 Hirsche, 159 Rehe und 169 Füchse erlegt wurden.

> Am Tage Ting-hai fragte Ch'eng das Orakel: »Der König hatte einen Alptraum. Wird er Zahnschmerzen bekommen?«
> Am Tage Chi-wei fragte K'o das Orakel: »Wird es in diesem Monat regnen?«[5]

Diese beiden Dokumente frühchinesischer Versuche, die Zukunft zu erforschen, stammen aus dem Schatz von gravierten Schildkrötenschalen und Tierknochen, die in Hsiao-t'un nahe An-yang in der Provinz Honan entdeckt wurden. Diese Funde riefen einen eigenen Zweig der chinesischen Archäologie ins Leben, das Studium der Schildkrötenschalen und

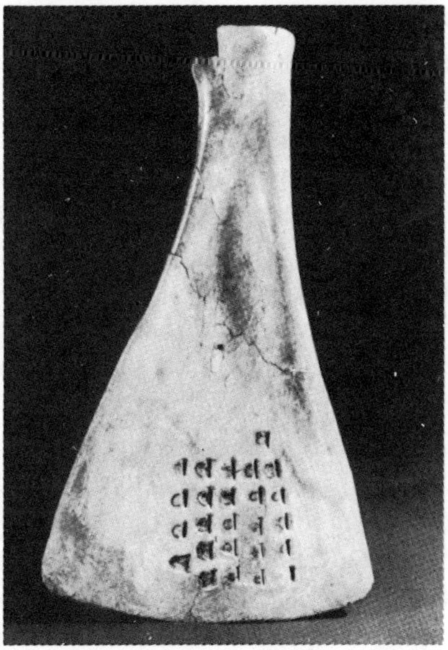

Schulterblatt von einem Rind mit Orakelinschrift. In An-yang wurden bisher ca. 15000 solcher Knochen mit Piktogrammen ausgegraben, die wichtige Aufschlüsse über die Entwicklung der chinesischen Schrift geben.

Knochen. Bei der Entzifferung der Inschriften stellte sich heraus, daß es sich um Fragen des königlichen Hauses der Shang an das Orakel handelte. Neben vielen Orts- und Personennamen, die noch nicht identifiziert werden konnten, enthalten die Orakelknochen auch die Namen sämtlicher Shang-Könige und ihrer insgesamt sieben Hauptstädte. Die Funktion des Herrschers bei der Befragung des Orakels ist umstritten. Einige Forscher meinen, er selber habe den Orakeldienst versehen, andererseits ist die Existenz einer eigenen, höchst einflußreichen Priesterkaste gesichert. Da die für das Wohl des Staates außerordentlich wichtige kultische Verehrung seiner göttlichen Ahnen aber unbedingt Sache des Königs war, darf man wohl auf jeden Fall von einem Priesterkönigtum sprechen, wie wir es in ähnlicher Weise aus anderen frühen Hochkulturen kennen.

Um 1300 v. Chr. verlegte König P'an-keng die Hauptstadt seines Reiches nach Yin. Ab 1928 wurde die antike Residenz in genau dem gleichen Gebiet ausgegraben, wo man etwa vierzig Jahre zuvor die ersten Orakelinschriften entdeckt hatte, nämlich bei An-yang. Das größte Aufsehen erregte die Freilegung der königlichen Nekropole und ihrer Schätze. Die Toten wurden in monumentalen, kreuzförmig angelegten Schachtgräbern bestattet, über denen anscheinend Ahnen- oder Opferschreine errichtet wurden. Von Norden und Süden führen Rampen schräg zur Gruft hinab. Leider stößt die Zuordnung der einzelnen Mausoleen zu bestimmten Herrschern auf große Schwierigkeiten.

Eine erfreuliche Ausnahme bildet das Grab Nr. 5 nordwestlich von Hsiao-t'un. Hier fand man mehr als sechzig bronzene Grabbeigaben mit dem Namen Fu Haos, der Gemahlin des gerechten und vorbildlichen Königs Wu-ting, von der überliefert wird, daß sie bei wichtigen Opfern und sogar als kühne Heerführerin ihren Mann vertreten habe. Fu Hao war also nicht nur die Mutter seiner Kinder, sondern eine eminent politische Persönlichkeit – bei der im alten China sonst so ausschließlichen und für unsere Begriffe fast penetrant »weiblichen« Rolle der Frau eine spektakuläre Ausnahme.

Mit der Königin, die in einem lackierten Holzsarg beigesetzt wurde, hatte man sechzehn Menschen, wahrscheinlich aus ihrem persönlichen Gefolge, und sechs Hunde bestattet, die der Herrscherin in den Tod folgen mußten. Blutige Menschen- und Tieropfer waren nicht nur beim Tode der Mächtigen an der Tagesordnung. Den Ahnen wurden zwar vorwiegend Schafe, Hunde, Schweine und Rinder, gelegentlich aber auch Menschen als Opfer dargebracht. In den Städten der Shang-Zivilisation fand man unter den Fundamenten zahlreicher Gebäude die Skelette Enthaupteter, ihre abgeschlagenen, zerstampften Köpfe sowie die Reste von geopferten Tieren.

Staunend standen selbst die Fachleute vor den Kostbarkeiten in der Gruft der Königin Fu Hao. Über 200 wertvolle Bronzegefäße und -waffen kamen ans Tageslicht; elfenbeinerne Trinkgefäße mit Türkisein-

lagen, 6000 kleine Plastiken aus Jade und anderen Steinen, 20 Opalperlen, über 490 Haarnadeln aus Tierknochen, 23 kleine und große Bronzeglocken und nicht zuletzt die vier ältesten chinesischen Bronzespiegel.
Die Glocken mögen zu einem Vorläufer der in der folgenden Chou-Dynastie als Musikinstrumente so beliebten Glockenspiele gehört haben. Allerdings werden in den Orakelinschriften auch Bronze- oder Tonglocken mit hölzernen Griffen erwähnt. Aus der gleichen Quelle wissen wir, daß es in der Shang-Zeit Trommeln gab, ein der Okarina verwandtes Blasinstrument und Klangsteine, von denen in der Regel drei zu einem Spiel gehörten. Einen derartigen Klangstein von ungewöhnlicher Größe entdeckte man in dem Grab eines Shang-Königs bei An-yang. Er ist aus Jade, 84 cm lang und 42 cm hoch. Die Schauseite wird von dem feingearbeiteten Reliefbild eines Tigers geschmückt.
Eine schillernde Persönlichkeit scheint Chou Hsin, der letzte Shang-König, gewesen zu sein. Es heißt, daß er über gewaltige Körperkräfte, auffallend scharfe Augen und ein ungewöhnlich gutes Gehör, große Kenntnisse und ein hervorragendes Rednertalent verfügt habe. Andererseits soll er dem Wein und den Frauen verfallen gewesen sein und wilde Orgien gefeiert haben, die lebhaft an das Treiben am römischen Kaiserhof unter Caligula oder Nero erinnern. Auch an Grausamkeit stand er seinen »Kollegen« unter den römischen Cäsaren in nichts nach. Man schreibt ihm die Erfindung der »tödlichen Kupfersäule« zu, die, innen hohl, mit glühenden Kohlen gefüllt wurde. Den Unglücklichen,

Klangstein aus einem der Königsgräber von An-yang (14.–11. Jh. v. Chr.). Auf der Oberseite ist ein stilisierter Tiger eingraviert.

der an dieses Folterinstrument gebunden wurde, erwartete ein qualvoll langsamer Hitzetod.
Chou Hsin ermordete seine erste Frau, seinen Schwiegervater und sogar seinen greisen Onkel – ein besonders schweres Verbrechen in China, wo Ehrfurcht vor den älteren Verwandten zu den obersten Geboten gehörte. Seine zweite Frau Ta Chi, die Tochter eines besiegten Barbarenfürsten, liebte das ausschweifende Leben ebensosehr wie der König und stachelte ihn zu immer wüsteren Exzessen auf.
Schließlich lehnte Wen-wang, der Graf von Chou, ein Vasall Chou Hsins, sich gegen den Herrscher auf. Sein Sohn Wu-wang eroberte im Jahre 1025 v. Chr. Yin, die Hauptstadt des Shang-Reiches. Die Leute aus dem aufstrebenden Fürstentum Chou übertrugen den Namen der Residenz auf die ganze ihnen verhaßte Dynastie. Shang- und Yin-Dynastie sind also identisch. Beim Brand seines Palastes kam Chou Hsin, ihr letzter Herrscher, in den Flammen um. Ta Chi, die Königin, erdrosselte sich, um dem Sieger nicht lebend in die Hände zu fallen.

Äußerst seltener Typ eines Opferweinbehälters aus Bronze in Form eines Fabeltiers, das ein menschliches Wesen wie schützend umfängt. (Shang-Zeit, ca. 12. Jh. v. Chr., Höhe 35,5 cm.)

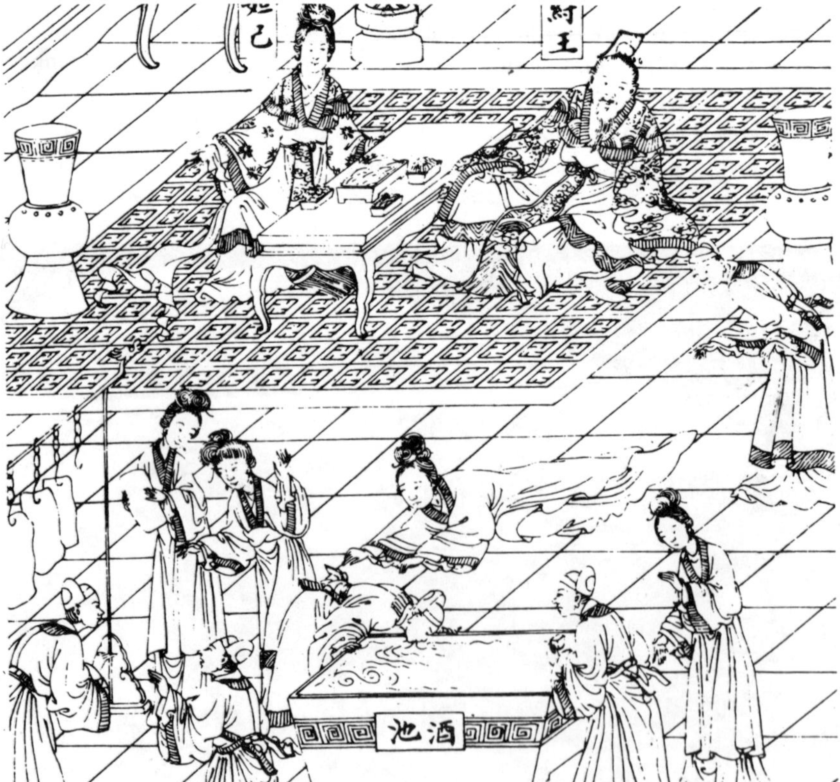

Chou Hsin, der letzte Shang-Kaiser, und seine zügellose Konkubine Ta Chi vergnügen sich mit Höflingen an einem mit Wein gefüllten Bassin. (Illustration aus einem Geschichtswerk der T'ang-Zeit).

周公告士圖
周公

II Alle Macht den Philosophen

Die Könige von Chou

Die neuen Herrscher kamen aus dem Westen des Reiches, der heutigen Provinz Shensi. Sie führten ihren Stammbaum auf den mythischen Kaiser K'u zurück. Wen-wang, der Vater des ersten Chou-Königs, war, wie wir hörten, ein Vasall der Shang gewesen und hatte von ihnen den Ehrentitel »Herr des Westens« verliehen bekommen. Damit nicht zufrieden, dokumentierte er seinen Herrschaftsanspruch, indem er selbstherrlich den Königstitel *wang* annahm.

Wen-wang förderte die Astronomie, die Königin der chinesischen Wissenschaften. Er ließ einen Turm errichten, von dem aus die Hofastronomen bei Tag und Nacht die Himmelserscheinungen beobachten konnten. Die erste wissenschaftliche Sternkarte stammt noch aus dem Ende der Shang-Zeit. Hsien soll sie gezeichnet haben, ein gelehrter Schamane, dessen Verdienst um nichts geschmälert wird, aber doch in neuem Licht erscheint seit der aufsehenerregenden Entdeckung der Sternbilder, die bereits vor 30 000 Jahren in den Panzer einer Schildkröte graviert wurden. Hsiens Karte ging verloren, aber zum Glück übernahmen Shih-shen und Kan Te, zwei Astronomen des 4. Jahrhunderts n. Chr., die von ihm fixierten Sterne in ihre Himmelskarte.

Die prädynastische Hauptstadt der Chou war Ch'i-shan in der Provinz Shensi. Hier kamen bei Ausgrabungen die Ruinen des ältesten Chou-Palastes ans Licht, in dessen Nähe auch eine Nekropole entdeckt wurde. Wen-wang verlegte die Metropole nach Feng am Ostufer des gleichnamigen Flusses, während sein Sohn, König Wu, seine Residenz auf der anderen Seite des Flusses in Hao gründete. Diese beiden wichtigen Zentren der sogenannten Westlichen Chou-Dynastie konnten bis heute nicht eindeutig lokalisiert werden, es gilt aber als sicher, daß sie in der Gegend von Sian, nicht weit von Ch'i-shan, zu suchen sind. Hao war der Regierungs- und Wohnsitz von insgesamt zwölf Chou-Königen, Feng blieb als Kultzentrum erhalten.

Der Königspalast wurde von einer prächtigen Parkanlage umgeben, die zugleich als botanischer und zoologischer Garten, aber auch als Jagdpark des Herrschers diente. Die berühmten Gärten der Chou-Könige sind die ältesten in China, von denen wir Kenntnis haben. Ein zeitgenössischer Dichter besang Wen-wang, den Gründer der Dynastie, mit folgenden Versen:

Der Herzog von Chou unterweist Beamte der abgesetzten Shang-Dynastie. (Illustration zum *Buch der Urkunden* aus der Ch'ing-Zeit.)

Der König ist im heiligen Park,
in dem Hirsch und Reh sich verbergen;
Reh und Hirsch sind glatt und rein,
weiße Vögel leuchten und schimmern.
Der König ist am heiligen Teich;
an seinem Ufer springen die Fische.[6]

Rund 800 Jahre lang sollte die Chou-Dynastie an der Macht bleiben, das bedeutet: länger als irgendein anderes chinesisches Herrscherhaus! In diesem Zeitraum fand auf allen Gebieten der Kultur eine atemberaubende Entwicklung statt. Die größten chinesischen Denker und Philosophen lebten und lehrten zur Zeit der Chou-Könige: Lao-tse und Konfuzius, Mo-tzu, Menzius und Han Fei. Politisch verlief die Epoche der Chou-Dynastie allerdings weniger glorreich. Nach beachtlichen Erfolgen der Frühzeit setzte ein rascher Niedergang ein. Die Lehnsherren, deren Zahl enorm anwuchs, machten sich selbständig und stritten untereinander um die Vorrangstellung. Die Könige dagegen verloren ständig an Macht und mußten sich mehr oder weniger mit dem Status des rituellen Oberhauptes begnügen.

Unmittelbar nach seinem Machtantritt rief der erste Chou-König, Wu-wang, eine beispiellose Werbekampagne ins Leben, um die Legalität seiner Herrschaft unter Beweis zu stellen. Nicht aus eigener Machtvollkommenheit, so erklärte der neue Herrscher, habe er den letzten Shang-König vom Thron verjagt, sondern der Himmel selbst habe Chou Hsin wegen seiner moralischen Verkommenheit das Mandat entzogen. Mit diesem geschickten strategischen Schachzug gelang es Wu-wang, die Anhänger der alten Dynastie und alle, welche die Rache der göttlichen Ahnen der Shang-Herrscher fürchteten, zu beschwichtigen.

Der Machtwechsel vollzog sich im wesentlichen unblutig. Die Adelshierarchie blieb unangetastet. Nicht ganz so glimpflich kamen die Orakelpriester davon. Die neuen Herren schafften das Orakel mit Schildkrötenschalen und Tierknochen ab und setzten an seine Stelle ein Orakel mit getrockneten Schafgarbenstengeln, die nach bestimmten Regeln ausgezählt wurden. Dieses System bildet die Grundlage für die im *I-ching* (»Buch der Wandlungen«) niedergelegte altchinesische Kunst der Weissagung. Die Orakelpriester aber verloren ihre einflußreichen Posten als Berater des Königs und wurden, vorwiegend als Schreiber, zu einer Art Beamtensklaven degradiert.

Um ihre Stellung auch in den entlegenen Provinzen zu festigen, betrieben die Chou eine konsequente Familienpolitik. Alle Schlüsselpositionen wurden mit Brüdern des Königs besetzt – und Wen-wang hatte nicht weniger als vierzehn Söhne. Als der älteste, Wu-wang, bereits wenige Jahre nach dem Sieg über die Shang-Dynastie starb, war sein Sohn Ch'eng-wang noch zu jung, um selbständig die Regierungsgeschäfte zu leiten. Deshalb wurde zunächst sein Onkel, der Herzog von Chou,

Reichsregent. Er übertrug seinen Brüdern und anderen nahen Verwandten die wichtigsten Lehnsstaaten des Landes. Seinen eigenen Sohn aber machte er zum Markgrafen von Lu in der heutigen Provinz Shantung, der späteren Heimat von Konfuzius. Lu galt mit Recht als Bollwerk des Chou-Reiches an seiner Ostgrenze.

Ch'ü-fu, die Hauptstadt von Lu, wird seit vier Jahren von chinesischen Archäologen ausgegraben. Große Teile der Stadt sind gut erhalten. Eine fünf Meter dicke Mauer mit elf Toren umschloß die rechteckig angelegte Stadt, die acht Hauptstraßen besaß. Außerdem entdeckte man nicht weniger als fünf Friedhöfe. Die Chinesen der Chou-Zeit verstanden sich übrigens hervorragend auf die Kunst der Mumifizierung, wie wir beispielsweise aus Funden von einem rund 3000 Jahre alten Gräberfeld in der Provinz Chiang-hsi wissen. Die dort in 29 Gräbern aufgefundenen Mumien gaben auch interessante Aufschlüsse über die Kleidung jener Zeit. Sie trugen Filzmützen, Lederstiefel, Pelzhosen, Mäntel sowie Unterwäsche aus bunter Wolle.

Ch'eng-wang, der zweite Chou-Herrscher, gründete bei Lo-yang im Westen der Provinz Honan eine Zweithauptstadt, die den Namen Cheng-chou, »siegreiches Chou«, erhielt. Man nannte sie auch die

Tor an der Straße nach Ch'ü-fu, der Geburtsstadt des Konfuzius in der heutigen Provinz Shantung.

heilige Stadt. Hier stand vermutlich die berühmte Leuchtende Halle, in der die Schamanen den heiligen Almanach, den jährlichen Kalender, herausgaben. Der Grundriß der Leuchtenden Halle soll der verborgenen Geometrie des Universums entsprochen haben. Die neun Häuser des himmlischen Modells, so heißt es, waren den magischen Unterteilungen

Der Herzog von Chou beaufsichtigt den Bau seiner Hauptstadt nahe dem späteren Lo-yang. (*Buch der Urkunden*, aus der Ch'ing-Zeit.)

der Halle zugeordnet, ein heiliges Diagramm wurde in Holz, Stein und Erde wiedergegeben. Aber eine exakte Beschreibung des wunderbaren Bauwerks gibt es leider nicht.

Der Chou-König war oberster Befehlshaber im Krieg gegen die Barbaren. Sein Wappentier, ein roter Rabe, schmückte die königliche Standarte. Von den Chou-Herrschern Chao-wang und Mu-wang (984–965 bzw. 965–927 v. Chr.) wissen wir, daß sie sich als Führer von Strafexpeditionen gegen die Bewohner entlegener Grenzgebiete ihres Reiches hervortaten. Bei Kämpfen untereinander rivalisierender Fürsten aber blieb der König neutral. Seine Residenz war eine Oase des Friedens, auch oder gerade in Zeiten des Bruderzwistes. Die streitenden Parteien durften im Glanz ihrer Waffen nicht in Sichtweite an der Hauptstadt vorüberziehen.

Der Feudalismus der Chou-Zeit war von hochgradig patriarchalischem Charakter. Die Persönlichkeit des Herrschers, dessen sittliche Integrität vorausgesetzt wurde, trug den Staat. Er regierte seine Untertanen wie ein Familienoberhaupt seine Kinder. Die unumschränkte Autorität des Vaters innerhalb der chinesischen Familie beruhte letztlich auf dem Ahnenkult. Der älteste Sohn wußte, daß er eines Tages der »Priester« seines verstorbenen Vaters sein würde, darauf basierte seine kindliche Pietät. Zahllose rituelle Vorschriften regelten bis ins kleinste das Zusammenleben von Eltern und Kindern.

»Vor den Eltern ist ein ernsthaftes Benehmen vorgeschrieben«, bemerkt Marcel Granet, einer der bedeutendsten Sinologen Europas, zu diesem Thema. »Man vermeidet also zu rülpsen, zu niesen, zu husten, zu gähnen, sich zu schneuzen oder zu spucken ... Um dem Vater zu bezeugen, daß man ihn als Oberhaupt behandelt, muß man in seiner Gegenwart immer stehen, den Blick geradeaus gerichtet, mit dem Körper beide Beine belastend, ohne es jemals zu wagen, sich auf einen Gegenstand zu stützen, sich gebückt zu halten oder auf einem Bein zu stehen. Mit demutsvoller, sanfter Stimme, wie sie dem Getreuen ansteht, bringt man morgens und abends die Huldigung dar und erwartet die Befehle.«[7]

Besonders schwierig war die Stellung der verheirateten Frau. Einerseits schuldete sie ihrem Ehemann absoluten Gehorsam, andererseits aber blieb sie eine Angehörige ihrer eigenen Familie und behielt auch ihren Mädchennamen. Bei Standesheiraten aus politischen Gründen war es oft so, daß die junge Prinzessin – Chinesinnen erreichten mit 15 Jahren das heiratsfähige Alter – regelrecht als eine Art Agentin in einen einflußreichen Clan eingeschleust wurde, um dort den Interessen ihres Vaters zu dienen.

Auch Bündnisse zwischen rivalisierenden Fürstenhäusern wurden durch Heirat vertraglich abgesichert, die Rolle der Frau entsprach in solchen Fällen der einer Geisel. Aber auch im Volk bestimmte der Vater allein, wen sein Sohn oder seine Tochter heiraten sollte. Erst nach Abschluß der Hochzeitsfeierlichkeiten durfte der Bräutigam das Gesicht der Braut sehen. Kein Wunder, daß die junge Frau sich unter solchen Umständen ihrem Vater auch weiterhin oft enger verbunden fühlte als ihrem Mann. »Ehemann kann irgendeiner sein, aber Vater kann man nur einen haben«[8], diesen Grundsatz prägten die Mütter ihren Töchtern schon in frühester Jugend ein.

Das Yin-und-Yang-Symbol mit acht Trigrammen, die – nach der Lehre des *I-ching* – verschiedene Eigenschaften symbolisieren. (Malerei auf Holz.)

Oberste Gottheit der Chou war der Himmelsgott T'ien, den man sich in menschlicher Gestalt vorstellte. Das Schriftzeichen T'ien zeigt die Figur eines Mannes mit stark betontem Kopf, der untere Teil entspricht dem chinesischen Zeichen für »groß«. Der Legende nach soll die Ahnherrin der Chou ihren ersten Sohn empfangen haben, als sie bei einem Spaziergang in die Fußstapfen eines Riesen trat. T'ien wurde mit Shang-ti, dem höchsten Gott der Shang, zum hochheiligen Himmelobergott Huang-T'ien-Shang-ti vereinigt, der bis in jüngste Zeit allgemeine Verehrung genoß. Ihm zur Seite stand Hou T'u, die Gottheit der Erde. Der menschliche Ahnherr der Chou war der Ackerbauheros Hou Chi (»Herr der Hirse«), ein Sohn des mythischen Urkaisers K'u, dem eine Vermittlerrolle bei der Befruchtung der Erde durch den Himmel zukam. In einem Bauernland, dessen Ernten von den Monsunregen abhängig sind, ist die Entstehung einer solchen Religion schlüssig.

Nur der Chou-König durfte dem obersten Himmelsgott und seiner

Bronzestatuette des Hirsegottes Hou Chi, der als Ahnherr der Chou und Fruchtbarkeitsspender galt.

Gemahlin, der Erde, die vorschriftsmäßigen Opfer darbringen, damit die Harmonie der göttlichen Mächte und das Wohl seines Volkes gesichert wurden. Der Chou-Herrscher war also kein Gottkönig, sondern ein Priesterkönig. Ein junger Ochse, Getreide und Wein gehörten zu den wichtigsten Opfergaben an die Götter. Im Frühjahr, am chinesischen Neujahrstag Anfang Februar, fand die rituelle Eröffnung des Ackerbaujahres statt. Im Bezirk des Himmelstempels pflügte der König feierlich eine Furche in den Boden. Erst nach dem Sturz der Mandschu-Dynastie im Jahre 1911 wurde diese altehrwürdige Zeremonie aufgehoben. Die magisch-religiöse Macht des Priesterkönigs war an seine moralischen Qualitäten gebunden. Führte der Sohn des Himmels ein lasterhaftes Leben, so galten seine Opfer als wertlos, mehr noch, sie riefen den Zorn des Himmels hervor und führten zu Naturkatastrophen und Hungersnöten. Über die einzelnen Könige der Westlichen Chou-Dynastie ist wenig bekannt. Im Jahre 770 v. Chr. eroberten die Ch'üan-jung, vermutlich ein Nomadenvolk aus den nördlichen Steppen, Hao, die Hauptstadt des Reiches, und ließen sie in Flammen aufgehen. Bei der Zerstörung der Metropole gingen vermutlich wertvolle Aufzeichnungen über die politischen Aktivitäten zur Zeit der Chou-Herrschaft verloren.

Sicher ist indessen, daß bereits der neunte Chou-König, Li-wang, 841 v. Chr. bei einem Volksaufstand aus Hao vertrieben wurde. Er war ein Tyrann, geizig, grausam und anmaßend. Jede Kritik an seinem Regierungsstil unterdrückte er durch strenge Gesetze und prahlte damit, daß die Leute es nicht mehr wagten, auf der Straße miteinander zu sprechen. Wenig später wurde sein Übermut bitter bestraft. Zwei Herzöge aus einer Seitenlinie des Chou-Hauses übernahmen die Regentschaft, die unter dem Namen Kung-ho-Ära (»Zeit der öffentlichen Harmonie«) in die Geschichte einging und bis zum Jahre 827 v. Chr. dauerte.

Der letzte König der Westlichen Chou-Dynastie, Yu-wang (781–770 v. Chr.), wurde ermordet, nicht von den feindlichen Ch'üan-jung, sondern von einer mächtigen Adelsclique an seinem eigenen Hof. Die königliche Residenz wurde nach der Zerstörung von Hao in die östliche Zweithauptstadt Cheng-chou bei Lo-yang verlegt. Dort machten Lehnsfürsten, deren Einfluß und Reichtum die der Chou bei weitem übertrafen, Ping-wang, einen der Söhne des ermordeten Yu-wang, zum König. Das war der Beginn der Östlichen Chou-Dynastie. Ihr erster Abschnitt nach der Umsiedlungszeit ist die Ch'un-ch'iu-Periode oder die Zeit der Frühlings- und Herbst-Annalen, die von 722 bis 481 v. Chr. datiert wird. Von dem Schlag, den die Ch'üan-jung ihnen beigebracht hatten, sollten sich die Chou-Könige nie wieder erholen. Während der gesamten Dauer der Östlichen Chou-Dynastie bis zum Jahre 256 v. Chr. führten sie als reine Repräsentationsfiguren ein Schattendasein im Spiel ihrer übermächtigen Vasallen. Nur eines war ihnen geblieben: die Pflicht und das unveräußerliche Recht, dem Himmel und der Erde, den höchsten Gottheiten Chinas, die kultischen Opfer darzubringen.

Zwei Ringkämpfer. Bronzearbeit aus der Zeit der Chou-Dynastie (5.–4. Jh. v. Chr.).

Die rund fünf Jahrhunderte der Östlichen Chou-Dynastie waren vom Verfall des patriarchalischen Feudalismus gekennzeichnet. Es gab ungefähr einhundert Lehnsstaaten, die einander erbittert bekämpften. Die mächtigeren annektierten die schwächeren. In der Chan-kuo-Periode, der Zeit der Streitenden Reiche (481–221 v. Chr.), blieben schließlich nur noch sieben Staaten übrig, die den Kampf um die Hegemonie mit unverminderter Heftigkeit fortsetzten. Die Herren dieser letzten Lehnsgebiete nahmen den Königstitel an und unterstrichen damit ihren Anspruch, den König von Chou abzulösen und das ganze Reich zu beherrschen.
Die Gesellschaftsstruktur des chinesischen Feudalismus der Chou-Zeit war weniger starr und unerbittlich, als wir sie aus dem feudalistischen Europa kennen. Zwischen der herrschenden Schicht, zu der auch die in der Regel aus dem Adel stammenden höheren Beamten gehörten, und den Bauern, Handwerkern und Kaufleuten stand die Klasse der Gelehrten und Ritter. »Sie war ein Wendepunkt der sozialen Auf- und Abstiegsbewegungen«, wie die chinesische Historikerin Keng Wu darlegt.[9] Die Gelehrten besetzten die unteren und mittleren Beamtenposten, konnten aber durchaus auch in die Schicht der höheren Beamten aufsteigen. Ebenso konnte der Sohn eines Bauern oder Handwerkers, wenn er sich die entsprechende Bildung angeeignet hatte, in die Klasse der Gelehrten aufgenommen werden. Diese fließenden Übergänge wurden erleichtert durch das Entstehen zahlreicher Privatschulen in dieser Zeit, die großen Zulauf fanden. Die Kaufleute standen übrigens an letzter Stelle des Sozialgefüges und wurden allgemein verachtet.
Das 5. Jahrhundert v. Chr. brachte entscheidende Verbesserungen für die Landwirtschaft. Die Bauern hatten gelernt, Ochsen vor den Pflug zu spannen, und an die Stelle der primitiven Holz- und Steingeräte war Werkzeug aus Gußeisen getreten. Bessere Ernteerträge waren die Folge, aber aufgrund der steigenden Bevölkerungszahlen und der politischen Konflikte kam es dennoch zu keiner allgemeinen Verbesserung der Lebensbedingungen. In den nördlichen Provinzen stand noch immer Weizen- und Hirseanbau an erster Stelle, im Süden dominierte bereits der Reisanbau.
In diesen unruhigen Zeiten beschäftigten sich die größten Denker mit der Frage, die der Florentiner Niccolò Machiavelli (1469–1527) fast zweitausend Jahre später so formulierte: »Wie muß der Fürst beschaffen sein, der das Reich eint und regiert?« Sie zogen von Residenz zu Residenz, diskutierten mit Fürsten und Beamten, boten ihren Rat in heiklen politischen Situationen an und sammelten Schüler um sich. Es dürfte kaum übertrieben sein, wenn die chinesische Literatur in diesem Zusammenhang von den »Lehren der Hundert Schulen« spricht. Vier von ihnen überlebten die Jahrtausende und beeinflußten die chinesische Philosophie ebenso nachhaltig wie die chinesische Geschichte: der Taoismus, der Konfuzianismus, der Mohismus und der Legalismus.

Bauer mit typischer Schubkarre, wie sie das chinesische Landvolk jahrtausendelang benutzte.

Lao-tse, der Begründer des Taoismus, war ein älterer Zeitgenosse des Konfuzius (551–479 v. Chr.). Als wichtigster Vertreter des orthodoxen Konfuzianismus gilt Menzius (357–300 v. Chr.). Mo-tzu wurde wahrscheinlich im Todesjahr des Konfuzius geboren und starb 381 v. Chr., er ist der Vater des Mohismus. Han Fei dagegen, dessen Geburtsjahr nicht

bekannt ist, war nicht der Begründer, sondern der Vollender des Legalismus, er starb um 234 v. Chr. Es ist verblüffend, daß die chinesischen Weisen in etwa Zeitgenossen der berühmtesten griechischen Philosophen Sokrates, Plato und Aristoteles waren. Doch damit nicht genug, auch die größten indischen und persischen Religionsstifter, Buddha und Zarathustra, gehören in diese Zeit. In knapp drei Jahrhunderten lebten und lehrten die erlauchtesten Geister der Menschheit.

Lao-tse soll als Archivar in Cheng-chou tätig gewesen sein, wo er die Opfer- und Weihschriften verwaltete. Über sein Leben ist kaum etwas bekannt. Mit der Entstehung seines Werkes, dem *Tao-te-king* (»Das Buch vom Tao und seiner Kraft«), verbindet sich eine Legende. Es heißt, der »Alte Meister«, wie Lao-tse in China genannt wird, sei auf einem schwarzen Ochsen die große Handelsstraße in westlicher Richtung entlanggeritten. Am Jadetor von Su-chou, wo sich die Seidenstraße nach Osten und Süden gabelt, habe der Wachoffizier ihn gebeten, seine Heimat doch nicht ohne ein Vermächtnis zurückzulassen. Lao-tse soll der Bitte sogleich nachgekommen sein. An Ort und Stelle zeichnete er in insgesamt etwa 5000 Schriftzeichen die Summe seiner Erfahrungen auf. So entstand das *Tao-te-king*, das bedeutsamste und am häufigsten in andere Sprachen übertragene Werk der chinesischen Literatur. Zu dieser Zeit wurden die Schriftzeichen in der Regel auf schmalen langen Holz- oder Bambusstreifen eingeritzt, die mit Riemen zu Schriftrollen zusammengebunden wurden.

Der Alte Meister steht bis heute in dem für einen Weisen ziemlich unpassenden Ruf, ein Anarchist gewesen zu sein. Aber Lao-tse wollte den Staat nicht abschaffen, schon gar nicht mit Hilfe von Terrorakten, sondern ihn so weit wie möglich reduzieren. »Der weise Herrscher«, so lehrte er, »handle nicht, und das Volk werde von selbst verbessert. Der weise Herrscher liebe die Ruhe, und das Volk werde den richtigen Weg finden.«[10] Das Prinzip des Nichthandelns geht auf das Tao zurück, von dem es im *Tao-te-king* heißt: »Das Tao selbst tut nichts, und doch wird alles durch das Tao. Wenn die Fürsten und die Herzöge das Tao wahren können, wird die Welt von selbst verbessert werden.«[11]

Der schwer übersetzbare Begriff Tao wird oft als »Weg« oder »Bahn« wiedergegeben, richtiger ist es wohl, das Wort »Natur« an seine Stelle zu setzen. Dann bedeutet Lao-tses Forderung nichts anderes, als im Einklang mit der Natur zu leben. Folgerichtig gilt der Weise auch als Ahnherr der Lehre, wie man Leben bewahrt. Einfacher Sinn, Natürlichkeit, Selbstlosigkeit und Wunschlosigkeit galten ihm als die Haupttugenden des Menschen. Wissen, Geschäftigkeit und Gerechtigkeit dagegen erschienen ihm als künstliche, unnatürliche Hindernisse auf dem Weg zur Harmonie.

Seinen Idealstaat, den wir uns nicht viel größer als ein Dorf vorstellen dürfen, schildert Lao-tse mit folgenden Worten:

Idealporträt des weisen Lao-tse, auf einem Wasserbüffel reitend. (Malerei von Ch'ao Pu-chih, Sung-Zeit.)

Schafft ein kleines Land mit geringer Volkszahl, wo das Angebot
an Gütern den Verbrauch zehn- oder hundertfach übersteigt.
Laßt die Leute ihr Leben wert halten
Und nicht in die Ferne fortwandern.
Obwohl es Schiffe und Wagen gibt,
Sei niemand, der in ihnen fährt.
Obwohl es Rüstungen und Waffen gibt,
Sei keine Gelegenheit, sie zu entfalten.
Laßt die Leute wiederum Rechenknoten knüpfen,
Laßt sie sich an Speisen erfreuen,
Ihre Kleidung verschönern,
In ihrem Brauchtum glücklich sein.[12]

Konfuzius oder Kung fu-tse, wie die Chinesen sagen, wurde in dem kleinen Lehnsstaat Lu in der heutigen Provinz Shantung geboren. Er stammte aus einer adeligen, aber verarmten Familie. Sein Vater diente als Offizier am Hofe des Herzogs in Ch'ü-fu. Er war schon 70 Jahre alt, als Konfuzius, sein einziger Sohn aus zweiter Ehe, im Jahre 551 v. Chr. zur Welt kam, und starb wenige Jahre später. Als Achtzehnjähriger

Konfuzius besucht Laotse, um mit ihm zu disputieren, und bringt ihm als Geschenk einen Fasan mit. Steinabreibung vom Grab der Familie Wu in Chia-hsiang (2. Jh. n. Chr.).

heiratete Konfuzius unglücklicherweise eine Frau, die ihm das Leben zur Hölle machte und deshalb oft mit Xanthippe, dem zänkischen Weib des Sokrates, verglichen wird. Konfuzius schlug die Beamtenlaufbahn ein, mußte sich aber trotz seiner glänzenden Fähigkeiten lange mit untergeordneten Posten zufriedengeben. Er war bereits fünfzig, als man ihm endlich die Oberaufsicht über einen Kreis übertrug. Seine überraschenden Erfolge bei einer Verwaltungsreform brachten ihm dann das Amt des Justizministers von Lu ein.

Der kleine Staat wurde von dem in jeder Hinsicht überlegenen Nachbarreich Ch'i bedrängt. Bei einem Treffen der beiden Landesfürsten sollten angeblich alle strittigen Punkte auf dem Verhandlungsweg geklärt werden, tatsächlich aber war die Ermordung des Herzogs von Lu bei einem Gastmahl geplant. Konfuzius durchschaute die Machenschaften des Gegners und verhinderte mit diplomatischem Geschick und der typisch chinesischen Waffe unangreifbarer Höflichkeit den tödlichen Anschlag auf seinen Landesherrn. Es gelang ihm sogar, einige umstrittene Grenzdörfer zurückzugewinnen.

Aber schließlich trickste der Fürst von Ch'i den weisen Justizminister seines Gegners doch noch aus. »Die Leute von Ch'i sandten dem Fürsten

Konfuzius, gefolgt von seinem Jünger Tseng-tzu. Wandbild aus dem Konfuzius-Tempel in Ch'ü-fu.

von Lu als Geschenk eine Truppe von weiblichen Musikanten ... Drei Tage wurde kein Hof gehalten. Meister Kung ging.«[13] Konfuzius legte sein Amt nieder, weil der Herzog beim Anblick der ausnehmend hübschen Künstlerinnen alle politische Vorsicht vergaß und die Regierungsgeschäfte vernachlässigte. Diese Anekdote wird von den Historikern jedoch mit Vorbehalt wiedergegeben. Die tieferen Gründe für den Rücktritt des Konfuzius liegen darin, daß der Herzog nur eine Marionette in den Händen einer ehrgeizigen Hofclique war und Meister Kung erkannt hatte, daß sein Einfluß wirkungslos blieb.
Obwohl es als unwahrscheinlich gilt, glaubten die Konfuzianer der folgenden Jahrhunderte fest daran, daß Konfuzius selbst das Werk *Ch'un-ch'iu*, die Frühlings- und Herbst-Annalen, verfaßt hat, jene Chronik des Kleinstaates Lu für die Zeit von 722 bis 481 v. Chr., die einer ganzen Epoche den Namen gab. In den letzten dreizehn Jahren seines Lebens reiste Konfuzius an verschiedene Fürstenhöfe, kehrte aber immer wieder in seine Heimat zurück, obwohl man ihm andernorts hohe Ehren erwies und einflußreiche Posten anbot. Er sammelte zahlreiche Schüler um sich. Ähnlich wie Sokrates hinterließ Konfuzius keine eigenen Schriften. Jahrzehnte nach seinem Tode erst wurde das *Lun-yü* zusammengestellt, eine Sammlung der Sinnsprüche des Meisters, die bei uns unter dem Titel »Gedanken und Gespräche« oder »Analekten« bekannt wurde.
Konfuzius war zutiefst konservativ, er fühlte sich dem Althergebrachten verbunden und überlieferte die Lehren und Weisheiten des Altertums. Aus diesem Grund maß er dem schon zu seiner Zeit traditionellen Ahnenkult eine große Bedeutung zu und bezog die rituelle Verehrung der Ahnen fest in sein philosophisches System ein. Die ideale Staatsform sah er in der Adoptivmonarchie der legendären Urkaiser. Den einzigen Ausweg aus den oft chaotischen Zuständen seiner Zeit erblickte er in der Bewahrung des *li*, der alten heiligen Bräuche und Riten. Aber es ging ihm dabei nicht um die leere Form, die »Gaben nach dem Ritual«, die »Glocken und Trommeln« allein. Im Mittelpunkt seines Denkgebäudes stand der Mensch. Nur die Wandlung der Menschen – und ganz besonders der Herrschenden – zum Guten, ihr inneres Bekenntnis zum überlieferten Moralkodex, ihr verantwortungsbewußtes Handeln konnten letztlich die entscheidende Wende herbeiführen. Die moralische Integrität des Herrschers war für Konfuzius die Voraussetzung jeder richtigen Staatsführung. »Regieren soll soviel bedeuten wie den richtigen Weg gehen«, erklärte der Meister einem Minister von Lu. »Wenn Sie selbst dem richtigen Weg folgen, dann wird auch das Volk dem richtigen Weg folgen.«[14]
Wohlstand für alle, ein ausreichendes Heer und das Vertrauen des Volkes waren laut Konfuzius die drei Grundpfeiler der Herrschaft. Auf das Heer konnte man im Notfall verzichten, unter keinen Umständen aber auf das Vertrauen der Untertanen. Liebe und Menschlichkeit

Das Grab des Konfuzius in Ch'ü-fu. Er starb 479 v. Chr. und wurde an dieser Stelle beigesetzt. Sein Haus wurde in einen Tempel umgewandelt.

sollten die Haltung der Regierung zum Volk bestimmen. Als eine ihrer vornehmsten Aufgaben bezeichnete Konfuzius die Versorgung der Armen, Alten und Notleidenden.

Die Soziallehre des Konfuzianismus wurde von Menzius weiter ausgebaut. Das Volk war für ihn nicht Mittel, sondern Zweck des Staates. »Das Volk ist das Wichtigste«, sagte er, »dann kommen die Götter des Erdbodens und des Getreides, am wenigsten wichtig ist der Fürst.«[15] Während Konfuzius das Recht des Herrschers noch vom Mandat des Himmels ableitete, wurde für Menzius daraus ein Mandat des Volkes. Deshalb erkannte er ausdrücklich das Recht zum Widerstand gegen einen Tyrannen an. »Wenn sich ein Fürst gegen sein Volk wie ein Räuber benimmt und der Rache des Volkes verfällt, so ist es nicht der Herrscher, sondern der Räuber, der zum Tode geführt wird.«[16]

Zum Wohle des Volkes vertrat Menzius eine staatliche Lenkung der Wirtschaft. Waage und Gewichte sollten von der Regierung streng kontrolliert werden. Vor allem aber lag ihm an der gerechten Verteilung der Güter. Zur Verbesserung des allgemeinen Lebensstandards forderte er, daß nur Personen über fünfzig seidene Gewänder tragen sollten. Und erst nach Erreichung des siebzigsten Lebensjahres sollte es erlaubt sein, Fleisch zu essen. Die traditionelle Verehrung des Alters spielte bei diesem Vorschlag gewiß auch eine Rolle.

Der »Sozialismus« des Menzius entsprang weder revolutionärem Überschwang noch rationalem Kalkül. Sein Beweggrund war rein ethischer Natur. Der Philosoph verkündete das Ideal der Herrschaft durch Güte. Wer Gewalt auf seine Fahnen schreibt, kann nie ein wahrer Herrscher sein. Aber Menzius erkannte auch, daß wirtschaftliche Misere die angeborene Tugend verdirbt. So sagte er einmal: »Wenn es Bohnen und Hirse so reichlich gäbe wie Feuer und Wasser, so würde es keinen einzigen schlechten Menschen geben.«[17]

Besser als langatmige theoretische Erörterungen kann vielleicht ein Ausschnitt aus einem Gespräch zwischen Menzius und dem Fürsten Hsüan von Ch'i die Grundeinstellung des berühmten Konfuzianers beleuchten. Hsüan, der sich stolz König nannte, regierte von 319–301 v. Chr.

So soll das Grab des Konfuzius einst ausgesehen haben, an dem seine Schüler drei Jahre in Trauer verharrten und die Kaiser der Han-Dynastie Opfer darbrachten.

»Welchen Weg muß ich einschlagen, um ein wahrer König zu werden?« fragte Hsüan. »Erklärt Euch zum Beschützer des gemeinen Volkes«, antwortete Menzius, »so kann Euch nichts daran hindern, ein wahrer König zu werden.« Hierauf versetzte Hsüan: »Ich fürchte, daß ich nicht die richtige Persönlichkeit bin, um ein Beschützer des gemeinen Volkes zu werden.«
»Doch, das seid Ihr«, sagte Menzius.
»Woher wißt Ihr das?« fragte der König.
»Aus der folgenden Geschichte«, erwiderte Menzius, »die mir der Höfling Hu Ho berichtete. Er sagte: ›Der König saß oben in der Halle, als ein Mann mit einem Bullen unten über den Hof ging. ‚Wohin willst du mit dem Bullen?' fragte der König. ‚Er soll geschlachtet werden', antwortete der Mann. ‚Wir brauchen sein Blut, um damit eine neue Glocke zu weihen.' – ‚Laß ihn frei', sagte der König, ‚ich kann es nicht ertragen, daß ein armes, verängstigtes und harmloses Wesen getötet werden soll.'‹«
Und Menzius fügte hinzu: »Gefühle, wie Ihr sie bei jener Gelegenheit zeigtet, sind alles, was ein wahrer König braucht.«[18]

Für Han Fei dagegen, den um 243 v. Chr. gestorbenen Vollender des Legalismus, waren die persönlichen Eigenschaften und Qualitäten des Herrschers sekundär. Han Fei war Realist, er ging davon aus, daß der König in der Regel ein völlig durchschnittlicher Mensch sei. Hatte Konfuzius gefordert, der Herrscher solle mit Tugend regieren, so emp-

Friedhof bei Ch'ü-fu mit den Gräbern der Familie des Konfuzius. Während der Kulturrevolution (1966) wurden viele Grabsteine demoliert. Der letzte direkte Nachfahre des Geschlechts lebt heute auf Taiwan.

fahl Han Fei dem Monarchen statt dessen das Prinzip von Strafe und Belohnung. Das wichtigste Motiv allen menschlichen Handelns in seiner Zeit sah der Philosoph im Egoismus jedes einzelnen. Deshalb erklärte er sarkastisch: »Wohlwollen und Gerechtigkeit nützten nur in der Urzeit, nicht aber heute.«[19]

Han Fei schrieb seine berühmte Staatslehre, das *Han-fei-tzu*, als Handbuch für den Fürsten seines Heimatstaates Han. Dieses Werk erreichte seine höchste Popularität und seinen nachhaltigsten Einfluß auf die Staatsführung in der Ch'in-Dynastie (256–206 v. Chr.). Er vertrat darin die absolute Monarchie und führte als erster die Idee der »Staatsräson« ein, die ihm als oberster Grundsatz des Staates galt. »Der Staat hat, um erfolgreich zu sein, sich nach nichts anderem zu richten als nach seinem Interesse.«[20] Ziel des Staates waren nach Han Fei die Erhaltung und Stärkung seiner Macht, innerer Friede und die Besiegung der äußeren Feinde.

Für Moral blieb wenig Raum in diesem System, ja, Han Fei vertrat sogar die Meinung, Moral sei für die Ausübung der Staatsgewalt ausgesprochen schädlich. Über die traditionellen Opfer und Orakel machte er sich unverhohlen lustig: »Wenn ein Staat ... Geistern und Gespenstern dient, auf die Prophezeiungen aus Schildkrötenschalen und Schafgarbenstielen vertraut, sich Geboten und Opfern hingibt, so führt dies zum Unheil.«[21]

In extremem Gegensatz zu der Staatslehre des Han Fei steht die altruistische Philosophie Mo-tzus. Der in Europa bis heute ziemlich unbekannte Begründer einer weitverbreiteten philosophischen Schule lebte von 479 bis 381 v. Chr. Da er die universale Liebe lehrte, wir würden sagen die Nächstenliebe, wurde er häufig mit Jesus Christus verglichen. Mo-tzu vertrat die Auffassung, daß alles Unglück daher käme, daß die Menschen nur ihre Angehörigen liebten, Fremden gegenüber aber weder Zuneigung noch Mitgefühl aufbrächten. »Wenn die Menschen die Bewohner eines anderen Staates ebenso liebten wie ihre eigenen Eltern, so würden sie nicht einwilligen, ›seine erwachsenen Männer zu töten oder zu versklaven, die Frauen und Kinder, Pferde und Kühe mitzunehmen, die Städte zu zerstören und die Götterschreine umzustürzen‹. Die ganze Schwierigkeit kommt tatsächlich daher, daß man verschiedene moralische Standpunkte hat im Umgang mit dem, ›was uns nahesteht‹, und im Umgang mit dem, ›was uns fernsteht‹.«[22]

Mo-tzu verglich einen König, der ein anderes Land überfällt, mit einem Privatmann, der das Haus des Nachbarn plündert, verwüstet und die Bewohner tötet. Wie dürfte er es wagen, sich dieser Untaten auch noch zu brüsten und der Nachwelt stolz zu überliefern, daß niemand je so viel gestohlen habe wie er? Für Mo-tzu ist Moral nicht teilbar, was dem Bürger verwehrt ist, darf auch dem König nicht erlaubt sein. Deshalb verurteilt er den Krieg, vor allem den Angriffskrieg. Allerdings hält auch er an dem konfuzianischen Begriff des »gerechten Krieges« fest und

Szene aus dem *Buch der Kindesliebe* von Tseng-tzu (5. Jh. v. Chr.): Die Kinder wehren einen Räuber ab und werden dafür belohnt. (Druck aus dem Jahre 1897.)

versteht darunter die militärische Bestrafung eines schlechten Fürsten durch einen guten – auf Befehl des Himmels.

Im Unterschied zu Lao-tse maß Mo-tzu dem Staat eine außerordentlich große Bedeutung bei: Alle Belange, einschließlich der Wirtschaft, sollten von der Regierungsspitze bis ins einzelne gelenkt werden. Er vertrat so extrem kollektive Ideen, daß er gelegentlich sogar als Vorläufer des Kommunismus in China bezeichnet wurde. Ziemlich abenteuerlich mutet sein Vorschlag an, die Menschen »durch Strafen und Geldbußen« zur universalen Liebe zu bekehren. Mit Vehemenz bekämpfte er den unglaublichen Aufwand, der bei Begräbnissen betrieben wurde. »Selbst wenn ein ganz gewöhnlicher Mensch ohne besondere Verdienste stirbt, so sind die Kosten des Begräbnisses geeignet, die Familie fast an den Bettelstab zu bringen. Stirbt aber ein Herrscher, so sind die Staatsschätze vollständig erschöpft, wenn genügend Gold und Jade, Perlen und Edelsteine zu dem Leichnam gelegt sind.«[23] Tatsächlich entdeckten die Archäologen in Gräbern der Chou-Zeit viele prachtvolle Kunstgegenstände. Besonders interessant ist ein Fund aus einem Grab bei der ehemaligen Hauptstadt der heutigen Provinz Hopei. Dort fand man vor etwa zwei Jahren den ältesten Palastplan Chinas auf einer mit Gold und Silber eingelegten Kupferplatte.

Aus dieser Zeit stammt auch der erste funktionstüchtige Kanal in der historischen Entwicklung der Menschheit, der Han-kou-Kanal, der den Huaiho mit dem Jangtse verbindet. Diese älteste künstliche Binnenschifffahrtsstraße der Welt wurde im Jahre 486 v. Chr. in Angriff genommen, und zwar aus rein militärischen Gründen. Der Fürst von Wu brauchte den

Zwei typische Grabbeigaben aus der späten Chou-Zeit. Links: Tonfigur eines Schamanen (Höhe 35 cm); rechts: Bronzefigur eines Dieners aus einem Familiengrab bei Lo-yang (Höhe 28,2 cm).

Kanal, um seine Streitkräfte besser mit Nachschub versorgen zu können. Später wurde der Han-kou-Kanal zu einem Teilstück des Großen Kanals aus dem 13. Jahrhundert, der Hangchou mit Peking verbindet.
Auch der 246 v. Chr. eröffnete Cheng-kou-Kanal, der, zwischen dem Ching- und dem Lo-Fluß gelegen, weite Teile des Weiho-Tals bewässerte, verdankt seine Entstehung strategischen Überlegungen und war eigentlich als pure Kriegslist gedacht: Dieses gewaltige Bauvorhaben sollte die militärischen Kräfte des kleinen Fürstentums Ch'in, auf dessen Territorium es errichtet wurde, lahmlegen. Der Fürst von Han schickte den ihm ergebenen Wasserbauingenieur Cheng Kuo zum Herrn des Fürstentums Ch'in mit dem Auftrag, diesen zu dem beinahe größenwahnsinnigen Kanalprojekt zu überreden, damit dem Land keine Leute und keine Mittel für die Expansion nach Osten, ins Han-Reich, übrigblieben. Der Plan gelang, und die List wurde erst entdeckt, als der Kanal schon zur Hälfte fertig war. Aber noch einmal glückte es Cheng Kuo, den Fürst von Ch'in, der den falschen Ratgeber schon töten lassen wollte, auf seine Seite zu ziehen. Er überzeugte ihn davon, daß der Kanal, wenn er vollendet sei, Ch'in unermeßliche Vorteile bringen werde. Tatsächlich verwandelte der Bewässerungskanal den dürftigen Boden im Landesinnern in eine fruchtbare Ebene, und Hungersnot, die in Ch'in bis dahin keine Seltenheit gewesen war, kam in Zukunft nicht mehr auf.
Es ist überraschend, daß China gerade in der Zeit des permanenten Bürgerkrieges während der Östlichen Chou-Dynastie eine kulturelle Hochblüte erlebte. Auch die unbestreitbare Tatsache, daß einzelne Fürsten Freunde der Philosophie und der schönen Künste waren, erklärt dieses Phänomen nicht hinreichend. Das Kunsthandwerk erfuhr einen ungeahnten Aufschwung. Die bedeutendsten archäologischen Funde der Chou-Zeit stammen übrigens nicht allein aus Gräbern, sondern oft aus sogenannten Vorratsgruben oder Horten, wo in unruhigen Zeiten Wertbeständiges versteckt worden war. In ganz China sowie in der Mongolei wurden bei Ausgrabungen Kunstgegenstände aus dieser Epoche entdeckt. Fürsten schenkten wertvolle Bronzegefäße verdienten Untertanen. Töchter aus wohlhabenden Familien erhielten Bronzegeräte als Mitgift. Neureiche Kaufleute schmückten mit einst allein dem Sakralbereich vorbehaltenen Bronzen ihre Villen. Ein neues Statussymbol war entstanden.
In der Östlichen Chou-Zeit waren außerordentlich kunstvolle Bronzen mit Einlagen aus Gold, Silber und Schmucksteinen beliebt. Auch Jade, die man für eine mit magischen Kräften geladene Himmelssubstanz hielt, wurde in dieser Zeit erstmals für profane Zwecke verwendet, wie Funde von Jadeschmuckstücken zeigen. Ursprünglich waren vorwiegend die Zeremonialgeräte der Herrscher aus Jade gefertigt worden. Den Toten legte man Zikadenfigürchen aus Jade auf die Zunge und gab ihnen Jadeamulette mit ins Grab, im Glauben, der Stein besitze die Kraft, die Lebensessenz zu konservieren. In der Bearbeitung dieses Schmucksteins entwickelten die Chou-Künstler eine wahre Meister-

Jahrtausende hindurch waren Flüsse und Kanäle die Hauptverkehrswege Chinas. Hier wird in gefährlich schneller Fahrt die Tee-Ernte stromabwärts gebracht. (Stich aus der Ch'ing-Zeit.)

schaft. Weiße Jade galt als Kristallisation des Mondlichtes und war dem Bild des Tigers vorbehalten, der in China als König der Tiere gilt, zugleich war er das Symbol des Westens, aus dem die Chou kamen.

Auch die bereits seit der Shang-Dynastie bekannte Lackkunst wurde in dieser Zeit entscheidend vervollkommnet. Lack ist eine harzige Flüssigkeit, die aus dem Saft des Lack- oder Firnisbaums (*Rhus vernicifera*) gewonnen wird. In Gräbern aus dem 5. Jahrhundert v. Chr. entdeckte man verschiedene Möbelstücke aus gelacktem Holz: Liegen und Tische, Kopf- und Armstützen. Das Ritualbuch der Chou (*Chou-li*) aus dem 4.–3. Jahrhundert v. Chr. legte fest, hinter dem Bett des Herrschers müsse ein Wandschirm aus lackiertem Holz aufgestellt werden. Der mehrteilige Wandschirm mit reicher Dekoration gehört zu den typisch chinesischen Möbelstücken. Bereits ins 5. Jahrhundert wird ein als Wandschirm identifizierter Gegenstand datiert, der in Wang-shan in der Provinz Hopei ans Tageslicht kam. Der schwarze Lackgrund ist mit roten und grünen Drachen geschmückt.

In der Keramik wurde ein größerer Formenreichtum erzielt. *Hu* genannte Flaschen sowie Deckelgefäße, die unter dem Namen *ho* bekannt wurden, scheinen sich besonderer Beliebtheit erfreut zu haben. Einige von ihnen besitzen die Gestalt eines Tieres, oft wurden auch die Henkel mit Tierköpfen verziert. Stellvertretend für die früheren Menschenopfer wurden den Toten jetzt oft Terrakotta-Statuetten mit ins Grab gegeben, die meist Dienerinnen, Tänzerinnen oder Musikanten darstellten. Tiere, vor allem Hunde, aber häufig auch Pferde, wurden indessen nach wie vor beim Tode ihres Herrn geopfert und mit ihm gemeinsam bestattet.

Jade-Drache als Glücksbringer (Höhe 6,4 cm) aus der Zeit der Streitenden Reiche.

Führende Wissenschaftler vertreten heute die Meinung, daß es durchaus zulässig sei, das Steinzeug der Chou-Zeit bereits als Porzellan zu bezeichnen, denn es ist hart, nicht porös, und beim Anschlagen klingt es. Auch enthält es Kaolin und wurde bei einer Temperatur von etwa 1250 Grad gebrannt. Kaolin, eine feuerfeste, weiße Tonmasse, gehört zu den wichtigsten Bestandteilen des chinesischen Porzellans, das im Gegensatz zur gebrannten Tonware oder Keramik stets bei Temperaturen um oder über 1000 Grad gebrannt wird. Die Chinesen selbst haben übrigens für Steinzeug und Porzellan nur ein und denselben Namen: *tz'u-ch'i*.

Auch die chinesische Medizin machte beachtliche Fortschritte. Am Ende der Chou-Dynastie gab es bereits für viele verschiedene Gebiete der Medizin Spezialärzte, darunter Diätärzte, Internisten und Tierärzte. Die ersten Medizinschulen wurden gegründet und staatliche Prüfungen für Ärzte eingeführt. Die berühmte Heilmethode der Akupunktur mit Gold-, Silber- und Stahlnadeln wurde im 5.–2. Jahrhundert v. Chr. entwickelt. Die Hofärzte bezogen ein festes Gehalt, das jedoch ausgesetzt wurde, sobald ein Mitglied der Fürstenfamilie erkrankte, damit der Arzt sich um so größere Mühe gab, die Gesundheit des Patienten wiederherzustellen.

Als berühmtester Arzt Chinas wird Pien Ch'ao gefeiert, der ebenfalls im 5. Jahrhundert v. Chr. lebte. Er reiste als Wanderarzt durch die chinesischen Fürstentümer, galt als hervorragender Diagnostiker und erregte Aufsehen mit an Wunder grenzenden Heilungserfolgen. Im Fürstentum Ch'in, wo er vor allem Kinderkrankheiten behandelt hatte, wurde er von einem eifersüchtigen Kollegen ermordet.

Unter den um die Vormachtstellung rivalisierenden Herrschern der Streitenden Reiche ging schließlich der König von Ch'in als Sieger hervor. Ch'in lag im Westen des Reiches, in den heutigen Provinzen Shensi und Nord-Honan. Die kriegerischen Bewohner Ch'ins wurden von den Chinesen der mittleren Staaten als halbe Barbaren angesehen, in der zeitgenössischen Literatur seiner Gegner wird Ch'in nur als reißender Tiger oder als räuberischer Wolf bezeichnet. Die Fürsten von Ch'in dehnten ihr Staatsgebiet zunächst nach Süden aus und eroberten 316 v. Chr. das halbchinesische Staatswesen Shu in der Gegend von Su-chou sowie das Fürstentum Pa am Oberlauf des Jangtse.

Aus Furcht vor dem Expansionsdrang Ch'ins schlossen sich einige Lehnsstaaten unter der Leitung Chus zu einer, freilich recht instabilen, Allianz zusammen. Die Grausamkeit, mit der die Truppen Ch'ins ihre Eroberungskriege ausfochten, ist berüchtigt. Es kam zu entsetzlichen Massakern unter der Bevölkerung besiegter Gebiete und sogar unter Einheiten des Gegners, die bereits kapituliert hatten. So lud der König von Ch'in im Jahre 299 v. Chr. voll Hinterlist den König von Chu zu einer Aussprache zu sich ein und sicherte ihm, wie es üblich war, freies Geleit zu. Kaum befand der mächtige Führer der Gegenpartei sich in seinem Hoheitsbereich, da wurde der König von Ch'in auch schon

Toilettendose aus dem Jahre 218 v. Chr. Sie gilt als einer der ältesten datierten chinesischen Lackgegenstände (Höhe 17,8 cm).

wortbrüchig. Er ließ den Gast gefangennehmen und in den Kerker werfen. Bis zu seinem Tod blieb der unglückliche König von Chu in der Gewalt seines Erzfeindes.
Im Jahre 256 v. Chr. eroberten die Truppen von Ch'in das zusammengeschrumpfte Restreich der Chou um Lo-yang. Der letzte Chou-König, bis dahin noch nominelles Oberhaupt des gesamten chinesischen Vasallenstaates, dankte zugunsten des regierenden Ch'in-Königs ab. Das war das Ende der Chou-Dynastie. Die glück- und machtlosen Himmelssöhne hatten über 500 Jahre lang kaum mehr für ihr Reich und das Wohl ihrer Untertanen tun können, als die Götter des Himmels und der Erde um ihre Gunst anzuflehen. Jetzt wurden »die Opfer unterbrochen«, wie es in China heißt, wenn eine Dynastie erlischt.

Diese Miniatur aus einer berühmten persischen Handschrift des 15. Jahrhunderts illustriert eine Begegnung, die nie stattgefunden haben kann: zwischen Alexander dem Großen und einem Kaiser von China; denn der erste geschichtliche Kaiser des Reiches der Mitte regierte erst ca. 100 Jahre nach Alexanders Tod.

秦始皇帝

III Das Reich der Mitte entsteht

Der Erste Kaiser und die glorreiche Han-Dynastie

Einer jener glücklichen Zufälle, denen die Archäologie mindestens ebensoviel verdankt wie dem Fleiß der Forscher, führte zu der wohl grandiosesten Entdeckung aus dem alten China. Im März 1974 bohrten Bauern aus einer Volkskommune bei Lin-tung in der Provinz Shensi nach Wasser – und stießen auf eine riesige unterirdische Nekropole mit zahllosen lebensgroßen Tonfiguren. Der sensationelle Fund machte Schlagzeilen in aller Welt. Inzwischen wurden mehr als 500 Terrakotta-Figuren – Soldaten, Offiziere und Pferde – ausgegraben, dazu sechs Streitwagen.

Diese »Armee« gehört zu dem nur etwas über einen Kilometer entfernten Mausoleum des ersten chinesischen Kaisers aus historischer Zeit. Shih Huang-ti wurde 246 v. Chr. im Alter von dreizehn Jahren als Nachfolger seines verstorbenen Vaters König von Ch'in in der heutigen Provinz Shensi. Die Legalität seiner Herkunft wird übrigens angezweifelt. Er soll das Kind des Kaufmanns und späteren Ministers Lü Pu-wei gewesen sein, in dessen Frau der König sich verliebte. Als er sie zu sich an den Hof nahm, war sie bereits schwanger, so heißt es. Mündig geworden, nahm der junge König 238 v. Chr. den Kampf gegen die untereinander zerstrittenen anderen Feudalfürsten auf und besiegte einen nach dem anderen. 221 v. Chr. besaß er die Kontrolle über alle Teile des Reiches. China war nach Jahrhunderten der inneren Zerrüttung endlich wieder ein geeinter Staat. Der Herrscher nahm den Kaisertitel an und begründete die Ch'in-Dynastie.

Shih Huang-ti wird in der chinesischen Literatur als unermüdlich tätiger Regent gerühmt. Er soll täglich einen Aktenberg von beschriebenen Bambustäfelchen im Gewicht von 120 Pfund durchgearbeitet haben. Entsprechend der Lehre von Han Fei regierte der Kaiser nach dem Prinzip von Strafe und Belohnung oder, nach unserem Sprachgebrauch, mit Zuckerbrot und Peitsche. Nach dem Grundsatz »Vor dem Gesetz sind alle gleich« reformierte er das ganze Rechtssystem. Der Adel verlor weitgehend seine Privilegien, der Feudalismus wurde praktisch abgeschafft. Der Kaiser schuf einen straff organisierten Verwaltungsapparat und ein vorbildlich diszipliniertes Heer, dessen Interessen vor allen anderen Belangen des Staates rangierten. Maße und Gewichte, die Währung und sogar die Wagenspurbreite wurden im gesamten Reich

Porträt des Ersten Kaisers, Shih Huang-ti. (Steinabreibung von einer Stele der Han-Zeit.)

vereinheitlicht. Gegen den erbitterten Widerstand vieler Gelehrter setzte der Kaiser auch eine Reform und Vereinfachung der Schrift durch. Um seinen Bruch mit dem Traditionalismus zu bekräftigen, soll Shih Huang-ti im Jahre 231 v. Chr. angeordnet haben, alle Bücher im Lande zu verbrennen, mit Ausnahme politisch neutraler Schriften über Medizin, Ackerbau und ähnliche Themen. Dieser barbarische Akt, durch den unersetzliche Werte für immer vernichtet wurden, stempelte den Kaiser besonders in den Augen der Konfuzianer zum Bösewicht par excellence. In neuester Zeit allerdings wird die berüchtigte Bücherverbrennung von einigen Forschern in Frage gestellt und als Verleumdung rachsüchtiger Geschichtsschreiber abgetan.

Chinesische Archäologen beim Vermessen einer Figur aus der Armee des Ersten Kaisers, am Ort ihres Fundes, in der Nähe der alten Ch'in-Hauptstadt Hsien-yang.

Unumstritten ist dagegen der Ruhm Shih Huang-tis als wohl größter Bauherr des antiken China. In seiner Hauptstadt Hsien-yang am Nordufer des Wei-Flusses ließ er maßstabgetreue Kopien von allen Palästen der unterworfenen Feudalfürsten errichten. Unvollendet blieb der Bau der neuen Residenz südlich des Wei-Flusses, wo mehrere hunderttausend Arbeiter gleichzeitig mit der Errichtung des kaiserlichen Palastes in einem ausgedehnten Parkgelände beschäftigt gewesen sein sollen. Außerdem baute der Kaiser neue Straßen in allen Teilen des Landes und, last not least, den ersten Teil der berühmten, schließlich 2400 Kilometer langen Großen Mauer: einen Lehmwall mit hölzernen Wachttürmen an der Nordgrenze Chinas zur besseren Abwehr der Hsiung-nu, eines nomadischen Reitervolkes, das mit den Hunnen verwandt war und zum türkisch-sibirischen Sprachraum gehörte. Die heute teilweise noch gut erhaltene Chinesische Mauer aus Ziegelwerk, das Traumziel aller China-Reisenden, stammt allerdings erst aus dem 15. Jahrhundert n. Chr. Sie ist übrigens, wie die amerikanischen Weltraumfahrer festgestellt haben, das einzige Bauwerk von Menschenhand, das vom Mond aus erkennbar ist. Die hermetische Abschirmung des Chinesischen Reiches gegen zersetzende Einflüsse von außen – durch eben die berühmte steinerne Mauer und durch die konsequente Pflege des Traditionsbewußtseins – trug wesentlich dazu bei, daß die Kaiser Chinas den Untergang zahlreicher mächtiger Reiche überlebten und ihre Herrschaft bis ins 20. Jahrhundert hinein aufrechterhalten konnten.

Shih Huang-ti unternahm immer wieder Inspektionsreisen durch alle Teile seines Reiches. Während einer dieser Fahrten starb er 210 v. Chr. im Alter von erst 49 Jahren im Osten Chinas. Er wurde in dem bereits erwähnten prächtigen Mausoleum bei Lin-tung beigesetzt, das – von einem bepflanzten flachen Hügel bedeckt – seit 1961 unter Denkmalschutz steht, aber noch nicht ausgegraben wurde. Schon kurz nach seiner Thronbesteigung im Alter von 13 Jahren hatte der spätere Kaiser den Ausbau seiner letzten Ruhestätte in Angriff genommen. Anlaß dazu war seine manische Todesfurcht, die durch zahlreiche Attentate im Auftrag entmachteter Fürsten und Feudalherren zweifellos noch verstärkt wurde. Seine ganze Hoffnung setzte er auf die sagenumwobene Droge der

Abb. S. 62/63:
Das streng bewachte Ausgrabungsfeld der Terrakotta-Armee des Ch'in-Kaisers, das 1974 entdeckt wurde.

Unsterblichkeit. Im Ostmeer sollte nach uralter Überlieferung ein Inselparadies liegen, wo das Kraut der Unsterblichkeit wuchs. Dorthin hatte der Kaiser eine Flotte entsandt, und noch wenige Tage vor seinem Tode soll er voll Ungeduld auf ihre Rückkehr gewartet haben.
Wie sehr die Gedanken des Kaisers um den Tod kreisten, beweist der gigantische, mit allem nur denkbaren Komfort ausgestattete Bau seines Mausoleums, den der erste und zugleich bedeutendste Historiograph des chinesischen Altertums, Ssu-ma Ch'ien (145–um 90 v. Chr.), mit folgenden Worten beschrieb:

> Die Arbeiter gruben durch drei unterirdische Ströme (Wasseradern), die sie abschnitten, indem sie Bronze hineingossen, um die Grabkammer zu errichten. Diese füllten sie mit Modellen von Palästen, Türmen und den hundert Ämtern, ferner mit kostbaren Gefäßen und Steinen sowie wunderbaren Raritäten. Handwerker erhielten den Auftrag, auf Eindringlinge feuernde Armbrüste mit mechanischen Selbstauslösern zu installieren. Die verschiedenen Ströme des Landes, der Jangtse und der Gelbe Fluß, und selbst der große Ozean wurden mit Quecksilber nachgeahmt, das eine mechanische Vorrichtung fließend in Bewegung hielt. Oben waren Konstellationen des Firmaments dargestellt und unten das geographische Relief der Erde.[24]

Die gesamte Anlage, eine unterirdische Palaststadt, besitzt eine Ausdehnung von zwei Quadratkilometern, in deren Mitte das eigentliche Grabmal liegt, angeblich von einer kupfernen Kuppel überwölbt, die mit Nachbildungen der Gestirne geschmückt sein soll. In diesem Mausoleum schwimmt der schiffsförmige Sarkophag des Kaisers noch immer auf einem der Quecksilberflüsse, wie chinesische Archäologen vermuten. Die prächtige Totenkammer wurde zwar schon früh von Grabräubern geplündert, wie wir von Ssu-ma Ch'ien wissen, den Sarg Shih Huang-tis sollen sie aber nicht angetastet haben. Wir dürfen also aufs höchste gespannt sein auf die wunderbaren Schätze, die im Mausoleum des ersten chinesischen Kaisers noch auf ihre Entdeckung warten. Wenn die Chronisten und die Archäologen recht behalten, handelt es sich hier um die gigantischste und prunkvollste Grabanlage, die je ein Kaiser dieser Welt für sich errichten ließ. Verglichen mit der Totenstadt Shih Huangtis verblassen dann selbst die prächtigen Pyramidengräber der großen ägyptischen Pharaonen.
Die von chinesischen Bauern 1974 zufällig gefundenen Kriegerfiguren gehören zu einer auf mindestens 6000 Plastiken geschätzten »Terrakotta-Armee«, die den toten Herrscher im Jenseits auf magische Weise vor seinen Feinden schützen sollte. Von der ursprünglich farbenprächtigen Bemalung der lebensgroßen Figuren blieben leider nur Spuren erhalten, die jedoch für eine exakte Rekonstruktion der Uniformen ausreichen.

Die Große Mauer nördlich von Peking.

Die Tonsoldaten trugen echte Waffen, die Pferde richtiges Zaumzeug, und die Streitwagen erwiesen sich zum Teil als Originale, verziert mit Lackmalerei.
Bisher ließen sich acht verschiedene Gruppen unterscheiden: Faustkämpfer und Bogenschützen, Kavalleristen mit einem Streitroß am Zügel und Infanteristen, Streitwagenlenker und behelmte Angehörige der Reiterei sowie Offiziere und Generäle, die bei Grabungen im Jahre 1977 in einer Art Kommandozentrale im Westen des ersten Fundortes zutage kamen. Sie fallen durch ihre überragende Körpergröße auf und tragen besonders reich verzierte Rüstungen. Jedes Detail wurde mit äußerster Sorgfalt durchgefeilt, jedes Gesicht individuell gestaltet. Am 1. Oktober 1979 wurde für die Truppen des Ersten Kaisers ein eigenes Museum an Ort und Stelle eröffnet, eine 270 mal 70 Meter große Halle aus Stahlrohrgerüst direkt über einem Teil der bisher freigelegten Figuren.
Die sensationelle Entdeckung beim Mausoleum des ersten chinesischen Kaisers führte zu einer völlig neuen Beurteilung der chinesischen Kunst dieser Zeit. Bisher hatte man angenommen, erst in der folgenden Han-Dynastie habe sich allmählich die Großplastik entwickelt. Nun aber wirken bis dahin für legendär gehaltene Berichte über monumentale Steinskulpturen an Brücken aus der Ch'in-Zeit durchaus glaubwürdig. Das gleiche gilt für zwölf kolossale Bronzefiguren, die der Kaiser nach der Einigung des Reiches, wie es heißt, aus erbeuteten Waffen seiner Gegner gießen und als Türhüter vor den Palasttoren in Hsien-yang aufstellen ließ.
Shih Huang-ti hatte eine Dynastie gründen wollen, die zehntausend Kaiser zählen sollte. Doch nach seinem Tode im Jahre 210 v. Chr. nahm die Ch'in-Herrschaft ein schnelles Ende. Verstrickt in eine Palastintrige, war sein ältester Sohn Su Fu, ein fähiger Heerführer, zum Selbstmord gezwungen worden. Nachfolger des Kaisers wurde sein jüngerer, erst 21 Jahre alter Sohn Erh-shih Huang-ti. Der zweite Ch'in-Kaiser setzte seinen Ehrgeiz darein, die unvollendet gebliebenen, aufwendigen Bauprojekte seines Vaters fortzuführen. Die Folge war eine Rebellion der Fronarbeiter und Staatssklaven unter der Führung eines einfachen Landarbeiters namens Ch'en She, den die Massen als Volkshelden feierten. Der Aufstand konnte von den Regierungstruppen zwar niedergeschlagen werden, aber bald kam es in allen Teilen des Landes zu neuen Revolten. Offener Bürgerkrieg brach aus.
Kaiser Erh-shih Huang-ti wurde 207 v. Chr. von dem Eunuchen Chao Kao ermordet. Im selben Jahr eroberte ein gewisser Liu Pang, der spätere Gründer der Han-Dynastie, die Hauptstadt des Ch'in-Reiches. Es wurde jetzt von dem dritten Kaiser dieser Dynastie, Tzu-ying, regiert, der ein Neffe seines Vorgängers war. Nur 34 Tage konnte er sich an der Macht halten. Beim Einmarsch Liu Pangs ergab er sich und verzichtete auf den Thron. Wenige Monate später ließ Hsiang Yü, der Anführer der Rebellen, den letzten Ch'in-Kaiser und seine ganze Familie hinrichten.

Ein Mordanschlag auf den Ersten Kaiser. Der Attentäter wird von einem Leibwächter Shih Huang-tis abgewehrt. Steinabreibung von der Grabanlage der Familie Wu in Chia-hsiang (2. Jh. n. Chr.).

Die nächsten fünf Jahre standen im Zeichen der Auseinandersetzung zwischen dem Thronprätendenten Hsiang Yü und Liu Pang. Hsiang Yü versuchte, das Feudalsystem wiederherzustellen, und nahm den Titel Pa Wang, der »Hegemoniekönig«, an. Er entstammte einer aristokratischen Familie und vereinte die Qualitäten eines gefürchteten Haudegens mit den vollendeten Manieren eines Höflings. Sein Hang zur Grausamkeit und seine Arroganz schufen ihm viele Feinde. Liu Pang dagegen kam aus dem Bauernstand und gab wenig auf höfisches Zeremoniell. Das Feudalreich des Hegemoniekönigs erwies sich schon im ersten Jahr seines Bestehens als ein grandioser Fehlschlag. Die neuen Feudalherren bekämpften einander, Verträge und Bündnisse wurden gebrochen, jeder strebte nach der Vorherrschaft. Nach fünfjährigem blutigem Bürgerkrieg glückte Liu Pang der entscheidende Sieg über Hsiang Yü, der sich, um nicht in Gefangenschaft zu geraten, in einen Fluß stürzte und ertrank. Liu Pang aber gründete die Han-Dynastie.
Die neue Hauptstadt des Han-Reiches, Ch'ang-an, die »Stadt des ewigen Friedens«, lag nur rund zehn Kilometer von Hsien-yang entfernt, der zerstörten Ch'in-Hauptstadt. Ch'ang-an besaß neun Stadtviertel mit insgesamt 106 Straßen. Eine 25 Kilometer lange Mauer mit zwölf großen Toren umgab die Stadt, auf deren Hauptstraßen zwölf Pferdewagen nebeneinander fahren konnten. Leider blieb von den prunkvollen Bauwerken der Han-Zeit nichts erhalten, da in China stets Holz das wichtigste Baumaterial war und Holzbauten nun einmal relativ kurzlebig sind. Wir wissen aber, daß die Gebäude bunt bemalt waren. Außerdem kamen bei Ausgrabungen in Nekropolen der Han-Zeit hervorragend erhaltene Tonmodelle von verschiedenen Gebäudetypen zutage, die uns einen anschaulichen Eindruck von der hochentwickelten Architektur in den Jahrhunderten um die Zeitenwende vermitteln.
Um die ständigen Angriffe der kriegerischen Hsiung-nu erfolgreich abwehren zu können, sah sich der erste Han-Kaiser gezwungen, den Ausbau der Kavallerie mit allen Mitteln zu forcieren. Pferde waren zu dieser Zeit in China jedoch selten und entsprechend teuer – hundert Goldstücke, ein kleines Vermögen, mußte man für ein einziges Pferd zahlen. Kein Wunder, daß selbst der Kaiser im Ochsenwagen reiste.
Liu Pang verfolgte von Anfang an das Ziel, die Macht der Lehnsstaaten möglichst einzuschränken und ein straff organisiertes zentralistisches Regime zu errichten. Seine wichtigste Stütze war der neue Beamtenapparat. Die Erblichkeit von Beamtentiteln wurde abgeschafft. Ohne Lehnskönige und -fürsten kam freilich auch Liu Pang nicht aus, und zu viele verdiente Mitkämpfer warteten auf eine Belohnung in Form von Grundbesitz. Immerhin verfügte der Kaiser, daß die neuen Lehnsherren ihrerseits keine Unterlehen vergeben durften – und entzog ihnen dadurch die wesentlichste Voraussetzung zur Errichtung einer eigenen Hausmacht. Außerdem versäumte er keine Gelegenheit, beim geringsten Anlaß unliebsame Lehnsfürsten zu stürzen und Mitglieder seiner

Diese Grabbeigabe in Form eines bemalten Hausmodells aus Ton gibt Aufschluß über die Wohnbau-Architektur der Han-Zeit (Höhe 132 cm).

Familie an ihre Stelle zu setzen. Bei seinem Tode waren bereits fast alle wichtigen Lehnsstaaten in Händen seiner Verwandten.
Liu Pang starb im Jahre 194 v. Chr. an den Spätfolgen einer Verwundung, die er sich im Kampf gegen Hsiang Yü zugezogen hatte. Nach seinem Tode erhielt er den Ehrennamen Kao-tsu (»Erhabener Ahn«). Er wurde in einem Tumulusgrab, dem sogenannten Chang-ling, etwa 22 Kilometer nordöstlich von Hsien-yang, beigesetzt. Nachfolger des ersten Han-Kaisers wurde sein Sohn Hui-ti, der völlig unter dem Einfluß seiner herrschsüchtigen Mutter Lü-hou stand. Die Kaiserin hatte einen älteren Sohn Liu Pangs von einer anderen Gemahlin vergiften lassen, um ihrem Sohn die Thronfolge zu sichern. Von Anfang an ohne Chance, sich gegen seine übermächtige Mutter durchzusetzen, suchte der junge Kai-

Ausfahrt von hohen Würdenträgern der Späteren Han-Dynastie. Wandmalerei aus einem Grab bei Liao-yang, Mandschurei (2. Jh. n. Chr.).

ser Zuflucht beim Alkohol und starb bereits nach vier Jahren (191 v. Chr.).

Lü-hou übernahm nun auch offiziell die Regierung und errichtete ein wahres Schreckensregiment. Sie beseitigte zahlreiche Konkubinen Liu Pangs, ihre ehemaligen Rivalinnen um die Gunst des Herrschers. Die Verwandten des ersten Han-Kaisers verloren ihre einflußreichen Posten zugunsten von Angehörigen aus dem Clan der Kaiserin. In der chinesischen Geschichtsschreibung wird Lü-hou ebenso wie spätere Regentinnen meist einseitig negativ beurteilt und mit allen Attributen einer Lady Macbeth ausgestattet. Aber erinnern wir uns daran, daß es die Aufgabe einer jeden verheirateten Chinesin war, mit allen Kräften den Interessen der Familie zu dienen, aus der sie stammte. Lü-hou tat im Grunde also

nur konsequent das, wozu man sie erzogen hatte – außerdem ging es um ihre eigene Existenz. »Eine kaiserliche Gemahlin und ihre Familie mußten kämpfen, um sich am Hofe zu behaupten, weil sie automatisch die Zielscheibe der häufig mörderischen Eifersucht der Sippe des Kaisers wurden. Wenn der Kaiser starb, mochte ihre einzige Rettung darin liegen, daß sie selbst das Mandat des Himmels an sich brachten.«[25] Die unerbittliche Wahrheit dieses strukturell bedingten Zugzwangs erwies sich, als Lü-hou im Jahre 180 v. Chr. starb. Der Sohn einer Konkubine Liu Pangs bestieg den Thron – und die gesamte Sippe der verstorbenen Kaiserin wurde ausgerottet.

Wen-ti, der vierte Han-Kaiser, regierte von 180–157 v. Chr. Er ging in die Annalen als gerechter und weiser Herrscher ein, der seinem Reich Wohlstand und Frieden gebracht hatte. Besonders gerühmt wird seine Sparsamkeit. So lehnte er es entrüstet ab, eine Million Kupfermünzen für den Bau eines Ahnentempels auszugeben, eine Summe, die dem Gesamtvermögen von zehn Familien entsprach. Wen-ti war bestrebt, fähige Männer aus allen Teilen des Landes als Berater an seinen Hof zu ziehen. Er sicherte jedem das Recht der freien Meinungsäußerung zu; Kritik war erwünscht, um Fehler zu vermeiden.

Unter den vier großen philosophischen Schulen Chinas gehörte die Neigung des Kaisers dem Taoismus; auch seine Gemahlin, die Kaiserin Tou, war Taoistin. Das Prinzip des Nichthandelns wurde zum Grundsatz seiner Regierungsmethode. Er war durchdrungen von einem religiösen Sendungsbewußtsein. »Nach dem, was ich vom Wege des Himmels weiß«, sagte er einmal, »ist Unglück die Folge von schlechten Handlungen und Glück die Folge von tugendhaftem Verhalten. Die Fehler aller Beamten müssen ihren Ursprung in mir selbst haben.«[26] Für die Staatsgeschäfte war der Kanzler verantwortlich, der seinerseits vom Generalzensor kontrolliert und bei einem Mißgriff unverzüglich angeklagt wurde. Nachfolger eines gestürzten Kanzlers wurde dann in der Regel der Generalzensor, der ihn zu Fall gebracht hatte. Das »Nichthandeln«, die Nichteinmischung des Kaisers, darf aber nicht allzu wörtlich genommen werden. Erklärte Wen-ti doch im Jahre 162 v. Chr. im Staatsrat: »Früh in der Morgendämmerung stehe ich auf! Spät in der Nacht geh ich erst schlafen! Alle meine Kräfte widme ich dem Reich! Ich sorge mich um das ganze Volk und leide!«[27]

Sein besonderes Anliegen war die Humanisierung der Rechtsprechung, und so hob er als erstes die Sippenhaftung auf. Bisher hatte das Prinzip der kollektiven Verantwortlichkeit von drei Generationen gegolten, wenn ein Familienvater straffällig wurde. Seine Eltern und Brüder wurden ebenso zur Verantwortung gezogen wie seine Frau und seine Kinder. Diese Sippenhaft hatte nun ein Ende. Im Jahre 167 v. Chr. schaffte der Kaiser auch die Strafe der Entmannung ab. Der latenten Gefahr einer Wiederbelebung des Feudalismus und der Vormachtstellung einzelner Landesfürsten begegnete er mit einem verblüffend einfachen Mittel, das Schule

Herbstfest im Han-Palast. Gemälde eines unbekannten Meisters aus dem 12. Jahrhundert. (Tusche und Farben auf Seide, Breite 24,5 cm.)

machen sollte: Die Lehnsstaaten von zwei verstorbenen Fürsten wurden jeweils auf insgesamt neun Erben verteilt.
Obwohl Kaiser Wen als Friedensfürst gefeiert wurde, blieb seine Regierungszeit doch keineswegs frei von kriegerischen Auseinandersetzungen. Die Hsiung-nu, die ostasiatischen Hunnen, wie sie oft genannt werden, fielen 177 v. Chr. in Nordchina ein, aber nicht etwa mit dem Ziel, das riesige Reich zu erobern, sondern schlicht und einfach, um Beute zu machen und sich mit Lebensmitteln zu versorgen. Bei den Friedensverhandlungen im Jahre 174 v. Chr. schenkte der Kaiser den Feinden zehn Rollen Brokat und je 40 Rollen hellroter, dunkelroter und grüner Seide. Dem Fürsten der Hsiung-nu schickte er sogar eine chinesische Prinzessin als Braut. Doch schon sieben Jahre später zogen die Hunnen erneut plündernd und raubend durch chinesisches Gebiet und drangen bis zur Hauptstadt Ch'ang-an vor. 162 v. Chr. gelang es Wen-ti abermals, mit den Hsiung-nu Frieden zu schließen. Er verpflichtete sich, ihnen regelmäßig Seide und Lebensmittel zu liefern. Doch wieder war der Frieden nur von kurzer Dauer. Solange China sich auf defensive Maßnahmen beschränkte, ließ die Gefahr an der Nordgrenze des Reiches sich nicht bannen.
Wen-ti starb im Jahre 157 v. Chr. Auf dem Totenbett ordnete er an, die vorgeschriebene dreijährige Staatstrauer nach seinem Ableben nicht einzuhalten, eine Maßnahme, die den sparsamen Pragmatiker kennzeichnet. Das höchst komplizierte, für Europäer recht verwirrende chinesische Totenritual stellte nämlich nicht nur harte Forderungen an die psychische und physische Kraft der Hinterbliebenen, es war auch außerordentlich kostspielig.
Nicht weit von den Grabhügeln des ersten Han-Kaisers und seiner Gemahlin wurden bei dem Dorf Yang-chia-wan, Provinz Shensi, zwei große Gräber gefunden, die mit hoher Wahrscheinlichkeit als die Grabstätten von Wen-tis Premierminister Chou P'o und dessen Adoptivsohn, dem General Chou Ya-fu, identifiziert wurden. Die Gräber selbst waren schon vor langer Zeit ausgeraubt worden, in elf Nebengruben aber fanden die Ausgräber im August 1965 die bemalten Tonfiguren von 583 Reitern, 1965 Soldaten, Beamten, Musikern, 410 Modelle von Kampfschilden und 1110 vergoldete Pferdebeschläge aus Bronze. Im Gegensatz zur Totenarmee des Ch'in Shih Huang-ti sind die einzelnen Figuren nicht lebensgroß, ihre Höhe schwankt zwischen 48–55 cm bei den Standfiguren und 67–70 cm bei den Reitern.
Die Aufstellung der Tonsoldaten erlaubt interessante Rückschlüsse auf die Kampfkraft in der frühen Han-Zeit. In vorderster Linie standen vier Einheiten der Infanterie, zwischen ihren Verbänden wurde ein Streitwagen eingesetzt. Zwei Einheiten der Kavallerie standen hinter der Infanterie bereit zur Verstärkung der Kampflinie. Den hinteren Bataillonsverband aber bildeten vier Reitergruppen, die für Überraschungsangriffe an den Flanken vorgesehen waren. Der Schwerpunkt dieser außerordentlich beweglichen Truppe lag also eindeutig bei der Reiterei.

Kopf eines knienden Mädchens. Vergoldete Bronzefigur aus dem Grab der Han-Prinzessin Tou Wan (vgl. Abb. S. 83).

Die Han-Kaiser hatten es inzwischen verstanden, sich Pferde in ausreichender Menge zu verschaffen. Unter Wen-ti konnte jeder Haushalt sich von der Grundsteuer und von der Rekrutierung dreier Soldaten freikaufen, wenn er der Armee ein Pferd mit Wagen stellte. Außerdem waren kaiserliche Gestüte entstanden, in denen durch Einkreuzung baktrischer und arabischer Pferde ein kraftvoller Pferdetypus gezüchtet wurde, der den Ponys der nomadischen Reitervölker überlegen war. Die Tonpferde von Yang-chia-wan zeigen bereits die Merkmale der neuen muskulösen und grobknochigen Rasse.

Nachfolger Kaiser Wens wurde sein Sohn Ching-ti, unter dessen Regierung es im Frühjahr 154 v. Chr. zu einem Aufstand von sieben Lehnsfür-

Diese Truppenparade aus ca. 50 cm hohen Tonfiguren wurde 1965 in einem der kaiserlichen Gräber von Yang-chia-wan gefunden. Sie stammt aus der Zeit zwischen 179 und 141 v. Chr.

sten kam, den jener General Chou Ya-fu niederschlug, dessen Grab wir kennen. Zehn Jahre später gab Kaiser Ching einen Erlaß heraus, durch den alle Söhne eines Feudalherrn zu gleichberechtigten Erben gemacht wurden. Nach dem Tode des Vaters mußte sein Grundbesitz unter ihnen aufgeteilt werden. Hinterließ ein Lehnsherr keinen männlichen Erben, so fiel sein Land an den Staat.

Als Ching-ti im Jahre 141 v. Chr. starb, trat sein Sohn Wu-ti die Thronfolge an. Dieser Kaiser gehört zu den bedeutendsten Herrschergestalten Chinas. Er sollte die Geschicke des Han-Reiches über ein halbes Jahrhundert lang lenken. Unter ihm trat China aus seiner Isolierung heraus und begann, Weltpolitik zu machen. Wu-tis Armeen erkämpften

die Vorherrschaft in Zentralasien, das heißt: Die Grenzen des Reiches wurden im Norden, Westen und Süden weit vorgeschoben. Man spricht deshalb mit einer gewissen Berechtigung vom Erwachen des chinesischen Imperialismus. Den Namen Wu-ti, unter dem er in die Geschichte einging, erhielt der Kaiser übrigens erst nach seinem Tode, *wu* bedeutet »der Kriegerische«, *ti* bedeutet »Kaiser«.

Schon zu Beginn seiner Herrschaft verfügte Kaiser Wu, daß nur noch Konfuzianer Beamte sein dürften. 124 v. Chr. wurde dann sogar eine Akademie zur Ausbildung von Beamten gegründet, deren strenges Prüfungssystem bald berüchtigt wurde. Der Konfuzianismus, seit dem Tode Meister Kungs um kosmologische Theorien erweitert, avancierte zur staatlich verordneten Weltanschauung, alle anderen Lehrmeinungen wurden verboten.

Im Unterschied zu seinem dem taoistischen Weisheitsideal des Nichthandelns verpflichteten Großvater war Wu-ti ein autokratischer und bemerkenswert aktiver Monarch, der Legislative und Exekutive in seiner Hand vereinte. Außer dem Kanzler standen ihm neun Minister zur Seite; als die wichtigsten Ressorts sind Wirtschaft, Kriegswesen und Rechtsprechung zu nennen. Die Feudalherren waren als politischer Machtfaktor bedeutungslos geworden. Bei der Auswahl seiner intimsten Ratgeber ging der Kaiser gelegentlich recht unkonventionell vor. So sollen zeitweilig ein ehemaliger Schweinehirt und Kerkermeister, ein Landstreicher, ein Hilfsarbeiter und ein kriegsgefangener Stallknecht zu seinen engsten Vertrauten gehört haben. Allerdings wechselten die Gesichter in der unmittelbaren Umgebung des Herrschers rasch. Kein Kanzler blieb länger als höchstens vier Jahre in Amt und Würden. Im Alter artete Wu-tis Mißtrauen gegen jedermann zu regelrechtem Verfolgungswahn aus.

Um Verbündete gegen die Hsiung-nu zu gewinnen, schickte der Kaiser 138 v. Chr. eine Gesandtschaft unter der Leitung des Offiziers Chang Ch'ien auf politische Entdeckungsreise in den unbekannten Westen. Der Abgesandte wurde von den Barbaren zwar zehn Jahre lang gefangengehalten, gelangte aber schließlich doch noch über Turkestan nach Afghanistan, in das damalige hellenistische Königreich Baktrien. So kam es zum ersten Kontakt zwischen China und der griechisch-römischen Welt. Der chinesische Offizier bewunderte vor allem die schön geprägten baktrischen Münzen: »Sie haben Silbergeld mit dem Bild ihres Königs; stirbt der König, so wechselt man diese Münzen gegen die mit dem Bild des neuen Königs. Schräge Zeichen, die verschlungenen Pflanzen gleichen, dienen zur Datierung.«[28]

Bundesgenossen gegen die Hsiung-nu fand Ch'ien zwar nicht, aber er brachte die Weinrebe und die als Futterpflanze geschätzte Luzerne nach China mit, außerdem die Kunde von den prächtigen Ferghana-Pferden in Sogdiana, einer ehemaligen baktrischen Provinz, in der das Nomadenvolk der Saken ein Königreich gegründet hatte. Um diese Pferde entbrannte 104 v. Chr. ein Krieg, der mit einer katastrophalen Niederlage der Chinesen endete. Doch schon zwei Jahre später belagerte ein gewaltiges chinesisches Heer die Hauptstadt der Saken. Schließlich einigte man sich auf dem Verhandlungswege. Der chinesische General erhielt Proviant für seine Truppen und Pferde für den Kaiser, als Gegenleistung verschonte er die Stadt. So gelangte Wu-ti doch noch in den Besitz der heißbegehrten »Himmlischen Pferde des Westens«.

Die entscheidende Schlacht gegen die Hsiung-nu fand 121 v. Chr. in der Wüste Gobi statt. Nach einem Wüstenmarsch von vierzehn Tagen stieß die chinesische Armee auf den Feind. Ein Sandsturm brach aus, als die Heere aufeinanderprallten; die Nacht sank herein, aber das Kampfgetümmel nahm kein Ende. Die Chinesen errangen schließlich den Sieg, setzten dem fliehenden Gegner nach und fanden am Ausläufer des Gobi-Altai die in einer Festung deponierten Getreidevorräte der Reiternomaden. Das Getreide wurde verbrannt, Tausende von Hsiung-nu zogen in die Gefangenschaft.

Das berühmte »Fliegende Pferd«, das 1969 in einem Generalsgrab der Späteren Han-Zeit in Wu-wei gefunden wurde, hält sich im Gleichgewicht auf einer Schwalbe. (Bronze, Höhe 34,5 cm.)

Das Ergebnis der Wüstenschlacht: Der Warenverkehr auf der berühmten Seidenstraße verlief für die nächsten 80 Jahre störungsfrei von Raubüberfällen der Nomaden. Diese wichtige Karawanenstraße führte von Ch'ang-an und Lo-yang nach Samarkand und Bagdad, gabelte sich in Palmyra und endete schließlich im phönizischen Hafen Tyros und im syrischen Antiochia. Seide, der begehrteste Exportartikel Chinas, wird in der römischen Literatur zuerst unter Kaiser Augustus erwähnt, und zwar unter den Namen *seres*. Das Seidenland China wurde in Rom Sera genannt. Erstaunlicherweise stellten die Römer sich die Erzeuger dieses kostbaren Gewebes als wilde, kulturlose Barbaren vor. Man hatte im Westen keine Ahnung, wie Seide eigentlich entstand. Plinius meinte, sie würde »aus Blättern« gewonnen. Zu den wichtigsten Importwaren, die auf der Seidenstraße nach China gelangten, gehörten neben Jade verschiedene Gewürze, Ambra, Perlen, Achate und nicht zuletzt Glas, das lange Zeit überbezahlt wurde, da die Chinesen es für einen wertvollen Schmuckstein hielten.

Frauen sortieren Seidenraupen-Kokons in große flache Kästen. (Illustration aus der Ch'ing-Zeit.)

Der ostasiatische Subkontinent selbst wurde unter Wu-ti umfassend kolonisiert. Chinesische Siedlermassen fanden in der nördlichen Region des Gelben Flusses und im Gebiet der heutigen Mandschurei eine neue Heimat. Die ursprüngliche Bevölkerung wurde weitgehend assimiliert, nicht aber ausgerottet, wie es später bei der Besiedlung Nordamerikas durch die Europäer der Fall war. 108 v. Chr. eroberten die Chinesen das koreanische Königreich und kolonisierten es bis zur heutigen Stadt Seoul. In der Nekropole des Militärstützpunktes Lo-lang in Nordkorea fand man über 200 hervorragende Erzeugnisse der chinesischen Lackkunst aus der Früheren Han-Zeit. Im Süden stießen die kaiserlichen Truppen 111 v. Chr. bis nach Kanton vor, eroberten das heutige Vietnam und erklärten es zu einer chinesischen Provinz, deren Verwaltungsraum im heutigen Hanoi lag. Auch das im Südwesten Chinas gelegene Gebirgsland Yünnan wurde unterworfen. Zur Zeit Kaiser Wus erreichte das chinesische Reich die imponierende Ausdehnung von 5100 Kilometer in Ost-West-Richtung und von 3600 Kilometer in Nord-Süd-Richtung.

All diese gewaltigen Kriegszüge und Kolonisationsprojekte kosteten Geld, viel Geld. Es kam zu einer permanenten Währungskrise, und 120 v. Chr. brach in Shensi eine Hungersnot aus. Im Laufe der nächsten Jahre schuf der Kaiser ein Staatsmonopol für die Produktion und Verarbeitung von Salz und Eisen. Auch die Steuerschraube wurde empfindlich angezogen. Zu der Kopfsteuer von jährlich 20 Kupfermünzen für Kinder zwischen sieben und 15 Jahren und 120 Münzen für Erwachsene sowie der Grundsteuer, die ein Dreißigstel der Ernte betrug, kam eine Kapitalsteuer, die jetzt von 1,2 Prozent auf 3 Prozent für Handwerker und auf 6 Prozent für Kaufleute und Geldverleiher erhöht wurde. Außerdem wurde eine Sondersteuer zur Förderung der Pferdezucht eingeführt sowie eine Wagen- und Bootssteuer für Kaufleute. 112 v. Chr. schließlich wurde auch die Münzprägung zum Monopol des Staates erklärt.

Aber diese Mittel reichten nicht aus, um der Wirtschaftskrise Herr zu werden. Deshalb ließ Kaiser Wu ab 110 v. Chr. den Handel vom Staat regulieren, um die Preise zu festigen und der Verknappung des Warenangebotes vorzubeugen. In allen Provinzen kauften nun Beamte Waren auf, wenn die Preise fielen, und warfen ihre Vorräte auf den Markt, wenn eine Ware knapp und teuer wurde. So konnte Spekulanten das Handwerk gelegt werden, die öffentlichen Getreidespeicher füllten sich, und weitere Steuererhöhungen wurden überflüssig – ein Erfolg, der auch von Kritikern dieses »staatlichen Dirigismus« wie dem bereits erwähnten zeitgenössischen Historiographen Ssu-ma Ch'ien anerkannt wurde.

Am kaiserlichen Hof herrschte ein unerhörter Luxus. Der juwelenbesetzte Palast Wu-tis stand auf einer fünffachen Terrasse und war mit prachtvollen Wandgemälden geschmückt. Vor den Toren Ch'ang-ans lag der berühmte Jagdpark des Kaisers, ein Miniatur-Abbild seines Reiches mit künstlichen Flüssen und Gebirgen. Jedes Tier, jede Pflanze und jedes Mineral, das irgendwo in seinem Riesenreich zu Hause war, konnte man hier bewundern. Aus den aufwendigen Spielen, die auf den Bühnen im Palast aufgeführt wurden, entwickelte sich – nach Meinung des großen französischen Sinologen Marcel Granet – das chinesische Theater. Im Harem lebten Scharen der besten Sängerinnen und Tänzerinnen; einer von ihnen, der Sängerin Wei, gelang es sogar, Kaiserin zu werden. Die begabtesten Musikanten und Akrobaten gehörten gleichfalls zum kaiserlichen Haushalt. Im Palast durften, schon wegen der Haremsdamen, nur Männer Dienst tun, die keine Männer mehr waren. Geschickte und intelligente Eunuchen verstanden es oft, die Gunst des Kaisers zu erwerben, sich unentbehrlich zu machen und zu einem ansehnlichen Vermögen zu gelangen. Kaiser Wu gab einem Eunuchen, dem Magier Luan-ta, sogar seine älteste Tochter zur Frau. Sie erhielt

Das Totengewand der Han-Prinzessin Tou Wan, bestehend aus mehr als 2000 Jadeplättchen, die durch gold- und seideumwickelten Eisendraht miteinander verbunden sind (Länge 172 cm).

eine Mitgift von 10000 Goldpfund. Die Prinzessinnen und Hofdamen trieben einen unglaublichen Aufwand an Kleidung und Schmuck – und die Frauen in den Städten versuchten, es ihnen gleichzutun.

Einen geradezu überwältigenden Eindruck von der Prachtentfaltung in der Früheren Han-Zeit vermitteln uns die Schätze aus dem Grab des Prinzen Liu Shang, einem Bruder des Kaisers, und seiner Gemahlin Tou Wan, das 1968 in Man-ch'eng, Provinz Hopei, freigelegt wurde. Nicht weniger als 2800 kostbare Grabbeigaben von hohem künstlerischem Wert kamen dort ans Tageslicht. Eine Sensation aber lösten die »Totenkleider« des prinzlichen Paares aus. Ihre Gewänder bestanden aus jeweils 2690 Jadeplättchen, nicht größer als ein Fünfmarkstück, die durch feinen Gold- und Silberdraht miteinander verbunden waren.

Die Erfindung des Papiers wird traditionell in das Jahr 105 n. Chr. datiert und dem Eunuchen Ts'ai Lun zugeschrieben. Ein aufsehenerre-

Kniendes Mädchen mit Öllampe. Vergoldete Bronzefigur (Höhe 15,6 cm) aus dem Grab der Tou Wan, die um 125 v. Chr. starb. Ihr Grab wurde 1968 in Man-ch'eng (Prov. Hopei) entdeckt.

gender Fund aus dem Jahre 1978 erlaubt uns jetzt eine Revision dieser Überlieferung. Chinesische Archäologen entdeckten in der Provinz Shensi Papiersäcke, die sie in die Frühere Han-Zeit (206 v. Chr. bis 24 n. Chr.) datieren konnten. Dieses älteste Papier, das bisher gefunden wurde, war zwar gelblich verfärbt, aber nicht brüchig, und hatte eine leichte Patina angesetzt.

Auch Wu-ti träumte vom ewigen Leben. Wie Shih Huang-ti, der erste chinesische Kaiser, sandte er eine Expedition auf die Suche nach den legendären Inseln der Unsterblichkeit im Ostmeer, und er umgab sich mit einem ganzen Stab von Magiern. Seine besondere Vorliebe gehörte dem ersten chinesischen Alchimisten, dessen Name uns überliefert ist. Li Shao-ch'ün behauptete, er könne Zinnober in Gold verwandeln. Wer von Tellern, aus diesem Gold gemacht, äße, würde länger leben als alle anderen Menschen. Der Kaiser schenkte ihm Glauben und finanzierte seine phantastischen Experimente.

Mehr als alles andere fürchtete Wu-ti die Macht der schwarzen Magie. Als sein Sohn Liu Chü 91 v. Chr. in Verdacht geriet, er wolle den Vater mit Hilfe von Zauberei ums Leben bringen, fielen der Thronfolger und seine Mutter, die Kaiserin Wei, prompt in Ungnade. Vier Jahre später starb der mächtige, kriegerische und abergläubische Kaiser Wu, der China mehr als ein halbes Jahrhundert – und damit länger als jeder andere Herrscher im Reich der Mitte – regiert hatte.

Nachfolger wurde sein minderjähriger Sohn Chao-ti (87–75 v. Chr.). Für ihn und für den gleichfalls noch minderjährigen Hsüan-ti (74–48 v. Chr.) führte der streng konfuzianisch gesinnte Regent Ho Kuang bis zu seinem Tode im Jahre 67 v. Chr. die Regierungsgeschäfte. Unter dem schwachen Kaiser Yüan (48–33 v. Chr.) gelang es den Hsiung-nu, die Seidenstraße wieder unter ihre Kontrolle zu bekommen.

Der letzte Kaiser der Früheren Han-Dynastie, der als Erwachsener den Thron innehatte, war Ch'eng-ti (33–6 v. Chr.). Er lehnte es ab, Hermaios, dem letzten griechischen König, der in Nordwestindien herrschte, gegen kriegerische Nomadenstämme zu helfen, die sein Reich bedrohten, und verpaßte damit, ohne es zu ahnen, die einmalige Chance, einen unmittelbaren Kontakt zwischen der östlichen und der westlichen Hochkultur zu knüpfen. Ch'eng-ti interessierte sich mehr für das galante Hofleben als für einen politischen Krisenherd im fernen Indien. Er hatte sich in zwei Schwestern verliebt, die als Zofen einer Prinzessin an den Hof von Ch'ang-an gekommen waren. Eine von ihnen, Fei-yen, wurde Kaiserin, die andere, Ho-te, Favoritin des Herrschers. Das Ende Ch'eng-tis erinnert an den Schluß des weltberühmten chinesischen Romans *Chin-p'ing-mei* aus dem 16. Jahrhundert: Er starb an der Überdosis eines Aphrodisiakums, das Ho-te ihm verabreichte.

In den folgenden 15 Jahren saßen nacheinander drei unmündige Knaben auf dem Drachenthron, bis 9 n. Chr. der Usurpator Wang Mang die Macht an sich riß und die kurzlebige Dynastie Hsin (»Erneuerung«)

Blick in eine Papiermanufaktur. Neben Porzellan bzw. Keramik und Seide nahm das Papier unter den quasi industriell gewonnenen Erzeugnissen des Alten China die wichtigste Rolle ein. (Illustration aus der Ch'ing-Zeit.)

begründete. Er war ein Neffe der einflußreichen Hauptgemahlin Kaiser Yüans und hatte bereits die Regentschaft für den minderjährigen Kaiser Ju-tzu-ying (6–9 n. Chr.) geführt, bis er ihn kurzerhand absetzen ließ. Wang Mang war ein überzeugter Konfuzianer und ein glühender Verehrer der längst vergangenen Chou-Zeit. Selbst für einen Chinesen ungewöhnlich traditionsbewußt, versuchte er, einen konfuzianischen Musterstaat aufzubauen.

Wang Mang machte Ernst mit dem uralten Besitzanspruch des Kaisers auf das ganze Land. Er wollte in allen Provinzen das bereits von Menzius propagierte Neunfeldersystem einführen, nach dem für acht Familien immer ein Quadrat in neun Felder zu je hundert Morgen eingeteilt wurde. Der Ertrag des Mittelfeldes ging an den Staat, es mußte deshalb von allen acht Familien gemeinsam und zuerst bestellt werden. Der Getreidepreis wurde amtlich festgesetzt, privater Getreidehandel dagegen ebenso verboten wie privater Geldverleih und private Sklavenhaltung. Kredite durften nur von staatlichen Darlehenskassen gewährt werden. Wang Mangs spektakuläre Goldaufkäufe sollen die Ursache dafür gewesen sein, daß der römische Kaiser Tiberius das Tragen von Seidengewändern verbot, so knapp war das Gold selbst im fernen Rom geworden.

Alle Reformen dienten in erster Linie der Stärkung der kaiserlichen Macht, zugleich aber brachten sie die Privatwirtschaft an den Rand des Ruins und zogen dem Kaiser die erbitterte Feindschaft der reichen Grundbesitzer zu. Mit diesem Problem wäre Wang Mang fertig geworden, aber er war ehrgeizig, ungeduldig und wollte alles auf einmal erreichen. Nach dem Vorbild des Kaisers Wu schmiedete er gigantische Expansionspläne, für deren Verwirklichung Soldatenaushebungen und Lebensmittelrequisitionen in großem Stil durchgeführt wurden. Das Volk murrte, zur Rebellion aber kam es erst, als riesige Überschwemmungen des Gelben Flusses die nordchinesische Tiefebene heimsuchten. Die Naturkatastrophe vertrieb Tausende aus ihrer Heimat, Räuberbanden bildeten sich, die plündernd durchs Land zogen. Im Norden brach ein Bauernaufstand aus, geschürt von den »Roten Augenbrauen«, einer Geheimgesellschaft, deren Mitglieder sich die Brauen färbten. Die Gutsbesitzer verbündeten sich mit den Vertriebenen und riefen einen Prinzen aus dem Hause der Han zum Kaiser aus. Wang Mang fiel am 6. Oktober 23 n. Chr. im Kampf um die Hauptstadt Ch'ang-an.

Der neue Herrscher, Liu Hsüan, ging in die Geschichte unter dem Schlagwort seiner Regierungsdevise *keng-shih* (»Neuer Anfang«) ein. Dieser Keng-shih-Kaiser verdarb sich seine Chancen jedoch sehr bald dadurch, daß er den Fehler beging, die Anführer der »Roten Augenbrauen«, die ihm auf den Thron geholfen hatten, bei der Vergabe der hohen politischen Ämter zu ignorieren. Damit war sein eigenes Schicksal schnell besiegelt. Im ganzen Land brachen, von der Geheimgesellschaft und anderen Interessengruppen geschürt, Unruhen aus, in deren Verlauf nicht weniger als zehn Thronanwärter gegeneinander antraten. Im Jahre 25 triumphierte Liu Hsiu über seine Rivalen und ließ sich zum Kaiser ernennen. Er verlegte die Hauptstadt des Reiches nach Lo-yang, eine im Osten von Ch'ang-an gelegene Stadt in der Provinz Honan. Deshalb spricht man auch von der Östlichen (= Späteren) Han-Dynastie *nach* Wang Mang im Gegensatz zur Westlichen (= Früheren) *vor* dem Usurpator.

Erst elf Jahre später war der Bürgerkrieg beendet. Er hatte das Reich so verwüstet, daß der Kaiser, der unter dem Ehrennamen Kuang-wu (»Strahlender Krieger«) in die Geschichte eingehen sollte, verbot, in seiner Gegenwart das Wort »Krieg« auszusprechen. 57 n. Chr., ein Jahr vor seinem Tode, lebten in China nur noch 21 Millionen Menschen, fünfzig Jahre später aber waren es bereits wieder 53 Millionen – fast ebensoviel wie bei der ersten bekannten Volkszählung in China im Jahre 2 n. Chr.

Kaiser Kuang-wu mit Gefolge. Ausschnitt aus einer Bildrolle mit 13 Kaiserporträts von Yen Li-pen (T'ang-Dynastie).

Unter seinem Nachfolger Ming-ti (58–76 n. Chr.) wurde die seit 65 Jahren unterbrochene Westpolitik wiederaufgenommen. Im Jahre 73 führte er einen Feldzug gegen die Hsiung-nu. Der Offizier Pan Ch'ao wurde in diplomatischer Mission an den Hof eines turkestanischen Fürstentums geschickt. In einem kühnen Handstreich überwältigte er eine gleichfalls in Lou-lan anwesende Gesandtschaft der Hsiung-nu. Der Fürst schloß daraufhin ein Bündnis mit China ab und schickte seinen Sohn als Geisel an den Hof von Lo-yang.

Auch die Anfänge des Buddhismus in China werden traditionsgemäß in die Zeit des Kaisers Ming datiert. Ihm soll im Traum ein goldener Gott erschienen sein, den man ihm als Buddha deutete. Im Jahre 61 sandte er eine Delegation nach Indien, die ihm buddhistische Schriften und Kunstwerke bringen sollte. Wahrscheinlich gelangte die Kenntnis vom Buddhismus aber schon vor der Zeitenwende nach China, und zwar von Nordindien aus über Ostturkestan.[29]

Ming-tis Nachfolger Kaiser Chang (78–88) hatte ein offenes Ohr für die genialen Pläne Pan Ch'aos und erteilte ihm freie Hand. Allein auf dem Wege der Diplomatie erreichte der General, daß sämtliche Fürstentümer in dem zwischen dem Hochland von Tibet und dem Tienshan-Gebirge gelegenen Tarim-Becken die Oberhoheit des chinesischen Kaisers anerkannten. Im Jahre 97 – inzwischen regierte bereits Kaiser Ho – überschritt Pan Ch'ao mit einem Heer von 70000 Mann den Tienshan

Der bemalte Ziegel aus einem Grab bei Lo-yang zeigt hohe Staatsbeamte der Späteren Han-Zeit (Höhe 20 cm).

und drang bis zum Kaspischen Meer vor. Sämtliche Reiche, durch die er zog, unterwarfen sich kampflos und schickten ihre Söhne als Geiseln nach Lo-yang. Der Kundschafter Kan Ying, weiter nach Westen vorgeschickt, gelangte bis ans Schwarze Meer und wollte per Schiff ins Römische Reich weiterreisen. Aber die Parther dramatisierten – wahrscheinlich aus Furcht vor einem Bündnis Chinas mit ihrem Erzfeind Rom – die Gefahren der Seefahrt: »Wenn der Botschafter der Han bereit ist, Familie und Heimat zu vergessen, kann er sich einschiffen.«[30] Eingeschüchtert, entschloß sich Kan Ying zur Rückkehr.

Die Stabilisierung Chinas im Innern erwies sich in erster Linie für die Grundbesitzer als vorteilhaft, die immer mehr Land unter ihre Kontrolle brachten. Durch Umstellung auf die lukrative Viehzucht gefährdeten sie die Versorgung der Bevölkerung mit Getreide. Zur Erzeugung von nur einem Pfund Rindfleisch sind immerhin 16 Pfund Getreide und Sojabohnen als Futtermittel nötig.[31] Immer mehr Kleinbauern machten bankrott und wurden zu Pächtern, was damals praktisch dem Status von Hörigen entsprach. Die Verbesserung der landwirtschaftlichen Produktionsmethoden durch die Entwicklung von Sämaschinen, Wasserpumpen und Wassermühlen, Brunnenhäuschen mit Seilwinden und Fallhämmer mit Pedalantrieb zum Dreschen kam gleichfalls nur denen zugute, die sich solche kostspieligen Neuerungen leisten konnten. Weitere bahnbrechende Erfindungen der Späteren Han-Zeit sind der Seismograph, die Wasseruhr und der Mondkalender (gültig bis zum Jahre 1927!). Jahrhunderte vor den Europäern konnten die Chinesen bereits die elliptische Mondbahn berechnen und Sonnenflecken beobachten.

Innenpolitisch fand eine Polarisierung der Kräfte statt. Den Eunuchen stand die Gesellschaft der Gelehrten gegenüber, zwischen den beiden Gruppen pendelten die Clans der Kaiserinnen. Ein Erlaß des Han-Kaisers Shun (126–145) erlaubte es den Eunuchen, Söhne zu adoptieren. Damit wurde der Einfluß der Kastraten noch erheblich gestärkt. Der Hofetikette entsprechend, lebte der Kaiser abgeschieden in seinem Palast und seinen Gärten. Die Außenwelt kannte er kaum. Er wurde von Eunuchen erzogen und beraten – sehr zum Schaden des Reiches, denn ihnen ging es nicht um das Wohl des Staates, sondern nur um ihren eigenen Vorteil.

Zur Eskalation kam es unter dem zehnten Späteren Han-Kaiser Huan (147–167). Sein Vorgänger, der Kindkaiser Chih, war von der Familie Liang, aus der auch Huan-tis Gemahlin stammte, vergiftet worden. Nach dem Tod der Kaiserin im Jahre 159 ließ Huan-ti auf Rat der Eunuchen die gesamte Sippe der Liang ausrotten, die Kastraten aber erhielten Schlüsselpositionen im Beamtenapparat. Bald kontrollierten und korrumpierten sie den gesamten Staatsdienst, Beförderungen und Ernennungen erfolgten nur noch gegen klingende Münze.

Im Jahre 147 kam An Shih-kao an den Hof von Lo-yang, ein parthischer Buddhist, der als Pionier der buddhistischen Missionstätigkeit in China gilt. Ein Jahr vor dem Tode Kaiser Huans erreichte eine römische Handelsdelegation Tonking, sie brachte Elfenbein, Rhinozeroshorn und Schildpatt mit. »Die Edelsteine haben die Gesandten vermutlich unterschlagen«, heißt es lapidar in den Annalen der Han-Dynastie. So wurde zur Zeit des römischen Kaisers Mark Aurel erstmals ein direkter Kontakt zwischen China und Rom geschlossen.

Dame der kaiserlichen Familie bei der Morgentoilette. Ausschnitt aus der Bildrolle *Ermahnungen der Palastvorsteherin an die Hofdamen* von Ku K'ai-chih (4. Jh. n. Chr.)

Der nächste Kaiser, Ling-ti, kam im Alter von 12 Jahren auf den Drachenthron. Es war ein Kinderspiel für die Eunuchen, ihn von den »hochverräterischen« Absichten ihrer Gegner, der Gesellschaft der Gelehrten (*shih*), zu überzeugen. So ließ der Kindkaiser es zu, daß die Elite seines Reiches einer beispiellosen Vernichtungsaktion zum Opfer fiel. Die Beamtenschaft, nun völlig abhängig von den Eunuchen, beutete das Land schamlos aus. Chang Chüeh, ein erfolgreicher Wunderheiler, gründete die Sekte der »Gelben Turbane« und rief das Volk zum Aufstand gegen seine Unterdrücker auf. Seine Anhänger kamen vorwiegend aus dem verarmten Bauernstand. Nach dem Tode Chang Chüehs wurde die Revolte der »Gelben Turbane« im Winter 184 von den Regierungstruppen blutig niedergeschlagen.

Als Ling-ti 189 starb, ohne einen Sohn zu hinterlassen, entwickelte sich zwischen den Eunuchen und den Generälen ein erbitterter Kampf um den politischen Vorrang. Die Eunuchen lockten den Oberbefehlshaber des Heeres in einen Hinterhalt, ermordeten ihn und stellten seinen Kopf »zur Abschreckung« am Palasttor zur Schau. Daraufhin stürmten die empörten Truppen den Palast und richteten ein Blutbad unter den Eunuchen an. Der minderjährige Kaiser Hsien aus einer Nebenlinie der Han-Familie wurde entführt.

Hsien-ti, der letzte Han-Kaiser, regierte nominell zwar 30 Jahre lang, tatsächlich blieb er jedoch zeit seines Lebens eine Marionette in den Händen seiner Generäle, deren Machtkämpfe untereinander das Land in einen blutigen Bürgerkrieg stürzten. Politisch, wenn auch nicht unbedingt militärisch, verbuchte ein gewisser Ts'ao Ts'ao, der »Enkel« eines Eunuchen, den Erfolg für sich. Das kaiserliche Siegel verlieh der Provinz Wei im Norden Chinas und der Hausmacht, die er sich dort erobert hatte, zumindest einen Hauch von Legitimität.

Aber nach dem Tode des geschickten Feldherrn wollte sich sein Sohn Ts'ao P'ei, der, ebenso wie sein Vater, auch als Dichter bekannt wurde, nicht mit der zweiten Rolle im Staat zufriedengeben. Er zwang Hsien-ti, auf den Thron zu verzichten. Aus den Händen des rechtmäßigen Kaisers empfing Ts'ao P'ei in einer feierlichen Zeremonie das Reichssiegel und nannte sich fortan Kaiser von China. Damit war die Han-Dynastie, die über 400 Jahre lang an der Macht geblieben war, offiziell beendet. Der anmaßende Titel von eigenen Gnaden sollte dem Emporkömmling Ts'ao P'ei jedoch kein Glück bringen.

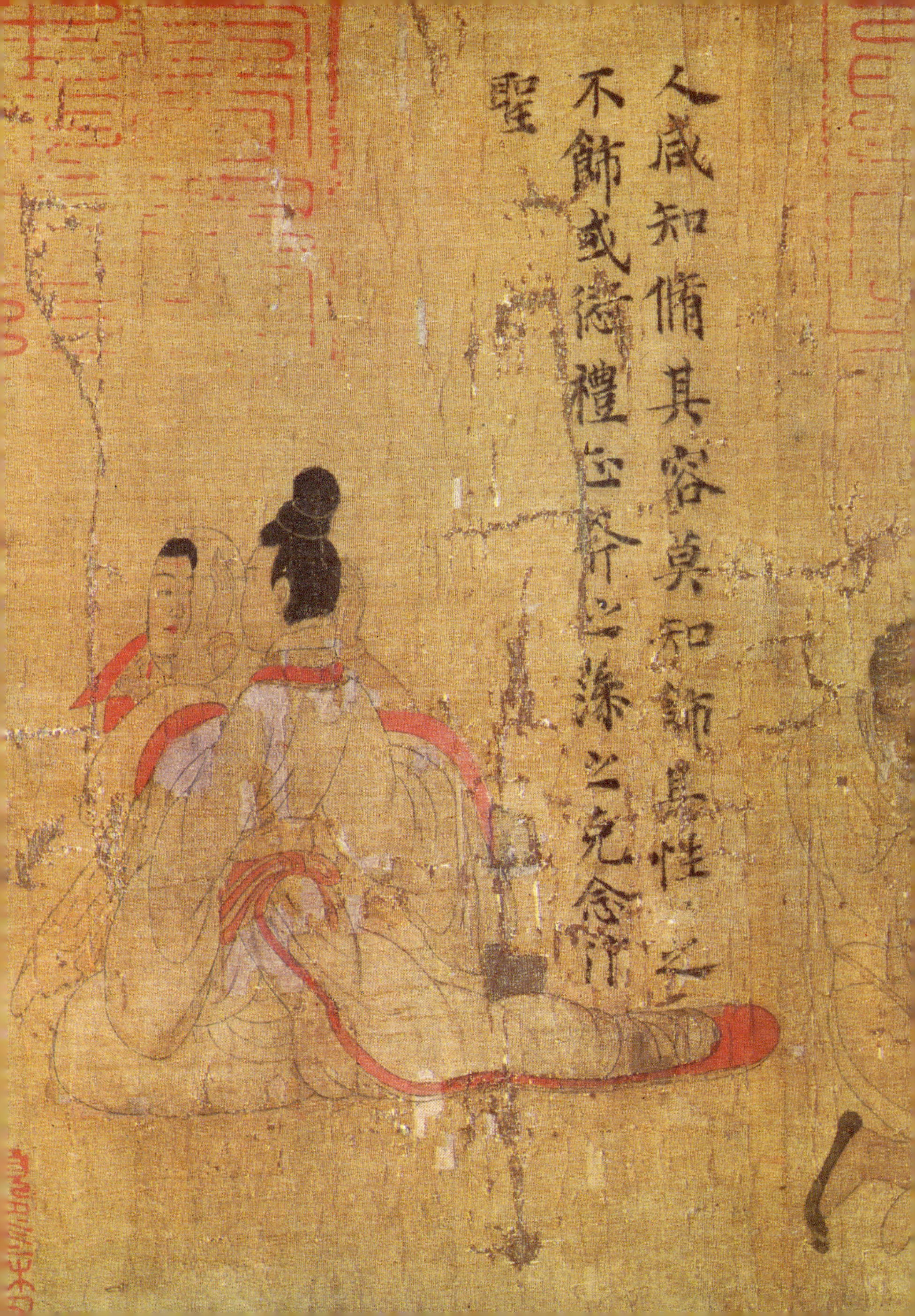
人咸知脩其容莫知飾其性〻之
不飾或愆禮正斧之藻之克念作
聖

IV Fast ein Goldenes Zeitalter
Das Kaiserhaus der T'ang

Mit dem Untergang der Han-Dynastie beginnt das chinesische Mittelalter, eine Blütezeit der Kultur und Wirtschaft. Die mächtige T'ang-, Sung- und Ming-Dynastie gehören in diese Epoche, aber auch Zeiten staatlicher Zerrissenheit und die Fremdherrschaft der Mongolen im Reich der Mitte. Das Jahr 1644, in dem die Ming-Dynastie erlosch, gilt heute allgemein als das Ende des chinesischen Mittelalters.

Die Absetzung des letzten Kaisers Han beschleunigte den Zerfall des Reiches. Ts'ao P'ei hatte 220 die Wei-Dynastie gegründet. Seine Rivalen nahmen die Herausforderung an und folgten seinem Beispiel, indem sie in anderen Landesteilen ebenfalls Dynastien ins Leben riefen. 221 wurde im Südwesten Chinas die Shu-Dynastie proklamiert, ein Jahr später entstand im Südosten die Wu-Dynastie. Die Zeit der Drei Reiche war indes nur von kurzer Dauer, denn der Staat Shu wurde um 264 von Wei annektiert, und kurz darauf war auch das Schicksal der Wei-Dynastie besiegelt. Durch eine Palastintrige gelangte Ssu-ma Yen auf den Thron und gründete in Lo-yang die Westliche Chin-Dynastie. Im Jahre 280 unterwarf er den Staat Wu. Damit war China wieder geeint – wenn auch nur vorübergehend. Ssu-ma Yen beging nämlich den Fehler, die alte Feudalherrlichkeit wiederaufleben zu lassen. Weit über zwanzig neue Lehnsstaaten entstanden; sämtliche Fürsten gehörten der weitverzweigten Chin-Sippe an. Die Folge waren erbitterte Familienfehden, an denen sich die Clans der jeweiligen Kaiserinnen natürlich lebhaft beteiligten. Mord und Totschlag waren im Kaiserhaus buchstäblich an der Tagesordnung.

Die Hsiung-nu setzten schließlich einen Schlußstrich unter dieses Treiben. 311 eroberten sie unter Liu-ts'ung, ihrem chinesisch erzogenen Anführer, die Hauptstadt Lo-yang. Der regierende Kaiser Hui wurde gefangengenommen und getötet, die Stadt dem Erdboden gleichgemacht. Der letzte Kaiser der Westlichen Chin-Dynastie ging als Min-ti, »der Bemitleidenswerte«, in die Geschichte ein. Liu-ts'ung nahm den Himmelssohn bei der Eroberung der westlichen Hauptstadt Ch'ang-an gefangen und amüsierte sich eine Zeitlang damit, ihn als Weinschenk, Geschirrspüler und Treiber an seinem Hof zu halten, bis er ihn 316 hinrichten ließ.

Im Norden Chinas entstand nun ein mächtiges Hunnenreich. Liu-ts'ung nahm den Kaisertitel in Anspruch und gründete eine Hsiung-nu-Dyna-

Blick in einen der 21 Höhlentempel von Yün-kang bei Ta-t'ung. Buddhas und Bodhisattvas sind kunstvoll aus dem weichen Stein herausgearbeitet und dann bemalt worden. Die Tempel entstanden während der Nördlichen Wei-Dynastie (386–534 n. Chr.).

stie, die vom Volk jedoch als Fremdherrschaft empfunden wurde. Viele wanderten nach Süden aus, wo geflohene Mitglieder des Kaiserhauses das Reich der Östlichen Chin-Dynastie errichtet hatten. Ihr erster Kaiser war Yüan-ti, ein Urenkel Ssu-ma Yens, Hauptstadt wurde Chien-k'ang bei der heutigen Stadt Nanking.

Die Östliche Chin-Dynastie hielt sich immerhin ein gutes Jahrhundert lang. Nach einem Volksaufstand usurpierte Lin Yü, der Oberbefehlshaber des Heeres, 420 den Thron und gründete die Liu-Sung-Dynastie. Der Sturz der Östlichen Chin-Dynastie gilt als Beginn der sogenannten *Zeit der staatlichen Zerrissenheit* (420–588), die genaugenommen aber schon 316 eingesetzt hatte. Sechs verschiedene Dynastien gründeten und verloren in diesem Zeitraum ihre Reiche, einige von ihnen gelangten mehrmals an die Macht. Die politische Entwicklung im Süden des Reiches sei zuerst behandelt, da sie insgesamt weniger dramatisch verlief als die im Norden.

Kaiser Lin Yü wurde 479 von Sia Yen ermordet, und auf die Liu-Sung-Dynastie folgte die Südliche Ch'i-Dynastie (479–502). Die interessanteste Persönlichkeit unter den zahlreichen Kaisern zur Zeit der Sechs Dynastien war Wu-ti, der Begründer der Liang-Dynastie, die zwischen 502 und 558 den Süden Chinas beherrschte. Der überzeugte Buddhist ließ 517 erstmals eine Sammlung aller buddhistischen Schriften herausgeben, und in Chien-k'ang entstanden prächtige buddhistische Tempel,

Der Dichterwettstreit am Orchideen-Pavillon im Jahre 353 heißt dieses Gemälde von Ch'ien Ku, einem Maler der Ming-Zeit.

die Palästen gleichkamen. Zweimal unternahm der Kaiser den Versuch, sich aus der Welt in ein buddhistisches Kloster zurückzuziehen, und beide Male ließ er sich schließlich dazu überreden, auf den Thron zurückzukehren, die Klöster aber erhielten hohe Lösegelder als Ersatz für den Verlust ihres prominentesten Mönches.

Von Wu-ti ist eine Reihe von Versen überliefert, die ihn als begabten Dichter ausweisen. Vor allem rühmt er darin die Schönheit seiner Hofdamen: »Ihre rubinroten Lippen summen ein leidenschaftliches Lied, und ihre Finger, glatt wie Jade, zupfen auf den Saiten eine Melodie, die das Ohr entzückt.«[32]

Die Unsitte der künstlichen Verkrüppelung der Füße nahm in dieser Zeit ihren Anfang. Die Füße der kleinen Mädchen zwischen vier und sieben Jahren wurden so fest wie möglich bandagiert. Der Zwischenraum zwischen Ferse und Ballen mußte so eng werden, daß man nur mit Mühe ein Geldstück dazwischenstecken konnte. Längeres Stehen und Gehen war für die bedauernswerten Frauen eine äußerst schmerzhafte Angelegenheit, trotzdem machte die Modetorheit in allen Schichten der Bevölkerung Furore.

Ein Einfall der Toba-Tataren aus dem Norden setzte dem luxuriösen, dekadenten Treiben am Hof von Chien-k'ang ein Ende. Der 86 Jahre alte Kaiser wurde ermordet, aber die Eindringlinge konnten sich nur kurze Zeit in seinem Reich behaupten. Das südchinesische Heer vertrieb

sie, und der siegreiche General Ch'en Pa-sien gründete die Ch'en-Dynastie (557–589), das letzte der sechs Herrscherhäuser im Süden Chinas. Es ist ein erstaunliches Phänomen, daß es trotz der offenkundigen Schwäche der jeweiligen Dynastien im Süden den militanten Nomadenvölkern, die im Norden regierten, nie gelang, das Reich unter ihre Herrschaft zu bringen und das Reich der Mitte wieder zu vereinen.

Darstellung einer Buddha-Legende in einer der Höhlen von Yün-kang.

Das Hunnenreich, in dem der Buddhismus zur Staatskirche erhoben worden war, spaltete sich bald und wurde schließlich von dem Tibeter Fu Chien erobert. Sein Versuch, auch den Süden Chinas unter seine Herrschaft zu bringen, scheiterte jedoch. Im Marschland des Jangtse erlitt sein Riesenheer 383 eine vernichtende Niederlage – Verrat chinesischer Patrioten, aber auch Bestechung scheinen dabei eine wesentliche Rolle gespielt zu haben. Der glücklose Fu Chien wurde von Rivalen aus den eigenen Reihen ermordet. Sein Reich zerfiel und erlag dem Ansturm des nomadischen Volkes der Toba aus dem Norden, dessen ethnologische Herkunft bis heute nicht eindeutig geklärt werden konnte. Die Toba sollen tungusischer oder tatarischer Abstammung gewesen sein, auf jeden Fall handelte es sich um ein mongolisches Volk. Reste ihrer Sprache weisen Verwandtschaft mit der türkischen Sprachfamilie auf.

Die Toba gründeten 386 die Nördliche Wei-Dynastie, und um 440 hatten sie sich ganz Nordchina untertan gemacht. Zur Förderung der darniederliegenden Landwirtschaft führten die neuen Herren um 485 eine Landreform durch. Unbebautes Land wurde zur Bestellung an die Bauern verteilt, blieb aber alleiniger Besitz des Staates. Die Bauern mußten für das Nutzungsrecht Abgaben und Frondienst leisten. Dieses System bewährte sich und blieb fast 400 Jahre lang in Kraft.

Statt die vorgefundene Kultur etwa zu zerstören, wie barbarische Eroberer es im Westen oft taten, paßten sich die Toba dem chinesischen Lebensstil rasch an. Viele von ihnen heirateten Töchter aus angesehenen chinesischen Familien. Den Höhepunkt dieses Sinisierungsprozesses bildete ein kaiserliches Dekret des Jahres 500, das alle Toba verpflichtete, sich offiziell nur noch der chinesischen Sprache und Kleidung zu bedienen. Die adeligen Toba-Sippen mußten sogar chinesische Familiennamen annehmen. Der zur Staatsreligion erklärte Buddhismus erlebte unter den Toba eine Hochblüte. Um 460 entstanden die großartigen, monumentalen Buddha-Skulpturen in den Höhlentempeln von Yünkang bei der Hauptstadt Ta-tung. 494 wurde die Hauptstadt wieder einmal nach Lo-yang verlegt, wo gewaltige Tempelbauten entstanden, es sollen nicht weniger als 1367 gewesen sein. Zahllose buddhistische Weihestellen und Altäre aus dieser Zeit zeugen von der allgemeinen Beliebtheit der neuen, aus Indien importierten Religion.

Wegen unzureichender Versorgung kam es 524 zu einem Aufstand der nördlichen Grenzgarnisonen, der sich rasch ausweitete und Zulauf von allen Seiten erhielt. 534 wurde das Nordreich in die Westliche und

Östliche Wei-Dynastie aufgespalten, mit dem Ergebnis, daß 550 im Norden zum erstenmal wieder ein chinesischer Kaiser auf den Thron gelangte: Kao-yang stürzte die Östliche Wei-Dynastie und gründete die Nördliche Ch'i-Dynastie (550–577). Sie wurde berühmt durch die buddhistischen Höhlentempel von Hsiang-t'ang-shan und von T'ien-lung-shan. Das Reich der Westlichen Wei-Dynastie wurde 557 von einem Toba-Fürsten erobert, der die Nördliche Chou-Dynastie errichtete. 20 Jahre später annektierte der Chou-Kaiser den Ch'i-Staat und schuf damit abermals ein geeintes Reich im Norden Chinas.
Die Atmosphäre am Chou-Hof war vergiftet von ständigen Intrigen, Verrat, Terrorakten und Mordanschlägen. Der letzte Chou-Kaiser aus dem Tobastamm war mit einer Chinesin vermählt. Sein Schwiegervater Yang Chien ließ 581 den tatarischen Sohn des Himmels und seine gesamte Familie ermorden, bestieg als erster Monarch der Sui-Dynastie den Drachenthron und nahm den Namen Wen-ti an. Ihm gelang es, endlich die chaotische Zeit der staatlichen Zerrissenheit zu beenden. 589 besiegte er die Ch'en-Dynastie im Süden und einte das ganze Reich. Die Sui-Dynastie stand allerdings nur 29 Jahre an der Spitze des von der Mongolei bis nach Vietnam reichenden Riesenstaates. Ähnlich wie die Ch'in-Dynastie (221–206 v. Chr.) für die Han bildete sie lediglich den Auftakt für die Etablierung des dauerhaften Kaiserhauses der T'ang, das China dann rund 300 Jahre inneren Friedens schenkte.
Wen-ti, durch vielfachen Mord an die Macht gelangt, erwies sich als ein kluger, umsichtiger Herrscher. In den 23 Jahren seiner Regierung blühten Handel und Wirtschaft wieder auf. Nach dem Muster der Nördlichen Wei-Dynastie führte er eine Landreform durch und ließ in allen Provinzen staatliche Getreidespeicher errichten, um Hungersnöten wirksam vorzubeugen. Er begann mit dem Bau eines ausgedehnten Kanalsystems, das Bewässerungszwecken diente, vor allem aber für Transporte von Getreide auf dem Wasserwege bestimmt war. Der Frondienst wurde von 30 auf 20 Tage pro Jahr verringert, und die Steuern konnten seit langem zum erstenmal wieder gesenkt werden.
Ein jüngerer Sohn des Kaisers ermordete 604 seinen Bruder, den Kronprinzen, vergiftete den Vater, bestieg als Yang-ti den Thron und machte seine Stiefmutter zu seiner Konkubine. Der neue Kaiser war maß- und ruhelos, grausam, extravagant bis zum Exzeß und brachte den Staat in den 33 Jahren seiner Regierung an den Rand des Ruins. Er liebte es, kreuz und quer durchs Land zu reisen, ein an sich unschuldiges Vergnügen, das aber Unsummen verschlang, weil er darauf bestand, daß sein gesamter Hofstaat und Harem ihn begleiteten. In seinen drei Hauptstädten, Ch'ang-an, Lo-yang und Yang-chou am Jangtse, ließ Yang-ti prächtige Paläste errichten, die mit modern anmutenden technischen Raffinessen ausgestattet waren. So sollen sich in seinem Schloß in Lo-yang Türen, Wandschirme und Markisen bereits automatisch geschlossen und geöffnet haben. Im kaiserlichen Park schienen die Blumen

Der 2500 Jahre alte Kaiserkanal ist noch heute eine der wichtigsten Wasserstraßen Chinas. In Suchou durchquert er das Zentrum der Millionenstadt.

nie zu welken. Im Winter wurden Bäume und Ziersträucher mit Blüten und Blättern aus Seide besetzt.

Der berühmte Kaiserkanal, der den Gelben Fluß zwischen Lo-yang und Yang-chou mit dem Jangtse verband, rund 1000 Kilometer lang und 35 Meter breit, entstand unter härtesten, an Sklaverei erinnernden Bedingungen. Dreieinhalb Millionen Fronarbeiter zwischen 15 und 50 Jahren wurden für den Bau herangezogen. Ihre Verpflegung war Sache der Angehörigen. Allein im Sommer 607 soll nach Schätzungen eine halbe Million Menschen bei der Arbeit an diesem Projekt gestorben sein. Als der Kanal 610 fertig war, weihte der Kaiser ihn prunkvoll ein: An der Spitze einer stattlichen Flotte segelte er mit seinem Hofstaat und Harem auf dem vierstöckigen »Drachenschiff«, das 70 Meter lang war und neben einem Thronsaal 120 Kabinen besaß, nach Yang-chou, um sich an der Blüte der Mondwinden zu erfreuen.

Außenpolitisch waren die Aktionen des zweiten Kaisers der Sui-Dynastie zunächst von Erfolg gekrönt. Aufstände der Turkvölker im Nordwesten des Reiches wurden niedergeschlagen, im Süden konnte die chinesische Oberhoheit auch auf Südvietnam ausgedehnt werden, wo der hinduistische Staat der Campa lag, der Gewürze, Edelhölzer, Aromastoffe und Eisvogelfedern nach China lieferte. Drei Feldzüge gegen Korea in den Jahren 612 bis 614 scheiterten jedoch, obwohl der Kaiser so viel Geld in die Ausrüstung investierte, daß die Schatzkammern leer wurden und das Volk verarmte.

Wie sein Vater gehörte Yang-ti zu den großzügigsten kaiserlichen Mäzenen des Buddhismus. In der kurzlebigen Sui-Dynastie wurden etwa 4000 neue Tempel gebaut, ebenso viele Bronzebildwerke gegossen und über 100000 Steinskulpturen geschaffen. Ungefähr 30000 buddhistische Klöster existierten zu dieser Zeit in China. Dennoch mutet es wie Ironie an, wenn der ebenso despotische wie exzentrische Kaiser sich als Wiedergeburt des frommen Königs Ashoka bezeichnete, der zwischen 272 und 231 v. Chr. in Nordindien einen buddhistischen Musterstaat geschaffen hatte.

Ursprünglich alles andere als eine Massenreligion, hatte die elitäre Lehre Buddhas (ca. 560–480 v. Chr.) inzwischen eine beträchtliche

Die 15 m hohen Kolosse des »kommenden Buddha« am Berg Mai-chi-shan (Prov. Kansu) ließ Wen-ti, der erste Sui-Kaiser, errichten.

Umformung erfahren. Buddha wies seinen Jüngern einen harten, strenge Disziplin und innere Stärke fordernden Weg der Selbstbefreiung vom Leid dieser Welt: die Abtötung des »sinnlosen« Willens zum Leben. Meditation und Fasten boten dem einzelnen Hilfe bei seinem Versuch, dem endlosen Kreislauf der Wiedergeburten zu entkommen, nicht aber die Götter. »Diese sind ... nur vergängliche Wesen wie der Mensch, nur daß sie einer höheren Art angehören als er. Sie können dem Menschen nicht helfen, und dieser hat ihnen nicht zu dienen.«[33] Die von Buddha konzipierte Ethik des Mitleids verlangt das Vermeiden mitleidloser Taten, auch an Tieren, nicht aber mitleidige Taten, denn jedes Lebewesen kann sich aus seiner Verstrickung in das Leid der Welt nur selbst lösen. Die Lehre des historischen Buddha wird als Hinayana (»Kleines Fahrzeug«) bezeichnet.
Um die Zeitenwende hatte sich der Buddhismus in Indien bereits zu einer volkstümlichen Religion entwickelt, die unter dem Namen Mahayana (»Großes Fahrzeug«) bekannt wurde. Durch gläubige Verehrung des jetzt zum Gott erhobenen Buddha sollte es nun auch denen, die ihr weltliches Leben fortführten, möglich sein, vom Leid der Wiedergeburt erlöst zu werden. Gleichzeitig gestattete das Mahayana auch den Kult anderer Gottheiten. Manche Forscher erblicken im Mahayana-Buddhismus die folgerichtige Weiterentwicklung der ursprünglichen Lehre, tatsächlich aber scheint es sich eher um eine so weitgehende

Die Malereien in der Höhle 302 von Tunhuang zeigen Szenen aus dem harmonischen Leben der Bodhisattvas und buddhistischen Mönche (Anfang des 7. Jh.s).

Anpassung an religiöse Urbilder und Sehnsüchte des Volkes zu handeln, daß die Grundidee des Buddhismus dabei weitgehend in Vergessenheit geriet. Buddha selbst hatte vorausgesagt, seine Lehre werde nicht länger als 500 Jahre lebendig bleiben. Er scheint recht behalten zu haben.

Diese Wandrolle aus Tun-huang (vermutlich 8. Jh.) stellt das »Paradies des Buddha Amithaba« dar. (Tusche und Farben auf Seide, Höhe 137 cm.)

Im Mittelpunkt des Mahayana-Buddhismus steht das Mitleid mit allen leidenden Lebewesen, denen der Gläubige jetzt aber mit Gebeten zu helfen versucht: »Mögen die an Hunger und Durst Leidenden Speise und Trank in Fülle erhalten ... Mögen nirgends Laute des Schmerzes in der Welt ertönen ...«[34] In der Missionstätigkeit war der Mahayana-Buddhismus besonders erfolgreich. Die ursprüngliche Lehre spielt heute nur noch in Sri Lanka und in Hinterindien eine gewisse Rolle.

In China fand der Mahayana-Buddhismus rasch eine breite Anhängerschaft. Parallelen zu der Ethik Lao-tses, der ja das Nichthandeln propagiert hatte, erleichterten der chinesischen Bevölkerung den Zugang zu der neuen Religion. Taoismus und Buddhismus übernahmen vieles voneinander und glichen sich in mancher Hinsicht einander an. Eine Vision des Mönches Tao-an (312–385) führte zum Kult des im sogenannten Tushita-Himmel regierenden künftigen Buddha Maitreya, dessen Erscheinen von vielen sehnsüchtig erwartet wurde. Noch mehr Anklang fand der von dem Priester Hui-yüan (334–416) eingeführte, auch Amidismus genannte Glaube an den Buddha Amitabha, der im westlichen Paradies residierte, in das die Gläubigen nach ihrem Tode Eingang zu finden hofften. In der Inschrift eines seiner Altäre aus der Zeit der Sui-Dynastie heißt es:

> Man pflanze Güte in dieses sein eigenes Wesen
> und übe Mitleid mit allen lebenden Geschöpfen;
> dann wird man mit ihnen (den Weltkontinent) Jambudvipa verlassen
> und gemeinsam mit ihnen duftende Speisen (im Paradies
> des Buddha Amitabha) essen.[35]

Der Amidismus kennt auch den Begriff der Hölle, die etwa unserem Fegefeuer entspricht, da die Seelen der Sünder nicht für alle Ewigkeit dorthin verdammt werden, sondern nur bis zu ihrer Läuterung. Diese volkstümliche Fassung des Buddhismus triumphierte im 10. Jahrhundert über alle anderen Religionen im Reich der Mitte und konnte ihre Vorrangstellung bis in unsere Zeit behaupten.

Der Zen-Buddhismus wurde von dem Inder Bodhidharma gegründet, der 525 nach China kam und bis zu seinem Tode 535 am Hof des großen Liang-Kaisers Wu lebte. Er begründete die Schule der Meditation oder des »inneren Lichts«, die jede Bindung an Konventionen und Gesetze ablehnte und die Erlösung vom Leid der Welt allein in der Meditation suchte. Was sonst in den großen Religionen als Verdienst angesehen wird – Wohltätigkeit, ein tugendhaftes Leben, Förderung der Ausbreitung des Glaubens –, besitzt im Zen-Buddhismus keinerlei Wert. Die Erleuchtung, um die es allein geht, die Erkenntnis des absoluten Seins,

steht aber jedem Menschen offen, der sich in die Meditation versenkt. Der Zen-Buddhismus fand in China zwar viele Anhänger, blieb aber doch stets nur eine untergeordnete Richtung innerhalb des chinesischen Buddhismus. Seine größte Verbreitung fand er später in Japan.
Die Verehrung von Bodhisattvas, vom indischen Mahayana-Buddhismus übernommen, gelangte in China zu großer Blüte. Bodhisattvas sind die Heiligen der buddhistischen Religion, Menschen, die freiwillig auf die Erlösung, den Eingang ins Nirvana, verzichten und weitere Wiedergeburten auf sich nehmen, um anderen Wesen zu helfen. Besonders populär wurde der weibliche Bodhisattva Kuan-yin, auch als Göttin der Barmherzigkeit bezeichnet, von der zahlreiche schöne Statuen überliefert wurden. Interessant ist, daß die buddhistischen Mönche und Nonnen Seide nicht benutzen durften. Schon der historische Buddha hatte es ihnen verboten, weil für die Gewinnung von Seide Millionen von eingesponnenen Seidenraupen sterben müssen.
Yang-ti, der kein Mitleid mit seinen Fronarbeitern kannte, war gewiß auch im Sinne der volkstümlichen Lehre des »Großen Fahrzeugs« kein guter Buddhist. Vielleicht wußte er das und wollte sich durch großzügige Stiftungen einen Platz im Paradies des Buddha Amitabha sichern. Seine Verschwendungssucht führte schließlich zu Aufständen im ganzen Reich. 618 wurde der Kaiser ermordet. Sein Nachfolger, ein Enkel Yang-tis, erlitt noch im selben Jahr das gleiche Schicksal. Der General Li Yüan setzte daraufhin einen zweiten, erst dreizehnjährigen Enkel des Kaisers als Herrscher ein. Wenig später ließ er ihn jedoch zu seinen Gunsten wieder abdanken und bestieg als Kao-tsu selbst den Drachenthron. Er war der erste Souverän der glorreichen T'ang-Dynastie, die fast 300 Jahre lang an der Macht bleiben sollte.
Das Reich der Mitte erlebte in der T'ang-Zeit politisch, wirtschaftlich und kulturell eine Hochblüte. In der chinesischen Geschichte wird diese Epoche vor allem als Goldenes Zeitalter der Dichtkunst gerühmt, aber auch Malerei und bildende Kunst nahmen einen unerhörten Aufschwung. Bahnbrechende Erfindungen wie der Magnetkompaß, die Druckkunst und das Schießpulver gehören gleichfalls in diese Epoche. Um 700 wurde das gesamte chinesische Reich einschließlich aller eroberten Gebiete zum erstenmal kartographisch aufgenommen.
Der Handel mit fast allen asiatischen Ländern wurde intensiviert. Auf Karawanenstraßen und per Schiff gelangten zahlreiche Luxusgüter und exotische Delikatessen nach China. Aus Indien importierte man Sandelholz, Elfenbein, Safran und Pfeffer, aus Sri Lanka Rubine, aus Korea Pinienkerne und Falken, aus Indonesien Textilfarbstoffe, Kokosnüsse, Ambra und Papageien, aus Vietnam Silber und karmesinroten Lack, der als Wangenschminke begehrt war, aus der Südsee Duftstoffe wie Nelken und Patschuli und aus Samarkand Schoßhündchen.
Handelsdelegationen aus fernen Ländern sorgten für ein buntes Bild in den chinesischen Großstädten. Bald durften sie feste Niederlassungen

gründen und brachten so fremdartige Religionen wie das Judentum, das nestorianische Christentum und den Islam ins Land. Nicht zu unterschätzen ist ihr Einfluß auf die einheimische Kultur. Stilistische Anregungen lassen sich sowohl in der Architektur, der bildenden Kunst und der Ornamentik als auch in der Literatur nachweisen. Musik- und Tanzdarbietungen exotischer Künstler gehörten am Kaiserhof bald zum festen Programm.

Das Teetrinken, schon seit der Han-Zeit im südlichen China bekannt, entwickelte sich zu einer ausgeklügelten Zeremonie. Ein gewisser Lu Yü (gest. 804) verfaßte das erste Buch über die Kunst der Teezubereitung. Die Porzellanherstellung machte große Fortschritte, und der Bedarf an »weißem Gold« stieg enorm. Da Kupfer knapp wurde – als Folge des regen Außenhandels floß viel Kupfergeld außer Landes –, ersetzte man im Haushalt Kupfergefäße durch Porzellangeschirr. Besonders begehrt war das blendend weiße Hsing-Porzellan. Dichter verglichen die Schön-

Tee, eines der frühesten Exportgüter Chinas, wurde schon vor Jahrhunderten in luftdichten Transportkisten verpackt, die mit Metallfolie ausgeschlagen waren. (Illustration aus der Ch'ing-Zeit.)

heit seiner Glasur mit dem Glanz des Silbers und der Reinheit frischgefallenen Schnees.
Kao-tsu, der erste T'ang-Kaiser, verdankte den Thron zu einem guten Teil der Initiative und dem Ehrgeiz seines zweiten Sohnes Li Shih-min, der seinen zögernden Vater energisch ins Rampenlicht der Politik gedrängt hatte – natürlich nicht ganz uneigennützig. Li Shih-min wollte einmal Kaiser von China werden, aber sein älterer Bruder, der legale Kronprinz, stand ihm im Wege. 624 kam der Einfall eines Turkvolkes seinen Plänen zu Hilfe. Während der Kaiser und der Thronfolger fliehen und die Hauptstadt in Flammen aufgehen lassen wollten, schlug Li Shih-min die Feinde an der Spitze der Armee zurück. Eine Verschwörung des Kronprinzen mit dem jüngsten Sohn des Kaisers bot Li Shih-min den willkommenen Vorwand, ein Exempel zu statuieren. Am Tor der Verbotenen Stadt, wie der kaiserliche Palastbezirk hieß, den kein Unbefugter betreten durfte, überfiel er mit seinen Generälen die beiden Brüder, tötete sie und schickte dem Vater die abgeschlagenen Köpfe der »Hochverräter«. Zwei Monate später dankte Kao-tsu zugunsten Li Shih-mins ab. 626 bestieg der neue Himmelssohn den Thron und wurde unter dem Namen Tai-tsung (»Großer Ahn«) kanonisiert. Als erstes gab er den Befehl, alle seine Neffen zu ermorden.
Dieses blutige Vorspiel war – ein seltener Fall in der Geschichte – kein

Buddhistische Priester und Gläubige begrüßen den Mönch Hsüan-tsang, der mit heiligen Schriften aus Indien nach Ch'angan heimkehrt.

böses Omen für die Zukunft. Tai-tsung wird trotz seiner Skrupellosigkeit zu den bedeutendsten Kaisern Chinas gezählt. Er galt als frei von Vorurteilen, gerecht, unparteiisch, und es heißt, daß er Kritik nicht nur ertragen konnte, sondern bereit war, aus ihr zu lernen. Unter seiner Herrschaft, die 23 Jahre dauerte, wurde China zur ersten Großmacht in Asien. Tai-tsung war ein glühender Anhänger des Taoismus, bewies aber anderen Religionen gegenüber große Toleranz. 635 kam ein nestorianischer Mönch aus Byzanz an den Kaiserhof. Man nannte ihn in China O-lo-pen, sein richtiger Name war vermutlich Ruben. Diese erste Begegnung Chinas mit dem Christentum verlief außerordentlich vielversprechend. Tai-tsung verkündete: »Diese Religion tut allen Menschen Gutes. Sie soll in unserem Reich frei gepredigt werden können.«[36] O-lo-pen durfte ein Kloster gründen, und bald entstanden auch die ersten nestorianischen Kirchen.

Die gleichen Rechte zur freien Religionsausübung erhielten die Anhänger des Islams, des Judentums, des Mazdaismus und des wohl erst um 700 nach China gelangten Manichäismus. Der Islam fand durch Assimilation, sprich Heirat mit Ausländern, eine gewisse Verbreitung, blieb aber wie alle monotheistischen Religionen ein Fremdkörper in China. Ähnlich erging es dem Mazdaismus, der Lehre des persischen Religionsstifters Zarathustra, obwohl die »Feueranbeter« in Ch'ang-an und Kanton eigene Tempel besaßen. Besonders erfolgreich war dagegen die Missionstätigkeit des Manichäismus, der von dem Perser Mani (hingerichtet 274) begründet wurde. Seine Religion, die auf dem Dualismus von Licht und Dunkel aufgebaut ist, verbreitete sich im Westen bis nach Frankreich zu den Albigensern. In China erhielten die Manichäer wegen ihrer rein vegetarischen Lebensweise den Spitznamen »Gemüseesser«. Sie brachten die Kenntnis der planetarischen Siebentagewoche ins Reich der Mitte: der Sonntag erhielt den Namen *Mi* (Sonne).

Tai-tsung führte viele Reformen durch, die eine anhaltende Stabilisierung im Innern zu Folge hatten. Der Landbesitz des Adels wurde spürbar beschnitten, jeder Bauer über 18 erhielt als Pächter des Staates ein Stück Ackerland. Die Pacht wurde in Naturalien entrichtet, außerdem mußten, wie schon früher, jährlich 20 Tage Frondienst geleistet werden. Die Beamtenlaufbahn wurde in acht Rangstufen gegliedert. Durch öffentliche Prüfungen, die von rund 3000 Kandidaten im Schnitt nur 20 bis 30 bestanden, traf man eine strenge Auslese. China dürfte wohl das einzige Land der Welt sein, wo Beamte sich auch durch poetische Begabung auszeichnen mußten: Das Schreiben von Gedichten und Essays gehörte zu den Prüfungsfächern. Das Auslesesystem (*k'o-chü*) bewährte sich und blieb bis zum Ende der letzten chinesischen Dynastie im Jahre 1911 in Kraft. Die Verwaltung der Beamten in den Provinzen wurde von Inspektoren überprüft. Die Gründung der Akademie zur Verbreitung der Literatur durch Tai-tsung bildete den Auftakt zur Blüte der chinesischen Geschichtsschreibung und Dichtkunst unter der T'ang-Dynastie.

Auch Tai-tsung regierte nach dem legalistischen Prinzip von Strafe und Belohnung, das Rechtswesen wurde unter dem großen T'ang-Kaiser jedoch humanisiert. 92 Verbrechen, für die bisher die Todesstrafe verhängt wurde, ahndete man nun mit Verbannung. Tod durch Erdrosseln wurde vielfach durch Abschlagen des rechten Fußes ersetzt, dieses wiederum durch Verurteilung zum Militärdienst. Bei einer Gefängnisbesichtigung gab der Kaiser 390 zum Tode Verurteilten Urlaub auf Ehrenwort. Als alle sich pünktlich wieder einfanden, begnadigte er sie.

Das Heer wurde nach dem Beispiel der Westlichen Wei- und der Nördlichen Chou-Dynastie neu organisiert. Miliz- oder Bauernsoldaten übernahmen vor allem im Norden den Schutz der Landesgrenzen. Im Frieden bebauten sie ihr Land, nur in Kriegszeiten unterstanden sie dem Befehl von Heerführern. Als Selbstversorger bildeten sie das billigste Heer, das man sich denken kann, und da sie ihren eigenen Grund und Boden zu verteidigen hatten, kämpften sie außerordentlich mutig.

Tai-tsung starb 649 im gleichen Alter wie der berühmte Erste Kaiser Chinas, also kaum 49 Jahre alt. Die Nachfolge trat sein Sohn Kao-tsung an. Er heiratete eine ehemalige Haremsdame seines Vaters, die blutjunge Wu, die nach dem Tode Tai-tsungs zunächst in ein buddhistisches Kloster eingetreten war, wie es dem Zeremoniell entsprach. Nach dem konfuzianischen Moralkodex war diese Ehe des neuen Kaisers Inzest. Nichtsdestoweniger gebar die ebenso schöne wie ehrgeizige Wu dem Herrscher, der bald völlig unter ihren Einfluß geriet, mehrere Söhne.

Die Außenpolitik unter Kao-tsung verlief offensiv und erfolgreich. 657 besiegten die Chinesen mit Hilfe der Uiguren, eines türkischen Reitervolkes, andere Turkstämme. 668 wurde ganz Korea von dem mit China verbündeten Volk von Silla erobert, das seinen Staat unter den Schutz des mächtigen chinesischen Nachbarn gestellt hatte. Von Korea aus gelangten dann entscheidende kulturelle Impulse vom Reich der Mitte nach Japan. 679 wurde Nordvietnam chinesisches Protektorat, es erhielt den Namen An-nan (Befriedung des Südens).

Die Konsolidierung im Inneren machte Fortschritte. Es wurde ein Gesetzbuch eingeführt, das zur Grundlage für das Rechtswesen der folgenden Sung-, Ming- und Ch'ing-Dynastie wurde, aber auch zum Vorbild für Indochina und Japan. Im Kaiserhaus jedoch herrschten Zwietracht und blutige Intrigen. Als Kao-tsung im Jahre 683 starb, war die Kaiserin Wu seit langem schon die heimliche Herrscherin. Sie dachte nicht daran, die Macht aus der Hand zu geben. Ihr Sohn Chung-tsung konnte sich nur wenige Wochen auf dem Thron behaupten. Sobald er es wagte, eigenen Willen zu zeigen, wurde er von seiner Mutter entmachtet. Pro forma erklärte sie einen anderen Sohn, Jui-tsung, zum Kaiser. Besonders tragisch war das Schicksal des Kronprinzen Chang-kuai. Er

Polospieler stören eine Kamelkarawane. Kopie einer Wandmalerei aus dem 1972 in Ch'ien-hsien freigelegten Grab des Kronprinzen Chang-kuai.

lebte beim Tode seines Vaters bereits in der Verbannung, da er als überzeugter Konfuzianer gegen seine Mutter opponiert hatte. 684 wurde er bei einer Hausdurchsuchung zum Selbstmord gezwungen, ob auf Befehl Wus oder gegen ihre Absicht, wurde nie eindeutig geklärt. Jedenfalls erhielt er ein Staatsbegräbnis und den posthumen Ehrennamen Tao (»der Frühverstorbene«).

Die Ausgrabung seines Mausoleums in Ch'ien-hsien, Provinz Shensi, nur 3 Kilometer vom Grab seiner Eltern entfernt, war Anfang der siebziger Jahre eine archäologische Sensation ersten Ranges. Neben anderen wertvollen Funden kam ein Zyklus monumentaler Wandgemälde zutage. Die Themen stammen ausnahmslos aus dem Leben im Palastbezirk und vermitteln uns einen lebendigen und anschaulichen Eindruck vom höfischen Alltag, darüber hinaus handelt es sich um Kunstwerke von hoher Qualität.

In der Beurteilung der Kaiserin Wu klaffen die Meinungen der chinesischen und europäischen Wissenschaftler weit auseinander. Während die gläubige Buddhistin von der konfuzianischen Geschichtsschreibung re-

gelrecht verteufelt wird, bemüht man sich in Europa um Anerkennung ihrer unbestreitbaren Verdienste. Die 32 Jahre ihrer Herrschaft standen für das Reich der Mitte unter dem Zeichen von Wohlstand und Stabilität. Es ist psychologisch interessant, daß man einer Frau die gleichen Verbrechen, die dem hochgeehrten Kaiser Tai-tsung so leicht verziehen wurden, nicht vergeben mochte. Beide hatten das Leben von zahlreichen Familienangehörigen, die ihnen in die Quere kommen konnten, auf dem Gewissen. Einmal auf dem Thron, bewährten beide sich aber als überaus fähige Monarchen.

Die »Kleine Wildgangspagode« in Sian, 706 zu Ehren des chinesischen Pilgers I Ching errichtet, wurde im 16. Jahrhundert durch Erdbeben stark beschädigt.

Im Gegensatz zu all ihren Vorgängerinnen war Wu klug genug, mit alten Traditionen zu brechen und ihre Sippe nicht an ihrem eigenen schwindelerregenden Aufstieg zu beteiligen. Damit sicherte sie sich die Unterstützung der Beamtenschaft. Auf dem Gipfel ihrer Macht, setzte die Kaiserin 690 ihren Sohn Jui-tsung ab und gründete eine eigene Dynastie: ein einzigartiger Vorgang in der zweitausendjährigen Geschichte des chinesischen Kaiserreiches. Unter dem Namen Wu Tse-t'ien (»Wu, die den Himmel zum Vorbild nimmt«) regierte sie 15 Jahre lang als Alleinherrscherin. Zu diesem Zeitpunkt war sie 66 Jahre alt, die pikanten Anekdoten über ihre Nymphomanie dürfen schon allein deshalb wohl ins Reich der Fabel verwiesen werden. Die Hauptstadt wurde erneut nach Lo-yang verlegt. Es gelang der Kaiserin, verschiedene Aufstände in ihrem Reich schon im Keim zu ersticken, und sie bemühte sich um eine Versöhnung der drei Hauptreligionen Taoismus, Konfuzianismus und Buddhismus auf dem Wege des Synkretismus. Schwerkrank, dankte Wu 705 ab und starb bald darauf. Ihr Sohn Chung-tsung, ein ausgesprochen schwacher Charakter, kehrte auf den Drachenthron zurück.

Die neue Kaiserin, ihr Name war Wei, nahm sich ihre erfolgreiche Schwiegermutter zum Vorbild. Wieder begann das Intrigenspiel am Hof. Im Jahre 710 vergiftete Wei ihren Gatten und versuchte, die Macht an sich zu reißen. Ihr Vorhaben scheiterte jedoch, und Jui-tsung, der Bruder des Ermordeten, wurde sein Nachfolger und damit ebenfalls zum zweitenmal Kaiser. Zwei Jahre später trat er zugunsten seines Sohnes Hsüan-tsung zurück, der – eine seltene Ausnahme – nicht so sehr unter diesem posthumen Kaisernamen, sondern als Ming-huang (»die strahlende Majestät«) bekannt wurde.

Kaiser Ming-huang war ein großer Freund und Mäzen der schönen Künste. Er zog die begabtesten Dichter, Maler, Gelehrten und Musiker an seinen Hof. Zu ihnen gehörte Li Po (auch Li T'aipo), der in Europa wohl bekannteste chinesische Dichter überhaupt. Der Taoist Li Po (701–762) führte ein abenteuerliches Leben. In seiner Jugend Gefährte eines Einsiedlers, entdeckte er die Freuden der Liebe relativ spät, heiratete aber dann mehrmals. 742–744 lebte er im Glanz des Kaiserhofes, bewundert, umworben und beneidet. Damals entstanden die zauberhaften Verse auf eine Geliebte des Kaisers:

O junge Anmut, wohnend unterm Dach von Gold!
Des Gartens Purpur rahmt sie zierlich ein.
Bergblumen ihr im Haar, das kostbar aufgerollt,
Das seidene Gewand mit Nelkenstickerein.
Verläßt sie einmal das Palastgelände,
Begleitet sie die kaiserliche Sänfte stets.
Doch einmal, ach, ist Lied und Tanz zu Ende,
Und in der bunten Wolken Glanz verwehts.[37]

Wie so mancher Poet, war auch Li Po dem Alkohol verfallen. Nachdem er, nicht ganz freiwillig, Abschied genommen hatte von seinem Gönner, dem Kaiser, begann ein ruheloses Wanderleben. Verstrickt in den blutigen Bürgerkrieg gegen Ende der Regierungszeit von Ming-huang, wurde der Dichter verbannt. Nach seiner Amnestierung soll er, vom Wein berauscht, im Jangtse ertrunken sein. Seinem »Lebenselixier« widmet Li Po einige seiner schönsten Gedichte, so etwa das folgende, das an Verse von Nikolaus Lenau erinnert:

Von Osten streift ein Frühlingswind uns wie im Vorübergehen,
Daß im Pokal, auf dem grünen Wein, winzige Wellen entstehen.

Da sind die Blüten, von Wirbelgewalt entführt, zu Boden gegangen.
Mein schönes Mädchen ist trunken bald mit ihren geröteten Wangen.

Phantasieporträt des trinkfreudigen Dichters Li Po. (Holzschnitt der Ming-Zeit.)

Am blauen Söller der Pfirsichbaum, weißt du, wie lange der blüht?
Ein zitterndes Leuchten ist es, ein Traum: er täuscht uns nur
und entflieht.

Komm, auf zum Tanz!
Die Sonne verglüht!

Wer nie voll drängenden Lebens war und toll war in jungen Tagen,
Der wird vergebens, wenn erst das Haar weiß ist, seufzen und klagen.[38]

Gleiche Berühmtheit als Dichter und als Maler erlangte Wang Wei (699–759), der im Alter buddhistischer Mönch wurde. Ihm wird das Porträt des Gelehrten Fu Sheng zugeschrieben, von dem wir eine Kopie aus dem 9. Jahrhundert besitzen. Tu Fu endlich, ein Freund Li Pos, war Konfuzianer. Er stammte aus einer verarmten Beamtenfamilie und rang zeit seines Lebens verzweifelt um Anerkennung – ohne nennenswerten Erfolg.

Hat Ruhm mir, was ich dichtete, gebracht?
Vom Amte mußt ich scheiden alt und krank –
Vom Wirbel wie verweht – wem gleich ich schon?
Der letzten Möwe in der Luft am Sand – [39]

Wie so viele große Künstler wurde auch Tu Fu erst nach seinem Tode (770) berühmt. Seit der Sung-Dynastie (690–1279) wird er als der »Weise der Dichtkunst« gefeiert. Im Gegensatz zu Li Po legte er größten Wert auf die Beachtung der strengen formalen Regeln der chinesischen Lyrik und wird deshalb in seinem Heimatland noch höher geschätzt als sein Freund.
Auch der Kaiser selbst verfaßte Gedichte, und die Damen am Hof folgten seinem Beispiel. Rührend wirken die Zeilen, mit denen die verstoßene Kaiserin Mei Fei Perlen zurückwies, die Ming-huang ihr in die Verbannung schickte; kein Geringerer als Goethe übersetzte sie:

Du sendest Schätze, mich zu schmücken!
Den Spiegel hab ich längst nicht angeblickt.
Seit ich entfernt von deinen Blicken,
Weiß ich nicht mehr, was ziert und schmückt.[40]

Die Tragödie des alternden Kaisers war seine Leidenschaft für Yang Kuei-fei, eine Konkubine seines Sohnes. Diese schöne und ehrgeizige Dame gewann zwar einen verhängnisvollen Einfluß auf den Himmelssohn, dennoch ist es falsch, ihr die Hauptschuld an der schweren politischen Krise zu geben, in die das T'ang-Reich um die Mitte des 8. Jahrhunderts geriet. 722 wurden die Milizen durch ein Söldnerheer ersetzt, in dem auch viele Nichtchinesen dienten. Es war kostspielig, und auf seine Loyalität konnte man sich nicht unbedingt verlassen. Die Söldner fühlten sich oft ihrem unmittelbaren Heerführer mehr verbunden als dem Kaiser. Auf dem Land hatte sich die Lage der Bauern rapide

verschlechtert. Neuer Großgrundbesitz war entstanden, es kam zu Massenwanderungen landloser Bauern. Der Konflikt zwichen Aristokratie und dem gebildeten Beamtenadel trug dazu bei, die Situation zu verschärfen, und die mangelnde politische Aktivität des Kaisers, der ganz im Bann seiner Favoritin und des taoistischen Mystizismus stand, schien den Unzufriedenen recht zu geben.
755 brach unter der Führung des Militärgouverneurs An Lu-shan ein Aufstand aus, der das Reich in seinen Grundfesten erschütterte. An Lu-

Kaiser Ming-huang mit Diener und Leibwächter in Erwartung seiner Geliebten, Yang Kuei-fei, die von Hofdamen angekleidet wird. (Druck aus der Ming-Zeit.)

shan, ein gebürtiger Türke, hatte im Heeresdienst eine blendende Karriere gemacht und stand beim Kaiser hoch in Gunst. Mit einer Armee von fast 20000 Mann eroberte er 756 Lo-yang, wenig später fiel auch Ch'ang-an. Die schöne Intrigantin Yang Kuei-fei wurde ermordet. Ming-huang aber floh nach Szechuan und dankte zugunsten seines Sohnes Su-tsung ab.

Mit Hilfe der allzeit kampfbereiten Uiguren konnte Lo-yang 758 zurückerobert werden, aber einer schweren Plünderung durch die Bundesgenossen entging die Stadt nicht. In der Folgezeit erwiesen die Uiguren sich als anspruchsvolle Verbündete, die sich ihre Waffendienste hoch bezahlen ließen. Besonders begehrt waren bei ihnen chinesische Seide und Tee, ihre Fürsten heirateten chinesische Prinzessinnen.

Der Krieg gegen An Lu-shan und seinen Nachfolger stürzte das Land in eine tiefe Finanz- und Wirtschaftskrise. 758 wurde das staatliche Salzmonopol erneuert, 763 eine Alkoholsteuer eingeführt, und im folgenden Jahr erstmals eine Erntesteuer. Unter dem nächsten Kaiser, der ein Sohn Su-tsungs war und genauso wie der zweite T'ang-Herrscher Tai-tsung hieß, wurde die Hauptstadt Lo-yang von den Tibetern erobert. Doch noch einmal konnte die überlegene Diplomatie der chinesischen

Uiguren huldigen dem T'ang-General Kuo Tzu-i. (Ausschnitt aus einer Querrolle des 11./12. Jh., Höhe 32,3 cm.)

Staatsführung einen Erfolg verbuchen: Geschickt spielte sie die Uiguren gegen die Tibeter aus und erreichte es, daß die Tibeter angesichts eines heranrückenden chinesisch-uigurischen Heeres überstürzt den Rückzug antraten. 765 herrschte endlich wieder Friede im Reiche der Mitte. Aber China konnte sich von den Wunden, die der zehn Jahre lang im eigenen Land tobende Krieg ihm beigebracht hatte, nicht erholen. Am Hof war abermals die Clique der Eunuchen zu verhängnisvoller Macht gelangt, während die Militärs versuchten, den Feudalismus wiederaufleben zu lassen. Das Ende der T'ang-Dynastie schien schon programmiert zu sein.

Der buddhistische Kaiser Tai-tsung starb 779, und unter seinem Sohn Te-tsung brach ein Aufstand der Militärgouverneure aus, der erst nach fünf Jahren mit Hilfe der Tibeter, die diesmal auf seiten der Chinesen kämpften, niedergeschlagen werden konnte. Unzufrieden mit der Belohnung, wandten die Tibeter sich aber unmittelbar darauf gegen ihre einstigen Bundesgenossen und brachten China schwere Gebietsverluste bei. Te-tsung führte 782 das staatliche Alkoholmonopol ein, 793 folgte das Teemonopol. Aber diese Maßnahmen sicherten dem Staat nicht nur neue Einnahmen, sondern führten auch zu einem weitverzweigten Schmugglerunwesen.

805, im Todesjahr Kaiser Te-tsungs, wurde ein allerdings nicht sehr dauerhafter Frieden mit Tibet geschlossen. Die folgenden, politisch unbedeutenden T'ang-Herrscher wurden entweder von Eunuchen ermordet oder starben an obskuren Zaubertränken, die, von taoistischen Magiern zusammengebraut, ihnen eigentlich Unsterblichkeit verleihen sollten. 840 gelangte Wu-tsung auf den Drachenthron. Im selben Jahr wurden die Uiguren von den Kirgisen vernichtend geschlagen. Der Taoist Wu-tsung nahm die Niederlage dieses dynamischen Turkvolks zum Anlaß, ihre Religion, den im chinesischen Volk verhaßten Manichäismus, zu verbieten. Ihre Tempel wurden niedergerissen, ihr Land konfisziert, die Priester mußten ins bürgerliche Leben zurückkehren, und in Ch'ang-an wurden sogar 70 Nonnen hingerichtet. Abgesehen von einzelnen isolierten Glaubensgemeinden im unzugänglichen Bergland, bedeutete dieser Schlag das Ende des Manichäismus in China.

845 griff die Welle der religiösen Verfolgung auch auf andere nichtchinesische Glaubensbekenntnisse über. Die nestorianischen Kirchen wurden geschlossen und zerstört, nicht besser erging es den zoroastrischen Tempeln. Damit war das Schicksal des Christentums und des Mazdaismus im Reich der Mitte vorerst ebenfalls besiegelt. Aber auch die Anhänger des weitverbreiteten Buddhismus hatten unter dem religiösen Rigorismus der Taoisten zu leiden. Zwar blieb ihre Religion offiziell zugelassen, doch in jeder Stadt durfte nur ein buddhistischer Tempel mit höchstens 30 Mönchen stehenbleiben, alle anderen wurden zerstört, ihr Vermögen vom Staat konfisziert. Wu-tsung starb 846, erst 36 Jahre alt. Sein Onkel, Kaiser Hsüan-tsung, hob die Verfolgung des Buddhismus sofort wieder auf. Er war ein gerechter und sparsamer Herrscher und

Eine Gruppe von hohen Beamten in der Grabanlage Kao-tsungs, demoliert von den Mongolen der Yüan-Zeit. Im Hintergrund Reste eines Wachtturms.

Weg zum Grabhügel des T'ang-Kaisers Kao-tsung in der Nähe von Sian. Im Vordergrund eine alte Stele mit dem Namen des Kaisers, rechts daneben eine moderne Tafel, die über die historische Stätte informiert.

乾陵

白虎门
西南角楼
西阙
西阙楼
述聖紀碑
駝鳥
石人
司馬道
石馬
翼馬
东阙楼
六十一王宾
朱雀门
无字碑
东南角阙楼

北峰
上仙观
隧道口
西过殿
天亭
献殿
东过殿
地宫
梁山宫
玄武门
六马
青龙门
东南角楼
阙楼
阙楼

Abb. S. 118/119: Rekonstruktion der Grabanlage des Kaisers Kao-tsung und seiner Gattin, die nach seinem Tod als Kaiserin Wu regierte. Links der »Heilige Weg« mit dem Tor zur eigentlichen Grabanlage; rechts ein natürlicher Berg, in dem sich die Grabkammern befinden.

dämmte den unheilvollen Einfluß der Palasteunuchen ein. Leider setzte auch er gegen Ende seines Lebens seine Hoffnung auf die berüchtigten »Unsterblichkeitselixiere« taoistischer Zauberer und starb 859 an einem solchen Giftgebräu.

Über seinen Sohn I-tsung läßt sich nicht viel mehr sagen, als daß er ein Verschwender war, den Buddhismus förderte und 873 auf geheimnisvolle Weise den Tod fand. Zu seiner Zeit entstand das älteste gedruckte Buch, das wir bisher kennen. Es handelt sich um ein Blockdruck-Exemplar des buddhistischen *Diamant-Sutra*. Die Widmung lautet: »Gedruckt am 11. Mai 868, von Wang Chih zur freien allgemeinen Verbreitung, um in tiefer Verehrung das Andenken seiner Eltern zu verewigen.«[41]

Unter I-tsungs Nachfolger, dem bei seiner Inthronisation elfjährigen Kindkaiser Hsi-tsung, erhielt das T'ang-Reich den Todesstoß. Dem Bauernaufstand von 874 unter der Führung des Beamtenkandidaten Huang Ch'ao und des Bauern Wang Hsien-chih war die morsche Dynastie nicht mehr gewachsen. In kurzer Zeit konnten die Rebellen, denen die Sympathie weiter Kreise der Bevölkerung gehörte, den ganzen Osten des Reiches erobern. Dank eines Aufgebotes an türkischen Hilfstruppen gelang es der Regierung zwar, 878 Wang Hsien-chih gefangenzunehmen, aber nach der Hinrichtung des Bauernführers nahm Huang Ch'ao zunächst die reiche Stadt Kanton ein, besetzte 881 sogar die östliche Hauptstadt Ch'ang-an und machte sich zum Kaiser von eigenen Gnaden. Hsi-tsung aber floh mit seiner Familie und dem Hofstaat nach Szechuan.

Ein letztes Mal noch retteten türkische Hilfstruppen das T'ang-Reich. 884 eroberten sie Ch'ang-an, ein Jahr später kehrte Hsi-tsung in seine völlig verwüstete Hauptstadt zurück. Huang Ch'ao setzte sich nach Shantung ab, wo er Selbstmord beging. Der Bauernaufstand war unter ungeheuren Opfern an Menschenleben und materiellen Werten niedergeschlagen worden, aber der Sieger hatte nicht den geringsten Grund zum Jubel. Hsi-tsung war nur noch eine Marionette in den Händen der mächtigen Palasteunuchen, während in den Provinzen die Militärgouverneure nach eigenem Gutdünken handelten. Um die Belange des durch Bürgerkriege, Korruption und Mißwirtschaft verarmten Volkes kümmerte sich niemand.

Nach dem frühen Tod Hsi-tsungs im Jahre 888 folgte ihm sein jüngerer Bruder Chao-tsung auf den Thron. Nominell regierte er 16 Jahre lang, doch mußte er mehrmals fliehen, während Usurpatoren und revolutionäre Banden die Hauptstadt in ihren Besitz brachten. Im Winter 900/901 nahmen die Eunuchen den Kaiser und die Kaiserin sogar gefangen und sperrten sie in einem entlegenen Teil des Palastes ein, bis sie von den Palastwachen wieder befreit wurden.

Um weiteren Anschlägen der Eunuchen zuvorzukommen, begab Chaotsung sich freiwillig unter den Schutz seines ärgsten Widersachers: Der

Kaiser Ming-huang mit Gefolge auf einer Reise in die Provinz Shu. Kopie einer Wandrolle aus dem 8. Jahrhundert. (Tusche und Farben auf Seide.)

ehemalige Bauernführer Chu Wen war inzwischen zum mächtigsten Gouverneur im Reich aufgestiegen und machte kaum noch einen Hehl daraus, daß er nach der Würde des Himmelssohnes strebte. 903 eroberte er Ch'ang-an und richtete ein Blutbad unter den Eunuchen an. Die Stadt wurde dem Erdboden gleichgemacht und nie wieder aufgebaut. Als seinen Gefangenen schleppte Chu Wen den Kaiser nach Lo-yang und ließ ihn 904 ermorden.

Der letzte Kaiser der T'ang-Dynastie war ein zehnjähriges Kind. Der Sohn Chao-tsungs erhielt posthum den Namen Ai-tsung, »der Bejam-

Die Ruinen von Chiao-ho, während der T'ang-Zeit die zweitgrößte Stadt des Turfan-Gebiets. Sie verfiel unter der Mongolenherrschaft.

mernswerte«. Hilflos mußte er mitansehen, wie Chu Wen seine gesamte Familie ausrottete, ja sogar seine Mutter, die Kaiserin, tötete. 906 wurde er nach bewährtem Vorbild gezwungen, zugunsten Chu Wens abzudanken, der die kurzlebige Liang-Dynastie gründete. Der unglückliche Exkaiser, der letzte seines Geschlechts, wurde zwei Jahre später vergiftet, obwohl der völlig isolierte Vierzehnjährige wohl kaum eine Bedrohung für die neue Dynastie darstellte. So endete das T'ang-Reich, dessen Ansehen, Macht und kulturelle Leistungen zu den Höhepunkten der chinesischen Geschichte gehören, in Blut und Chaos.

施主米延德永充一心供養
施主新婦曹氏永充一心供養

V Das Reich zerfällt
Macht und Ohnmacht der Sung

Dem mächtigen Kaiserreich der Sung-Dynastie ging 907–960 eine erneute Teilung des Reiches voraus, die Zeit der Fünf Dynastien im Norden und der Zehn Reiche im Süden. Während die Fünf Dynastien einander in chronologischer Folge ablösten, bestanden die zehn Staaten gleichzeitig nebeneinander. Die positive Entwicklung von Wirtschaft und Handel im Süden führte dazu, daß die dort herrschenden Könige an der Einheit des Reiches der Mitte kaum interessiert waren und sich lediglich mit der Wahrnehmung ihrer regionalen Interessen beschäftigten. Aus diesem Grund werden die Südstaaten von den chinesischen Historikern durchweg als illegitim betrachtet.

Die erste der Fünf Dynastien des Nordens, die Spätere Liang-Dynastie Chu Wens, wurde 923 von der Späteren T'ang-Dynastie abgelöst, die der Türke Li K'o-yung gründete. Mit Hilfe der Kitan, eines kriegerischen Volkes aus der Mandschurei, kam 936 der Schwiegersohn seines Nachfolgers an die Macht. Shih Ch'ing-t'ang rief die Spätere Chin-Dynastie ins Leben, die gerade nur zehn Jahre Bestand hatte. 946 eroberten die Kitan die Hauptstadt Lo-yang, zogen sich aber, weil ihr Herrscher überraschend starb, schnell wieder zurück. Wieder bemächtigte sich ein Türke des Drachenthrons, er hieß Liu Chih-yüan. Im Anklang an die berühmte Han-Dynastie übernahm er deren Namen für das von ihm gegründete Herrscherhaus. Diese sogenannte Spätere Han-Dynastie existierte gar nur drei Jahre lang, denn Lius Sohn und Nachfolger wurde 950 ermordet. Nun errichtete der chinesische General Kuo Wei die Spätere Chou-Dynastie. Weniger aus religiösen als vielmehr aus militärischen Gründen verfolgte er den Buddhismus. Es hatte sich nämlich eingebürgert, daß zahlreiche junge Männer, um der Rekrutierung zu entgehen, in ein buddhistisches Kloster eintraten. Der zweite Chou-Kaiser Shih-tsung starb 959 bei einem Feldzug gegen die Kitan, sein erst siebzehnjähriger Sohn wurde wenig später zur Abdankung gezwungen. Damit war die chaotische Zeit der Fünf Dynastien beendet.

Der Gründer der Sung-Dynastie, der chinesische General Chao K'uang-yin, war der erste Soldatenkaiser im Reich der Mitte. Nach dem Tode Shih-tsungs spielte sich im Feldlager der chinesischen Armee eine Szene ab, die an die Zeit der römischen Cäsaren erinnert: Eine Gruppe von Offizieren rief beim morgendlichen Appell den Kommandeur zum Kaiser

Eine Familie bittet die über ihr thronende Kuan-yin um Wohlstand und Kindersegen. Das Gemälde aus einer der Höhlen von Tun-huang ist auf den 27. 8. 983 datiert.

aus. Der zögernde General wurde mit sanftem Nachdruck so weit gebracht, daß er den gelben Kaiserornat anlegte und sich von den Truppen als neuer Himmelssohn feiern ließ. Ob seine Überraschung, sein Zögern gespielt oder echt waren, ist bis heute umstritten. Posthum erhielt der erste Sung-Kaiser den Namen T'ai-tsu; Hauptstadt des Reiches wurde Pien, das heutige K'ai-feng, in der Provinz Honan.

Gleich zu Beginn seiner Regierung bewies der Kaiser, daß er aus anderem Holz geschnitzt war als seine Vorgänger aus den Fünf Dynastien. Er brach die verhängnisvolle Macht der Militärgouverneure und löste das System der geteilten Zivil- und Militärverwaltung auf. Er schuf ein starkes stehendes Heer, das direkt der Zentralverwaltung unterstand. Die Offiziere, denen er verpflichtet war, wurden mit Gütern und Posten in der Zivilverwaltung belohnt. Der Sippe des jugendlichen Exkaisers durfte kein Haar gekrümmt werden, und die Beamten der vorangegangenen Dynastie wurden in Amt und Würden belassen. All diese Maßnahmen zeigten, daß nach so vielen Glücksrittern endlich wieder ein verantwortungsbewußter, vernünftig denkender Staatsmann auf dem Drachenthron saß.

Eingang zum Grab des Kaisers Li Sheng, der 937 die kurzlebige Südliche T'ang-Dynastie begründete und sich in der Nähe von Nanking beisetzen ließ. Genau 1000 Jahre später wurde die Grabanlage wieder geöffnet.

Das wichtigste politische Ziel des ersten Sung-Kaisers war die Wiedervereinigung Chinas. Drei der zehn Reiche im Süden hatte sein Vorgänger bereits erobert, T'ai-tsu gelang es, fünf weitere ohne großes Blutvergießen unter seine Herrschaft zu bringen. Die Splitterstaaten erkannten, daß sie keine Chance gegen den mächtigen Kaiser im Norden hatten, und ergaben sich rasch.

Zur Charakterisierung des ersten Sung-Herrschers dient folgende Anekdote: 971 wurde Liu, der König des besiegten Nan-Han-Staates, nach K'ai-feng gebracht. Der Kaiser empfing ihn freundlich und bot ihm einen Becher Wein an. Aus Furcht vor Gift – Liu pflegte sich unliebsamer Minister durch Gift zu entledigen – wagte der Exmonarch nicht, davon zu trinken. Zur Beschämung seines Gastes leerte T'ai-tsu daraufhin selber den Becher.

976, im Jahre seines Todes, besiegte T'ai-tsu die Nan-T'ang-Dynastie, deren König Li Yü, ein bedeutender Maler und Dichter, an seinem Hof im heutigen Nanking die hervorragendsten Künstler seiner Zeit versammelt hatte. Zu ihnen gehörte der Figurenmaler Chou Wen-chü, aus dessen Schule ein Bild stammt, das anschaulich das Leben im Palast schildert. Es

Hofkonzert, ein berühmtes Wandrollbild aus der Schule des Chou Wen-chü (10. Jh.).

trägt den Titel *Hofkonzert* und zeigt die Kaiserin inmitten von Musikantinnen und Hofdamen. Unter der Tafel liegt ein Schoßhündchen.
Die letzten drei Jahre seines Lebens verbrachte Li Yü im Exil am Hof von K'ai-feng und trauerte der Vergangenheit und Vergänglichkeit in ergreifend schlichten Versen nach:

> Vom Walde wich des Frühlings Rot
> o viel zu schnell
> Wir ändern nicht, daß früh der Regen geht
> und abends Winde wehn.
>
> Tränen auf dem geschminkten Gesicht
> Machten mich trunken.
> Wird das noch einmal sein?
> So wie die Ströme stetig sich gen Osten senken:
> Leben senkt sich in Leid.[42]

Der zweite Sung-Kaiser T'ai-tsung trat im Jahre 976 die Thronfolge an. Er setzte die Politik seines Bruders, der die Dynastie gegründet hatte, fort und brachte 978 und 979 auch die beiden letzten Südstaaten unter seine Herrschaft. Damit war die Wiedervereinigung Chinas vollendet. Außenpolitisch verfolgte er eine ausgesprochen defensive Politik mit dem Ziel der friedlichen Koexistenz mit seinen Nachbarn. Unter seiner Regierung erlebte das Reich eine neue Wirtschaftsblüte. Das untere Jangtse-Tal wurde zur Kornkammer des Landes. Im Süden wurde der Anbau von Tee intensiviert.
Die ausschließlich friedliche Nutzung des Schießpulvers, einer explosiven Mischung aus Kaliumnitrat, Schwefel und Holzkohle, zur Verschönerung von Festen durch Feuerwerke scheint ins Reich der Legende zu gehören. Bereits zur Zeit der Fünf Dynastien, so wird berichtet, gehörten Flammenwerfer zum Waffenarsenal chinesischer Truppen; unter der Sung-Dynastie kamen Bambusgranaten und Brandraketen hinzu. Ein alchimistisches Buch des 9. Jahrhunderts warnte schon vor der zerstörerischen Brisanz des schwarzen Pulvers.
Zu Beginn der Sung-Dynastie wurde der Magnetkompaß erstmals in den Dienst der Schiffahrt gestellt. Dadurch verringerte sich das Sicherheitsrisiko der Seefahrer, und der Außenhandel erfuhr einen beträchtlichen Aufschwung. Die chinesischen Frachtschiffe wurden von Tretwerk-Schaufelrädern angetrieben und konnten einige Dutzend Tonnen Ladung befördern. Die wichtigsten Exportgüter waren Seide, Brokate und Porzellan, unter den Importwaren standen kostbare Hölzer und Gewürze, Elfenbein, Korallen und Perlen an erster Stelle.
Die friedfertige Außenpolitik T'ai-tsungs hatte allerdings zu verstärkter Bedrohung durch die Kitan geführt, mit dem Ergebnis, daß der Nachfolger des zweiten Sung-Kaisers, sein Sohn Chen-tsung, sich des Nomadenvolks aus der Mandschurei, das auf seinen Beutezügen immer wieder tief

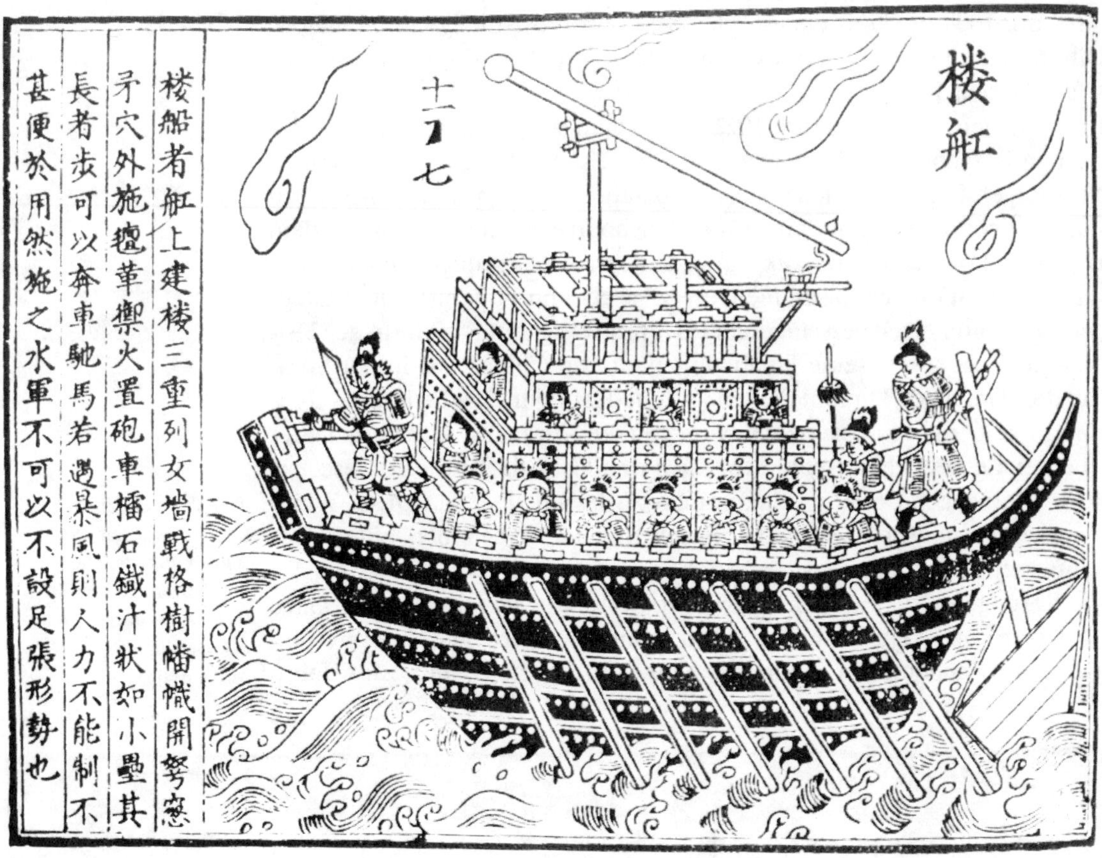

Kriegsschiff der Sung-Dynastie, mit drei Decks »so hoch wie ein Festungsturm« und Wänden »so dick wie Stadtmauern«.

ins Innere des Chinesischen Reiches eindrang, schließlich gar nicht mehr erwehren konnte. Nach einer besonders schweren Niederlage im Jahre 1004 entschloß er sich, den Feinden einen jährlichen Tribut in Form von Naturalien anzubieten, und forderte als Gegenleistung den Verzicht auf weitere Übergriffe. Im Januar 1005 kam der Vertrag zustande. Im Text heißt es: »Um dem Landesbrauch zu entsprechen, und als Beitrag zu den Kosten des Heeres werden jährlich 200000 Rollen Seide und 100000 Unzen Silber bewilligt.«[43] Wenngleich dieses Bündnis dem Reich für einen längeren Zeitraum Frieden und Sicherheit bescherte, wurde es doch von der chinesischen Geschichtsschreibung oft als Zeichen der Schwäche des Kaiserhauses angesehen und heftig kritisiert.

Kaiser Chen-tsung geriet immer mehr unter den Einfluß des Astrologen und Staatsministers Wang Ch'in-jo, der ihm einredete, der schändliche Vertrag sei nur wettzumachen durch einen feierlichen Opferzug zum heiligen T'ai-shan-Berg in der Provinz Shantung und prunkvolle Opfer an Himmel und Erde. Dieses schon fast vergessene Ritual hatte zum letztenmal 725 unter Kaiser Ming-huang stattgefunden. Die dazu erforderlichen himmlischen Vorzeichen wurden recht plump manipuliert, und im Jahre 1008 fand das ebenso glanzvolle wie kostspielige und nutzlose Unternehmen statt – übrigens zum endgültig letzten Mal in der chinesischen Geschichte.

Bis zu seinem Tode im Jahre 1022 blieb Chen-tsung von seinem astrologischen Ratgeber und dessen taoistischer Clique abhängig. Unter seinem Nachfolger Jen-tsung, der mehr als 40 Jahre regieren sollte, kam es zu starken Spannungen mit dem großen Nachbarreich im Nordwesten, dem Hsi-hsia-Staat, dessen Bevölkerung, aus türkischen, tungusischen sowie tibetischen Stämmen zusammengesetzt, sich zum buddhistischen Glauben bekannte. Nach verschiedenen Grenzstreitigkeiten erklärte der Hsi-hsia-Herrscher 1038 seine Unabhängigkeit von China, was in der Sprache der damaligen Diplomatie eine offene Kampfansage bedeutete. Jen-tsung spielte die Hsi-hsia geschickt gegen die Kitan aus, mußte sich aber zu guter Letzt doch entschließen, auch den Hsi-hsia jährlich »Geschenke« – vorwiegend Seide – zukommen zu lassen. Der auf diese Weise teuer erkaufte Friede kam das Reich der Mitte dennoch billiger als militärische Aktionen.

Ein Sprung innerhalb der Sung-Dynastie erfolgte, als Jen-tsung im Jahre 1063 starb und kein leiblicher Nachkomme, sondern sein Adoptivsohn auf den Drachenthron gelangte. Ying-tsung regierte nur fünf Jahre

T'ai-shan, der Berg des Ostens. Auf seinem schwer zugänglichen Gipfel wurden die wichtigsten Opfer dargebracht. (Darstellung aus der Ming-Zeit.)

lang. Ähnlich wie sein Vörgänger schenkte er im Kreise gelehrter Konfuzianer, die er an den Hof zog, seinen geistigen Interessen mehr Zeit und Aufmerksamkeit als den Staatsgeschäften. Das durch Veteranen überalterte Heer hatte seine Schlagkraft längst verloren: Die wahllos angeworbenen Söldner stellten eher ein Sicherheitsrisiko dar als einen Schutz. Die Auswahl der Beamten nach ihrer poetischen Begabung rächte sich jetzt. Zur Erfüllung ihrer praktischen Aufgaben in der Verwaltung war ein großer Teil dieser hochgebildeten Männer völlig ungeeignet. Hinzu kam die schlechte Besoldung der Beamtenschaft. Sie führte zur Korrumpierung des gesamten Staatsapparates.

Nachfolger Yings wurde im Jahre 1068 sein neunzehnjähriger Sohn Shen-tsung. Das große Verdienst dieses Kaisers, der für sich selbst gleichfalls ein Leben »im Elfenbeinturm« vorzog, liegt darin, daß er dem hervorragenden Staatsmann Wang An-shih freie Hand zur Realisierung seiner weitgespannten Reformpläne gab. Wang An-shih (1021–1086) wurde Staatsminister und bald der mächtigste Mann im Reich der Mitte. Mit seiner persönlichen spartanischen Bedürfnislosigkeit gab er den Angehörigen der Oberklasse ein eindrucksvolles Beispiel für eine bescheidenere Lebensführung, die sein großangelegtes Sparprogramm den Bessergestellten abverlangte.

Zwischen Arm und Reich, Stadt und Land hatte sich nämlich eine tiefe Kluft aufgetan. In Luxusgeschäften konnte man gegen klingende Münze alle Schätze des Orients erstehen, auch so modern anmutende Zivilisationsgüter wie Toilettenpapier, parfümierte Seife und farbigen Nagellack. Zu den exotischen Leckerbissen, die in Feinschmeckerlokalen angeboten wurden, gehörten »Gedünsteter Hund« sowie »Zweibeiniger Hammel«, eine nicht eben schmeichelhafte Umschreibung für Menschenfleisch. In krassem Gegensatz zu diesem schaurigen Beispiel von Kannibalismus übersättigter Gourmets mußten auf dem Land verzweifelte Bauern ihre neugeborenen Kinder ertränken, weil sie sie nicht ernähren konnten.

Mit dem »Junge-Schößlinge-Gesetz« eröffnete Wang An-shih den Bauern die Möglichkeit, vor der Aussaat zu einem niedrigen Zinssatz Regierungskredite aufzunehmen, die nach der Ernte zurückgezahlt werden konnten. Ähnliche Unterstützung erhielten kleine und mittlere Gewerbetreibende. Die Handelsspannen wurden beschnitten, Handelsmonopole gesetzlich unterbunden und feste Preise eingeführt. Anstelle der alten Kupfermünzen, die aufgrund von Wertminderung allein durch ihr Gewicht schon äußerst unpraktisch waren, trat das sogenannte »fliegende Geld«, Banknoten der Regierung, gedruckt auf einer parfümierten Mischung aus Papier und Seide. Diese erste Papierwährung der Welt war, wie es später allgemein üblich wurde, durch Gold- und Silbervorräte der Regierung gedeckt.

Wang An-shih reformierte auch das zu einem pedantischen, hochkomplizierten Ritual erstarrte Prüfungssystem für Beamte. Er setzte durch,

daß Männer, die die höhere Beamtenlaufbahn einschlagen wollten, nicht nur Literatur und Philosophie studieren mußten, sondern auch Rechtswissenschaft und Volkswirtschaft. Dieser Eingriff in die unantastbare Sphäre der privilegierten Gelehrtenkaste trug dem Staatsminister viele Feinde ein, die am Hof erbittert gegen ihn intrigierten. Aber der Kaiser hielt zu ihm. Trotzdem nahm Wang An-shih 1076 seinen Abschied und zog sich nach Nanking zurück.
Nach dem Tode Shen-tsungs im Jahre 1085 mußte Wang An-shih noch miterleben, wie sein Reformwerk unter dem neuen Himmelssohn wieder zunichte gemacht wurde. Resignierend hielt sich der auch als Dichter zu Ruhm gelangte Staatsmann an die »Philosophie der Güte« des von ihm hoch verehrten Konfuzianers Menzius und widmete ihm folgende elegische Verse:

Zerfallner Leib, entschwebter Geist –
Kein Ruf kann ihn erreichen.
Liest du das Buch, das er uns ließ,
Siehst du sein wehend Zeichen!
Mag ihn bekritteln auch die Welt,
Umständlich schreibe er und breit –
Daß es ihn gegeben hat,
Tröstet meine Einsamkeit.[44]

Che-tsung, der als Achtjähriger die Nachfolge seines Vaters antrat, stand vollkommen unter der Herrschaft seiner Großmutter Kao, die für ihn die Regierungsgeschäfte führte. Als man nach ihrem Tode 1093 erneut an die Reformen Wang An-shihs anknüpfte, geschah es mit so vielen Abänderungen und Verfälschungen, daß ihr Schöpfer sein Werk wohl nur schwerlich wiedererkannt hätte.
Da Che-tsung starb, ohne einen Erben zu hinterlassen, wurde im Jahre 1101 sein Bruder, der achtzehnjährige Hui-tsung, sein Nachfolger. Er regierte 24 Jahre lang und ging als »Kunstkaiser« in die Geschichte ein. Seine eigene künstlerische Begabung lag auf dem Gebiet der Malerei und Kalligraphie, und zwar spezialisierte er sich als Blumen- und Vogelmaler. Handsigniert ist sein Bild *Zwei Finken auf Bambusstengeln,* eine zauberhafte Komposition, die von liebevoller Naturbeobachtung zeugt und mit sparsamen Mitteln eine äußerst dekorative Wirkung erreicht.
Hui-tsung förderte und überwachte die kaiserliche Malakademie in K'aifeng, zu der so hervorragende Künstler gehörten wie Ts'ui Po, der ohne Vorzeichnung direkt mit dem Pinsel auf Seide malte. Nur ein einziges Bild blieb erhalten, das mit Sicherheit von seiner Hand stammt. Es trägt den Titel *Hase und Elstern.* Wir sehen einen knorrigen Baum, ein Büschel Bambus, vom Wind gepeitscht. Zwei Elstern fliegen herbei und rufen einem überraschten Hasen etwas zu, der offenbar gerade beim Putzen gestört wurde.

Diese *Zwei Finken auf Bambusstengeln* malte Kaiser Hui-tsung, der sein Leben mehr der Kunst als den Staatsgeschäften geweiht hatte und dafür büßen mußte.

Der Kaiser erließ gleich zu Beginn seiner Herrschaft neue Vorschriften für die Malakademie. Darin heißt es: »Die Maler sollen nicht ihre Vorgänger nachahmen, sondern die Dinge malen, wie sie sind, getreu in Farbe und Form.«[45] Wer nach dieser Anleitung einen faden, trockenen Naturalismus erwartet, wird aufs angenehmste überrascht. Die chinesische Malerei jener Zeit zeichnet sich durch sehr differenzierte, lebendige Naturstudien von köstlicher Frische und Originalität aus. Der überaus verfeinerte künstlerische Geschmack verhinderte die Gefahr des Erstarrens in akademischem Formalismus.

Den profanen Aufgaben der Politik schenkte Hui-tsung nur wenig Beachtung. Er ignorierte den raschen Aufstieg der Dschurdschen, eines Nomadenvolkes in der östlichen Mandschurei mit tungusischer Sprache, und überließ es dem Eunuchen T'ung Kuang, sich mit der neuen Bedrohung für den Frieden auseinanderzusetzen. Als die Dschurdschen 1115 ein eigenes Reich mit dem Namen Chin (»Gold«) gründeten, schloß T'ung Kuang mit ihnen sofort ein Bündnis gegen die Kitan, in der Hoffnung, bei einem gemeinsamen Sieg endlich die lästigen Tributzahlungen abschütteln zu können. Aber diese Spekulation erwies sich als

Trugschluß. 1122 kam es zum Krieg: Mit nur geringer Unterstützung der chinesischen Truppen besiegten die Dschurdschen praktisch im Alleingang das Reich der Kitan – und griffen anschließend ihre bisherigen Bundesgenossen an, deren militärische Schwäche fast schon einer Herausforderung gleichkam.

1125 dankte Kaiser Hui-tsung ab, nachdem er auf Anraten seines Ministers bereitwillig ein Edikt unterzeichnet hatte, in dem er die Schuld für die Katastrophe, die über China hereingebrochen war, auf sich nahm. Der fünfundzwanzigjährige Ch'in-tsung, der seinem Vater auf den Thron folgte, hatte keine Chance, das Reich zu retten. Nach wenigen Monaten eroberten die Dschurdschen K'ai-feng und verwüste-

Kalligraphie des Kaisers Hui-tsung, der in dieser Kunst stilbildend wirkte: »ausgeführt im Hsüan-ho-Palast« zwischen 1119 und 1125. (Tusche auf Seide, Höhe 27,2 cm.)

ten die blühende Metropole. Der nunmehrige Exkaiser, sein Sohn und die gesamte kaiserliche Familie gerieten in Gefangenschaft und mußten den Weg in die Verbannung antreten. Hui-tsung starb am 4. Juni 1135 in der nordöstlichen Mandschurei, Ch'in-tsung lebte noch fast drei Jahrzehnte länger als Gefangener der Dschurdschen. Sein Tod wurde 1161 bekanntgegeben.

Der neunte Sohn Hui-tsungs lebte zur Zeit der Zerstörung von K'ai-feng in der Provinz Shantung und entging so den Häschern der Dschurdschen. Seine Großmutter berief ihn nach dem Abzug der Feinde auf den Drachenthron. Zur neuen Hauptstadt wurde Nanking in dem von den Barbaren nicht besetzten Süden des Reiches erklärt. Daher unterscheiden wir heute zwischen der Nördlichen Sung-Dynastie, die 1126 endete, und der Südlichen Sung-Dynastie, die 1127 ihren Anfang nahm.

Das Reich Kao-tsungs, des ersten Kaisers auf dem Thron in Nanking, wurde im Norden zunächst vom Jangtse begrenzt. Doch im Jahre 1147 vertrieben die Mongolen die Dschurdschen aus der Mandschurei, worauf diese weiter nach Süden vordrangen, und gründeten ihre neue Hauptstadt in der Provinz Yen (heute Peking). Da die Eroberer sich schnell akklimatisierten und der Lebensweise der einheimischen Bevölkerung anpaßten, blieb die kulturelle Einheit der chinesischen Nation trotz der Fremdherrschaft im Norden erhalten.

Im Südlichen Sung-Reich florierte der Überseehandel, der vorwiegend von Arabern betrieben wurde. Die chinesische Regierung behielt sich jedoch die Kontrolle des Außenhandels vor und erhob einträgliche Zollgebühren. Das Buch *Beschreibung der Barbarenländer* von Chao Jukua, dem Inspektor für Außenhandel in der Provinz Fukien, enthält eine Fülle von Informationen über Geographie, Kultur, Lebensweise und Bauten ferner Länder, die der Verfasser allerdings nicht aufgrund von Reisen zusammentrug, sondern den Berichten arabischer See- und Handelsleute entnahm. Lange bevor Europa vergleichbare Kenntnisse über den Fernen Osten besaß, wußte man in China bereits von Spanien und Sizilien, Ägypten, Marokko, Sansibar und Madagaskar, um nur einige Beispiele zu nennen. Der Cäsarentitel, den der Herrscher von Byzanz führte, wurde im Chinesischen als *Kai Sa* wiedergegeben, eine interessante linguistische Parallele zu unserem Wort »Kaiser«. Umgekehrt wurde China zu dieser Zeit in Europa zunächst unter dem Namen *Kataia* oder *Cathay* bekannt, wohl eine Ableitung von Kitan. Genaugenommen bezog sich diese Bezeichnung jedoch nur auf den Norden Chinas, der auf dem Landweg, der berühmten Karawanenstraße, erreicht werden konnte.

Kaiser Kao-tsung war, wie sein Vater, ein Freund der Künste und beschäftigte sich intensiv mit Philosophie. Er liebte den Frieden, ob von Natur aus oder aufgrund des Schocks, den er beim jähen Ende der Nördlichen Sung-Dynastie erlitten haben mochte, sei dahingestellt. Jedenfalls erlaubte er dem fähigen General Yüeh Fei nicht, den Versuch zu unternehmen, die Chin mit Waffengewalt aus Nordchina zu vertreiben. Da der Heerführer seinen Plan hartnäckig verteidigte, ließ der Kaiser ihn 1141 beseitigen und schloß einen Friedensvertrag mit den Chin, durch den die Teilung Chinas festgeschrieben wurde. Darüber hinaus waren es harte und schmähliche Bedingungen, mit denen der Friede erkauft wurde: Die Sung mußten sich zu einer jährlichen Tributzahlung von 250000 Rollen Seide und 250000 Unzen Silber verpflichten und sich als Vasallen der Chin bezeichnen. Zwanzig Jahre später fielen die Chin überraschend in das Sung-Reich ein. Die Invasion konnte jedoch rasch und erfolgreich zurückgeschlagen werden.

Hase und Elstern. Ein Meisterwerk des Ts'ui Po, datiert 1061. (Tusche und Farben auf Seide.)

Bereits im Jahre 1138 war die südliche Hauptstadt nach Hangchou verlegt worden. Dort wurden bei Ausgrabungen zwei kaiserliche Porzellanmanufakturen entdeckt, in denen die Kuan-Ware hergestellt wurde, dünne, hellglasierte Porzellangefäße mit einer absichtlich hervorgerufenen Craquelure, die den Eindruck hervorruft, das Gefäß sei zerbrochen und aus zahllosen Scherben mühsam wieder zusammengesetzt worden. Teeschalen wurden in dieser Zeit mit Vorliebe aus schwarzer, porzellanartiger Keramik mit ockergelbem Dekor gefertigt, eine Mode, die besonders in Japan Anklang fand, wo solche schwarzen Schalen, die dem Tee eine angenehme Farbe verleihen, bis in unsere Zeit geschätzt werden. Für den Export nach Südostasien und in den Mittleren Orient wurden vorwiegend bläulichweiße Porzellane mit Reliefdekor produziert.

1163 dankte Kao-tsung im Alter von erst 55 Jahren zugunsten seines Adoptivsohns ab. Hsiao-tsung war ein später direkter Nachkomme T'ai-tsus, des Gründers der Sung-Dynastie. Durch seine Inthronisierung wurde der dynastische Sprung nach dem Tode Jen-tsungs wieder ausgeglichen. Der neue Kaiser schloß 1165 einen zweiten, günstigeren Friedensvertrag mit Chin ab. Die Tributlasten wurden gemildert, das Vasallenverhältnis offiziell aufgehoben. Dafür setzten lebhafte Handelsbeziehungen zwischen dem Sung-Reich und Chin ein. Die Sung importierten vor allem Pferde sowie Ginseng und andere Arzneimittel aus dem Norden, die wichtigsten Exportgüter waren Tee, Textilien und verschiedene Luxusartikel.

1178 wurde ein alter Streit konfuzianischer Philosophen, die sich in Gruppen von Pazifisten und von Orthodoxen gespalten hatten, von höchster Stelle zugunsten der ersteren entschieden. Chu Hsi, der Führer des militanten Flügels, gründete daraufhin die »Schule des Weges« oder »der Wahrheit«, die später zur orthodoxen Doktrin des Neokonfuzianismus werden sollte. Chu Hsi war der gebildetste Mann seiner Zeit, als Philosoph, Kalligraph und Lehrer tat er sich ebenso hervor wie als Philologe, Literaturkenner und Politiker. Trotzdem blieb er fast sein Leben lang ein »schlafender Drache«, ein Beamter im Ruhestand, ohne Einfluß auf die Angelegenheiten des Staates – ähnlich wie Konfuzius,

Abb. S. 138/139:
Von Kueilin aus fließt der Li-Fluß durch eine der anmutigsten und bizarrsten Landschaften Chinas. Die überwachsenen Steinkegel, die bis zu 500 m emporragen, sind seit alters her ein Lieblingsmotiv der chinesischen Landschaftsmaler (vgl. Abb. S. 142).

sein großes Vorbild. In seiner Lehre wird die sittliche Verantwortung des einzelnen stark in den Vordergrund gestellt. Der Mensch war für ihn von Natur aus gut, der Himmel identisch mit dem moralischen Gesetz.

Ähnlich wie im Hinayana-Buddhismus, den Chu Hsi übrigens ebenso entschieden ablehnte wie alle späteren Varianten der buddhistischen Glaubensrichtung, gab es indessen auch in seinem System keinen Platz für Götter, die den Menschen bei seinem Streben nach ethischer Vollkommenheit unterstützten. Jeder Verstoß gegen die Moral aber wurde von ihm und seinen Anhängern heftig verurteilt. Aus rein moralischen Gründen forderte er denn auch den Kaiser zum Krieg gegen Chin auf: Nach konfuzianischer Lehre, in der der Ahnenkult einen hohen Stellenwert einnahm, war es die Pflicht des Herrschers, den Tod seines Großvaters Hui-tsung zu rächen.

Dem Beispiel seines Vorgängers folgend, überließ Hsiao-tsung den Drachenthron im Jahre 1190 seinem Sohn Kuang-tsung. Da der neue Herrscher ein kranker Mann war, übernahm bald seine Gemahlin, Kaiserin Li, die Regierungsgeschäfte, eine Intrigantin, die den Harem terrorisierte, Unfrieden zwischen dem Exkaiser und Kuang-tsung stiftete und den Ministerrat gegen sich aufbrachte. Nach dem Tode seines Vaters, Hsiao-tsung, im Jahre 1195 wurde Kuang-tsung durch ein Edikt der achtzigjährigen Witwe des Exkaisers abgesetzt, da er wegen seiner Krankheit nicht in der Lage war, die Trauerriten zu vollziehen. Zum Nachfolger bestimmte die alte Dame Ning-tsung, den Sohn Kuangs und der Kaiserin Li.

Ning-tsung förderte den Buddhismus und die schönen Künste; seine besondere Vorliebe gehörte der monochromen Landschaftsmalerei. Der Maler Ma Yüan, ein Meister in dieser Kunst, erhielt als besondere Auszeichnung der Akademie den Goldenen Gürtel. Seine Kollegen verliehen ihm den Spitznamen »Einecken-Ma«, weil er die eigentliche Szene in einer Ecke seiner Bilder zusammendrängte, wie wir es auf dem Albumblatt *Auf einem Gebirgspfad im Frühling* deutlich erkennen können. Ein Gelehrter macht einen Spaziergang am Flußufer, ein kleiner Diener folgt ihm. Am Himmel schwirrt eine Goldamsel, eine andere sitzt auf dem Zweig einer vom Wind bewegten Weide. In der rechten Ecke wurden folgende Verse niedergeschrieben: »Von seinen Ärmeln gestreift, tanzen wilde Blumen im Wind; die fliehenden Vögel verstekken sich und hören auf zu singen.«[46]

Die Anhänger des 1200 verstorbenen Chu Hsi wurden als »Rebellenbande der gefälschten Lehre« wütend verfolgt. Han T'o-chou, ein Onkel der Kaiserin Li, erlangte verhängnisvolle Macht über den jungen Monarchen und brach 1206 einen Krieg gegen die Chin vom Zaun, der mit einer schmachvollen Niederlage endete. Die Chin wollten die von ihnen besetzten Gebiete des Sung-Reiches ursprünglich behalten, gaben sie aber wieder heraus, als man ihnen den Kopf des ermordeten Han

Geschäftiges Leben in der Sung-Metropole K'ai-feng, an einem Nebenfluß des Huangho. Ausschnitt aus einer Bildrolle von Chang Tse-tuan (1125).

schickte. Ning-tsung mußte den Siegern eine Kriegsentschädigung von 3 Millionen Unzen Silber zahlen.
Vier Jahre später brach der Mongolensturm unter Dschingis Khan über den Norden Chinas herein. Mit 80000 Reitern schlug er das gewaltige Heer der Chin von insgesamt 350000 Mann, darunter mindestens 150000 reine Kampftruppen, bei Huan-erh-tsui, einem Paß im Wildfuchsgebir-

Das einzige authentische Gemälde des berühmten Malers Mi Fei (1051 bis 1107) zeigt eine typische Kueilin-Landschaft. (Tusche und Farben auf Papier.)

ge. Dschingis Khan verfolgte die in panischer Flucht zurückweichenden Chin-Truppen bis vor Peking. Die Verluste waren enorm. 1215 wurde die Hauptstadt des Chin-Reiches von einem Feldherrn Dschingis Khans mit Namen Mugali erobert, geplündert und niedergebrannt. Der Mongolenführer selber brach auf, um Westasien zu erobern. So erhielt das Reich der Chin eine letzte Atempause.
Im Palast von Hangchou, dem Zentrum der Sung-Dynastie, erkannte man die Zeichen der Zeit nicht. Selbst die erschütternden Berichte über grauenvolle Massaker unter der nordchinesischen Bevölkerung rüttelten Ning-tsung, den Kaiser, und seine Ratgeber nicht auf. Sie schienen erleichtert zu sein, daß die Mongolen den Erzfeinden Chinas, den Dschurdschen, den Garaus machten. Nicht einmal die anklagenden Verse eines Dichters von so hohem Rang wie Lu Yu vermochten den Hof zu alarmieren:

Nun höre ich von Gefangenen,
die, aneinander gebunden,
sich gegenseitig töten.
Im herbstlichen Wind
greif ich zum Degen,
mit quellenden Tränen.[47]

Anstatt sich mit den Chin gegen die Mongolen zu verbünden, betrieben die Machthaber in Hangchou eine ausgesprochen provinzielle Politik. Von einem Bündnis mit dem Hsi-hsia-Staat aus dem Jahre 1217 versprach Ning-tsung sich anscheinend die Realisierung eines Wunschtraums: die Vertreibung der Chin aus Nordchina. Leider übersah er dabei, daß nur ein verschwindend kleiner Teil des Landes seiner Väter noch im Besitz der Chin war, die ihre Hauptstadt nach der Zerstörung Pekings ins südliche K'ai-feng verlegt hatten. 1224, ein Jahr vor dem Tode des ruhmlosen Himmelssohns Ning, kam es endlich zum Friedensschluß zwischen den Chin auf der einen, den Sung und Hsi-hsia auf der anderen Seite.
Auch mit der Wahl seines Nachfolgers hatte dieser Kaiser kein Glück. Nach dem Tode des Kronprinzen im Jahre 1220 hatte er den Adoptivsohn seines Bruders, einen weiteren Nachkommen T'ai-tsus, zum Thronfolger bestimmt. Der mächtige Minister Shih Mi-yuan aber unterschob dem sterbenden Kaiser einen anderen Prinzen, der gleichfalls von T'ai-tsu abstammte und unter dem Namen Li-tsung 1225 auf den Drachenthron gelangte. Der neue Kaiser zeichnete sich durch einen bemerkenswerten Mangel an eigener Initiative aus. Sein Steckenpferd war die Philosophie. 1227 rehabilitierte er posthum den verfemten Chu Hsi und ließ dessen Kommentare offiziell für den Schulunterricht und für Prüfungen zum Staatsdienst zu. Ein Jahr später gründete ein konfuzianischer Gelehrter in Peking eine Hochschule, an der die Doktrinen Chu Hsis zum festen Lehrplan gehörten. So gelang der »Schule des Weges« doch

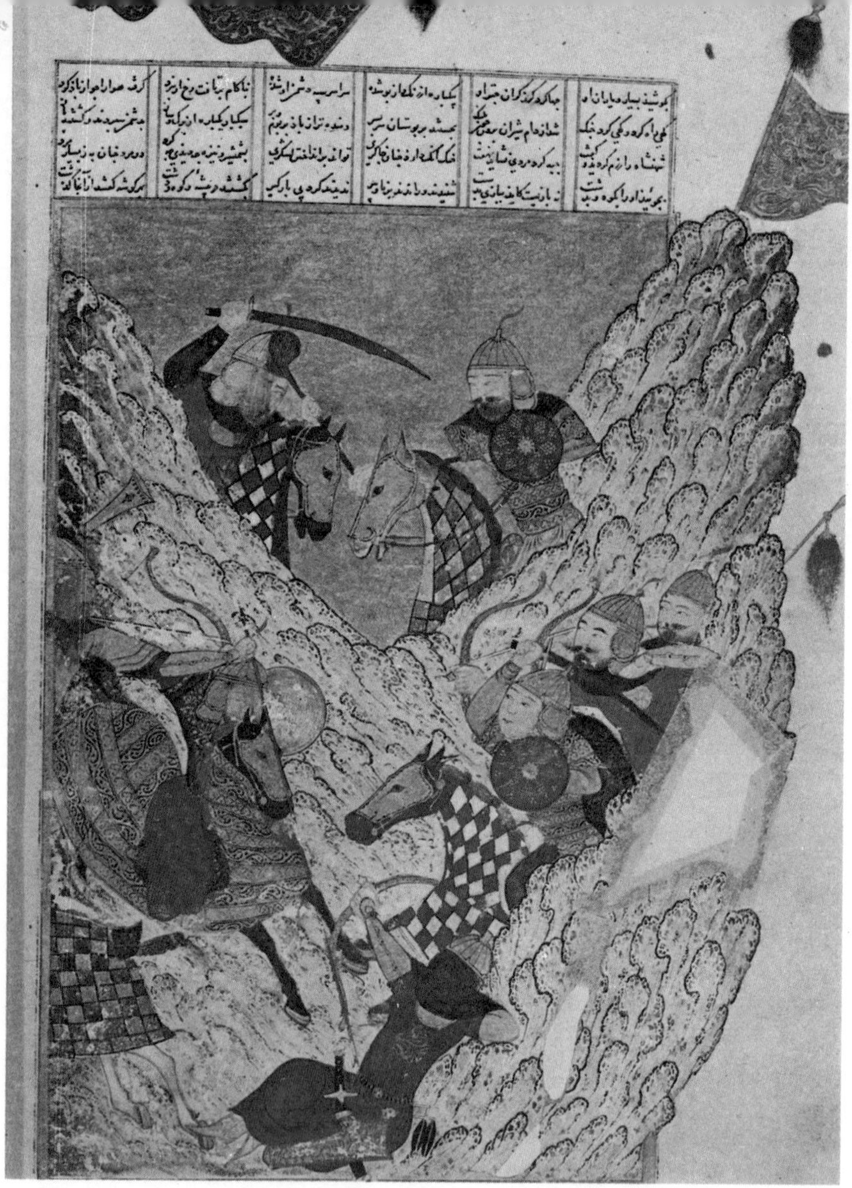

Dschingis Khan und seine Mongolenkrieger im Kampf mit Chinesen an einem Gebirgspaß. (Miniatur aus einer persischen Handschrift.)

noch der Sieg – in einer Zeit, da ganz China dem erneuten Ansturm der Mongolenheere zu erliegen drohte.

Dschingis Khan, von dem angeblich der bezeichnende Satz stammt: »Die höchste Freude besteht darin, seine Feinde zu besiegen, sie zu verfolgen, sich ihrer Habe zu bemächtigen, ihre Familien in Tränen zu sehen, ihre Pferde zu reiten und ihre Töchter und Frauen zu besitzen«[48], starb im Jahre 1227 während des Vernichtungskrieges gegen die Hsi-hsia. Sein Sohn und Nachfolger Ögödei begann drei Jahre später mit einem neuen Feldzug gegen das Chin-Reich. Die heldenhafte Verteidigung K'ai-fengs hielt den Siegeszug der Mongolen vorübergehend auf. Ögödei schickte einen chinesischen Überläufer als Unterhändler an den

Trauer um Dschingis Khan. Er starb, als er zur Eroberung des Hsi-hsia-Reiches ansetzte. Der Sarg mit seiner Leiche wurde zur Bestattung in die heimatlichen Berge gebracht.

Hof Li-tsungs und bot dem Kaiser ein gemeinsames Bündnis gegen die Chin an.

In unbegreiflicher Kurzsichtigkeit nahm Li-tsung den Vorschlag an unter der Bedingung, daß die Provinz Honan und K'ai-feng nach dem Siege zum Sung-Reich gehören sollten. Die flehentliche Bitte des aus seiner Hauptstadt geflohenen Chin-Herrschers um Getreide für sein Volk ignorierte er dagegen. 1233 fiel K'ai-feng unter aktiver Mitwirkung von Sung-Truppen. Die Stadt wurde – nach hundert Jahren ein zweitesmal – verwüstet und ausgeplündert. Ein Jahr später war auch das Schicksal des letzten Chin-Herrschers besiegelt. Um der schmählichen Gefangenschaft zu entgehen, beging er Selbstmord. Obwohl die mongolischen Verbündeten nicht Wort hielten und den Sung nur ein kleines Gebiet des

südöstlichen Honan – ohne K'ai-feng – überließen, wurde im Ahnentempel von Hangchou das Ende des Chin-Reiches feierlich verkündet. Litsung und seine Berater waren blind für die Mongolengefahr, die sich am Horizont unübersehbar abzeichnete.
Der vorübergehende Abzug der Mongolenheere bot der ebenso ehrgeizigen wie verblendeten Hofclique einen willkommenen Vorwand, den Kaiser zu einem selbstmörderischen Unternehmen zu überreden, zur Besetzung der ganzen Provinz Honan. Es nutzte dem Sung-Kaiser nicht viel, daß ihm in dem General Meng Hung ein hervorragender Stratege zur Verfügung stand, der wenigstens einige Anfangserfolge für sich verbuchen konnte: 1236 glückte es dem General, den Mongolen in Hopei am Jangtse eine Niederlage beizubringen und 20000 Gefangene zu befreien. 1239 eroberte Meng Hung sogar Hsiang-yang zurück. Aber gleichzeitig hausten die Mongolen ärger denn je in der gesamten übrigen Provinz.
1241 starb Ögödei, der Mongolenherrscher, im gleichen Jahr übrigens, in dem bei Liegnitz ein polnisch-deutsches Reiterheer von den Mongolen vernichtend geschlagen wurde. Die anschließenden Thronstreitigkeiten verschafften der Sung-Dynastie eine erwünschte Atempause. Erst 1246 wurde Ögödeis ältester Sohn Kuyuk zum Nachfolger seines Vaters gewählt. Doch der neue Khan fand keine Zeit, sich um die chinesischen Angelegenheiten zu kümmern. Um der Gefahr der Aufspaltung seines Reiches zu begegnen, zog er nach Westen und starb schon 1248 unter mysteriösen Umständen. Wieder begann das Intrigenspiel um den Thronprätendenten. 1251 schließlich wurde Möngke, ein Sohn von Ögödeis jüngstem Bruder, zum Großkhan ausgerufen. Er war der Sohn einer Christin und bewies in religiösen Fragen große Toleranz; unter anderem vesuchte er, die Buddhisten und Taoisten in seinem Reich miteinander auszusöhnen.
Der tüchtige Meng Hung war inzwischen gestorben. Zu höchstem Einfluß am Sung-Hof gelangte Chia Ssu-tao, der Bruder einer Favoritin in Li-tsungs Harem. Möngke übertrug seinem Bruder Kublai, dem späteren Kublai Khan, die Verwaltung der chinesischen Gebiete südlich der Wüste Gobi. Kublai, der sich mit ausgezeichneten, meist nordchinesischen Ratgebern zu umgeben wußte und sich bereits zu diesem Zeitpunkt für den kommenden Himmelssohn hielt, nahm das eroberte Land fest in Besitz. Möngke selbst hatte sich die Einverleibung des ganzen Sung-Reiches vorgenommen, aber wohl nicht mit dem hartnäckigen Widerstand der Chinesen unter dem Oberbefehl von Chia Ssu-tao gerechnet. Als der Mongolenkhan 1259 starb, änderte sich die Lage schlagartig. Kublai nahm ein Angebot des Kanzlers Chia Ssu-tao an, die Kampfhandlungen einzustellen. Das Sung-Reich verpflichtete sich, den Mongolen einen jährlichen Tribut von 200000 Unzen Silber und 200000 Seidenrollen zu zahlen. Der Jangtse wurde als Grenze festgelegt, und Chia Ssu-tao erkannte die Oberhoheit des Khan an – ohne Wissen Li-

In solchen rasch zu errichtenden und doch prunkvollen Pavillons hielten die Mongolenkhane – wie hier Ögödei – Hof.

زمین کدام شهر خوشترست گفتند بغداد فرمود تا برکنار آب اورقون شهری معظم بنا نهادند و قرا قورم نام کرد

tsungs, der in Hangchou frisierte Siegesmeldungen erhielt. Trotz dieses Vertrages fuhr der Oberbefehlshaber der Sung fort, einen Kleinkrieg gegen mongolische Garnisonen und Nachschubtruppen zu führen. Drei Gesandtschaften, die der 1260 zum Khan erhobene Kublai an den Hof in Hangchou schickte, ließ Chia Ssu-tao abfangen und einsperren.

Nach dem Tode von Kaiser Li-tsung im Jahre 1265 gelangte sein Neffe Tu-tsung auf den Drachenthron, ein junger Mann von 24 Jahren, der alle Staatsgeschäfte dem durchtriebenen Chia Ssu-tao überließ. Zwei Jahre später begann die Eroberung des Sung-Reiches durch Kublai Khan. Aber erst 1273 konnte die wichtige chinesische Festung Hsiang-yang unter furchtbaren Verlusten ihrer heldenhaften Besatzung genommen werden. 1275 starb Tu-tsung, zu seinem Nachfolger ließ Chia Ssu-tao dessen vierjährigen Sohn Kung-tsung erklären. Der Kindkaiser stand unter der Regentschaft der Kaiserin Hsieh, der Witwe Li-tsungs, tatsächlich lag die Macht aber in den Händen Chia Ssu-taos.

Der Krieg ging weiter und trug dem Sung-Heer, trotz heldenmütiger Gegenwehr, neue Niederlagen und große Verluste ein. Im Frühjahr 1275 gelang den Mongolen der Durchbruch ins Jangtse-Tal. Die Flotte der Sung, angeblich 2500 Schiffe, wurde von den nach Süden fliehenden Truppen mitgerissen. Das Heer befand sich in Auflösung, die Eroberung der Hauptstadt durch die Reiter Kublai Khans schien nur noch eine Frage der Zeit zu sein. In dieser hoffnungslosen Situation ereilte Chia Ssu-tao, den mächtigsten Mann im Sung-Staat, das verdiente Schicksal. Die Regentin enthob ihn all seiner Ämter und schickte ihn in die Verbannung. Auf dem Transport wurde der Verhaßte, dem man nicht zu Unrecht die Schuld an der Katastrophe gab, von der Wache ermordet.

Im Namen des fünfjährigen Kaisers Kung-tsung unterzeichnete die Kaiserin Hsieh im Frühjahr 1276 die bedingungslose Kapitulation. Kublai Khan erwies sich als großmütiger Sieger. Der ehemalige Kaiser erhielt einen Herzogstitel und lebte mit seiner Mutter unangefochten und umgeben von Luxus bis 1288 im Norden Chinas. Dann gingen beide nach Tibet, um den Buddhismus zu studieren, und traten 1296 in ein buddhistisches Kloster ein.

Aber das war noch nicht das Ende der Tragödie vom Untergang der Sung-Dynastie. Unter der Führung des Ministers Wen T'ien-hsiang setzte ein Teil des Sung-Heeres den verzweifelten Widerstandskampf gegen die Mongolen fort. Die Truppen hatten zwei Prinzen entführt und machten einen von ihnen, den etwa fünfjährigen T'uan-tsung, zum neuen Kaiser. 1278 war ihnen nur noch ein letzter Stützpunkt geblieben: die Stadt Kanton. Als die Mongolen die Stadt schon fast umzingelt hatten, floh eine Handvoll Kaisertreuer mit den beiden Prinzen auf die vorgelagerten Inseln. Dort starb Kaiser T'uan-tsung im Mai des Jahres 1278. Der letzte Himmelssohn der Sung-Dynastie hieß P'ing-ti und wurde im Alter von acht Jahren gekrönt. Er war ein Kaiser ohne Reich und ohne

Gelehrte diskutieren philosophische Probleme. Den Untergang des Sung-Reiches vermochten sie nicht aufzuhalten. (Malerei auf Seide, 13. Jh.)

Hoffnung. Im April 1279 verloren die Sung-Anhänger ihre letzte Schlacht, ein Seegefecht, bei dem viele hundert Schiffe versenkt oder gekapert wurden. Der Kommandant des Flaggschiffs lehnte jede Verhandlung mit den siegreichen Mongolen ab. Er nahm den Kindkaiser auf seinen Rücken und sprang mit ihm ins Meer. Mit diesem heroischen Schlußakkord endete die große Sung-Dynastie, deren Herrscher sich mehr als Künstler und Gelehrte hervorgetan hatten als auf dem Gebiet der Politik.

VI

Die Erben des Dschingis Khan

Mongolen auf dem Drachenthron

Im Jahre 1280 wurde Kublai Kahn, der Herrscher des nun den asiatischen Kontinent umspannenden Mongolenreiches, auch Kaiser von China und erhielt den Tempelnamen Shih-tsu. Schon 1271 hatte er eine eigene Dynastie gegründet, die des Hauses Yüan. Nun betrachtete er sich als legitimen Sohn des Himmels und berufenen Nachfolger der buchstäblich untergegangenen – nämlich mit ihrem letzten Sproß im Südchinesischen Meer ertrunkenen – Sung-Dynastie. Weit davon entfernt, China nur, nach Erobererart, als neue Provinz oder gar nur als Okkupationsgebiet seinem angestammten Territorium anzugliedern, machte der Großkhan Kublai das Reich der Mitte zum Zentrum seines Imperiums. Die Zeiten der Plünderung gehörten der Vergangenheit an.

Der neue Kaiser regierte angeblich mit Milde, besorgt um das Wohl seiner Untertanen, als wären es seine eigenen Landsleute ... So jedenfalls berichtete es den Europäern der venezianische Kaufmann Marco Polo, der 1275 auf dem Landweg in Shang-tu, der Sommerresidenz des Khans in der Inneren Mongolei, eingetroffen war und China erst 17 Jahre später auf dem Seeweg wieder verlassen sollte. In der Zwischenzeit unternahm er im Auftrag Kublais, in dessen Dienste er getreten war, zahlreiche Reisen kreuz und quer durch das Riesenreich.

Drei Jahre, nachdem er mit Schätzen schwer beladen in seine Vaterstadt zurückgekehrt war, geriet der steinreiche Kaufmann, der das Abenteuerleben offenbar nicht aufgeben wollte, in die Gefangenschaft der mit den Venezianern verfeindeten Genueser und nutzte die unfreiwillige Muße, seinem Zellengenossen, einem französischen Schriftsteller, seine Reiseerlebnisse zu diktieren. Das Manuskript kursierte sehr bald in vielen Abschriften und Übersetzungen unter dem Titel *Die Wunder der Welt* in ganz Europa – und stieß bei den ansonsten so wundergläubigen Zeitgenossen auf Spott und Unglauben. Man weigerte sich, für wahr zu halten, es könne irgendwo auf der Welt eine Kultur geben, die der abendländischen haushoch überlegen sei – und dazu noch bei den »Heiden«. Jahrhundertelang nannte man in Italien einen notorischen Aufschneider »Marco Polo, il Milione«. Der Venezianer, dessen Reisebericht nichtsdestoweniger von scharfer Beobachtungsgabe zeugt und historisch-geographisch in vieler Hinsicht durchaus zuverlässig ist, teilte

34 Jahre regierte Kublai, der Enkel des Dschingis Khan, außer dem angestammten Territorium der Mongolen auch das Chinesische Reich und damit das größte Staatsgebilde seiner Zeit.

das Schicksal so vieler, die ihrer Zeit voraus sind – erst lange nach seinem Tode widerfuhr ihm Anerkennung und Gerechtigkeit.
»Kublai Khan ist von mittlerer Größe; seine Glieder sind ebenmäßig, und seine ganze Gestalt hat die günstigsten Proportionen. Er hat eine lichte, von leichtem Rot überzogene Gesichtsfarbe, die seinem Wesen viel Anmut verleiht. Seine Augen sind dunkel und schön, seine Nase ist gerade und hervortretend«, lesen wir bei Marco Polo. Und weiter heißt es: »Er hat vier Frauen ersten Ranges, die als legitim anerkannt werden, und der erstgeborene Sohn einer jeden folgt in der Herrschaft nach dem Tode des Großkhans. Sie sind einander ebenbürtige Kaiserinnen und haben ihre besonderen Haushaltungen. Keine von ihnen hat weniger als 300 auserlesene Jungfrauen von großer Schönheit zu Dienerinnen, ferner viele Edelknaben und Verschnittene sowie auch Kammerdamen, so daß die Zahl der Personen, die zu dem Hof einer jeden Kaiserin gehören, sich auf etwa 10000 beläuft. Wenn der Großkhan die Gesellschaft einer seiner Kaiserinnen wünscht, so schickt er entweder nach ihr oder begibt sich persönlich in ihren Palast.«[49]
Den Winter über residierte Kublai in Ta-tu (heute Peking), einer Stadt, die unter seiner Herrschaft in großem Stil ausgebaut wurde und rasch

Der Großkhan Kublai läßt dem Venezianer Marco Polo zum Zeichen seiner Huld den kaiserlichen Geleitbrief aushändigen. (Miniatur aus einer französischen Handschrift des Reiseberichts von Polo.)

wuchs. Der Enkel Dschingis Khans hatte die Annehmlichkeiten der Zivilisation schätzen gelernt. Aber nicht alle Mongolen dachten wie ihr Khan. Es gab eine einflußreiche konservative Gruppe, die das Leben in den Städten und jeden Luxus aus innerster Überzeugung ablehnte. Seidene Kleidung, raffiniert zubereitete Gerichte, ja selbst die Werke der Malerei und Literatur waren ihnen ein Greuel. Sie zogen das Leben ihrer Väter vor, die in Zelten genächtigt und die Tage bei Kampf und Jagd auf dem Rücken ihrer Pferde verbracht hatten. Dschingis Khan, ihr großes Vorbild, wurde gerade wegen seines Abscheus vor Städten und jedem verweichlichenden Komfort von ihnen verehrt. Sein Enkel, der die chinesische Kultur bewunderte, umgab sich vorwiegend mit nichtmongolischen Beratern, dazu gehörten neben Nordchinesen auch Mohammedaner aus Zentral- und Vorderasien. Dennoch hat der erste Yüan-Kaiser die chinesische Sprache nie erlernt.

Die Mongolen übernahmen das chinesische Verwaltungssystem weitgehend, ersetzten die einheimischen Beamten jedoch durch eigene Leute. Das anspruchsvolle Prüfungswesen für Beamte wurde abgeschafft. Neben dem Mongolischen blieb das Chinesische Verwaltungssprache. Im Norden des Landes, wo Kublai verdienten Generälen und Fürsten

Mit exotischen Schätzen und Tieren kehrte Marco Polo 1292/93 wohlbehalten nach Italien zurück – und wurde dort wegen politischer Händel ins Gefängnis gesteckt.

ausgedehnte Ländereien zum Geschenk gemacht hatte, entwickelte sich zwar ein neuer, rein mongolischer Feudalismus, doch lebten im ganzen Reich der Mitte insgesamt nicht viel mehr als 100000 Mongolen – eine verschwindend geringe Zahl, verglichen mit der einheimischen Bevölkerung von rund 60 Millionen Chinesen.

Der Handel erlebte einen geradezu stürmischen Aufschwung. Dem Export kamen die mongolischen Überlandverbindungen nach Europa zugute, aber auch die Küstenschiffahrt wurde verstärkt und neue Seewege nach Indien und Persien erkundet. In dieser Zeit gelangten die ersten chinesischen Spielkarten in den Mittelmeerraum und die ersten chinesisch bedruckten Stoffe nach Italien. Für die Versorgung der Hauptstadt mit Nahrungsmitteln aus dem fruchtbaren Süden wurde der Kaiserkanal wieder instand gesetzt, ein Projekt, das gleichzeitig die wirtschaftliche Einheit des Chinesischen Reiches wiederherstellte. Außerdem ließ der Kaiser ein weiteres Kanalsystem errichten, das Hangchou, die ehemalige Hauptstadt des Sung-Staates, mit Peking verband. Die berühmte mongolische Pferdepost ermöglichte die rasche Übermittlung von Nachrichten an jeden beliebigen Ort, allerdings bedeutete sie auch eine schwere finanzielle Belastung für die Bevölkerung, die für die Pferde, die Unterkunft und die Verpflegung der Kuriere aufkommen mußte.

Viele chinesische Kaufleute gelangten unter der Mongolenherrschaft zu großem Reichtum. Für alle wichtigen Gebrauchsgüter ließ Kublai Khan eine Preisgrenze festsetzen, und für Notzeiten wurden vom Staat Vorräte an Nahrungsmitteln angelegt. Durch charitative Maßnahmen gewann der Mongolenkaiser die Herzen der Armen. In Not geratene Familien unterstützte Kublai Khan mit Geld und Kleidung, die Armen der Hauptstadt erhielten in der kaiserlichen Suppenküche eine warme Mahlzeit. Marco Polo berichtet, daß der Herrscher täglich 20000 Schüsseln mit Reis, Hirse oder Buchweizen austeilen ließ.

Allein in Peking, so erzählt der Venezianer, gab es 25000 Freudenmädchen und 5000 Astrologen. Die Hauptaufgabe der Sterndeuter bestand darin, das Wetter vorherzusagen, aber auch die Prophezeiung der Zukunft stand hoch im Kurs. Der Kaiser war abergläubisch und ließ nichts unversucht, was ihm nach Meinung der Wahrsager Glück bringen sollte. Wie Napoleon es mehr als 500 Jahre später in Europa tat, ließ auch Kublai Khan in seinem Reich alle Landstraßen zu beiden Seiten mit hohen Bäumen bepflanzen, die im Sommer Schatten spendeten und im Winter bei Schnee den Weg markierten. Marco Polo behauptet allerdings, dies sei weniger aus praktischen Erwägungen geschehen als vielmehr auf den Rat von Astrologen, die dem Kaiser weisgemacht hatten, wer Bäume pflanze, werde mit einem langen Leben belohnt. Als böses Vorzeichen galt es dagegen, wenn irgend jemand, und sei es nur aus Versehen, im Kaiserpalast eine Türschwelle mit den Füßen berührte. Kämmerer und Wächter hatten dafür zu sorgen, daß die Gäste stets über die Schwellen hinwegschritten.

Der »Tempel der azurblauen Wolke«, ein Bauwerk der Yüan, wurde immer wieder erweitert. Kaiser Ch'ien-lung errichtete 1748 die »Diamantenthron-Pagode« im lamaistischen Stil, die zu den schönsten buddhistischen Bauwerken Pekings gehört.

Ein Beispiel für das unglaublich ausgeklügelte Hofzeremoniell gibt die folgende Stelle aus Marco Polos Reisebericht: »Die Herren, die am Büfett stehen und den Kaiser mit Trank und Speise bedienen, müssen Nase und Mund mit schönen Schleiern oder seidenen Tüchern bedekken, damit seine Speisen und sein Wein nicht von ihrem Atem berührt werden; wenn er aber trinken will, so zieht sich der dienende Page, sobald er ihm den Becher gereicht hat, drei Schritte zurück und kniet nieder, worauf die Hofherren und alle, die zugegen sind, sich ebenfalls niederwerfen. Zu gleicher Zeit schlagen die Harfenspieler und andere Musikanten, die in großer Zahl anwesend sind, ihre Instrumente an und lassen sie so lange erklingen, wie der Kaiser trinkt; darauf nimmt die ganze Gesellschaft ihre Plätze wieder ein. Dieser ehrerbietige Gruß wird so oft wiederholt, als Seine Majestät zu trinken beliebt.«[50]

Das Lieblingsgetränk Kublai Khans war Stutenmilch. In seinem Marstall sollen 10000 Pferde gestanden haben; die Milch der Stuten durfte nur von der kaiserlichen Familie getrunken werden und von einer einzigen anderen mongolischen Adelsfamilie, die dieses Privileg als Belohnung für besonders heldenhafte Kriegstaten ihrer Männer erhalten hatte. Einmal im Jahr brachte der Kaiser ein Milchopfer dar, das die Fruchtbarkeit der Erde, des Viehs und der Menschen in seinem Reich sichern sollte: Die Stutenmilch wurde zu diesem Zweck feierlich in den Wind gesprengt.

Die ursprüngliche Religion der Mongolen war der Schamanismus. Marco Polo berichtet, daß sie an einen erhabenen Himmelsgott glaubten,

Pferde waren jahrhundertelang ein Lieblingsmotiv chinesischer und mongolischer Maler. Diese im Original farbenfrohe Tuschzeichnung eines Zentralasiaten mit Pferd datiert aus dem Jahr 1347 (Höhe 31,8 cm).

dem sie täglich Weihrauch opferten und dabei vor allem um gutes Einvernehmen untereinander und um Gesundheit baten. Außerdem verehrten sie einen Erd- oder Fruchtbarkeitsgott namens Natigai, von dem sie Stoff- oder Filzfigürchen aufstellten, die vor jeder Mahlzeit ein kleines Opfer erhielten. Es ist zu vermuten, daß das Milchopfer des Kaisers eben diesem Natigai zugedacht war.
Um die Mitte des 13. Jahrhunderts übernahmen die Mongolen in China den Lamaismus, die tibetische Version des Buddhismus, der bis ans Ende der Yüan-Dynastie die bevorzugte Hofreligion blieb. Ein lamaistischer Reichslehrer wurde ernannt. Er war zugleich Hauskaplan der kaiserlichen Familie und Oberhaupt aller buddhistischen Mönche im Reich der Mitte. Doch auch andere Religionen wurden von den neuen Herren toleriert: der chinesische Buddhismus, der Taoismus und sogar der christliche Nestorianismus. Er hatte bald so viele Anhänger, daß Kublai Khan im Jahre 1289 eine Aufsichtsbehörde für die christlichen Kirchen und Klöster schuf. Die Mohammedaner und Juden genossen im Mongolenreich ebenfalls volle Religionsfreiheit.
Die Außenpolitik Kublai Khans war expansiv und auf Eroberungen ausgerichtet. Vor allem strebte er danach, Japan unter seine Herrschaft zu bringen. Da er davon ausging, daß die ganze Erde ihm und seinem Volk, den Mongolen, gehörte, schickte er im Jahre 1267 eine Botschaft an den japanischen Kaiser, in der er ihn schlechtweg aufforderte, die Oberhoheit der Mongolen anzuerkennen. Doch so leicht ließ das Insel-

Schamanen beim Zaubertanz. Der Einfluß mongolischer Magier erstreckte sich während der Herrschaft der Yüan-Dynastie über das ganze Chinesische Reich. (Albumbild aus dem 14. Jh., Höhe 18,5 cm.)

reich im Fernen Osten sich nicht in einen mongolischen Vasallenstaat umfunktionieren. Verständlicherweise hielt es der Kaiser von Japan für unter seiner Würde, auf eine solche Provokation zu antworten. Eine Vermittlungsaktion des bereits von Kublai Khan abhängigen Königs von Korea scheiterte daran, daß die Japaner dem koreanischen Gesandten die Weiterreise in die Hauptstadt Kioto einfach untersagten.
Daraufhin schickte Kublai Kahn im Jahre 1274 ein 10000 Mann starkes, vorwiegend aus chinesischen und koreanischen Soldaten rekrutiertes Invasionsheer über das Meer nach Japan. Nach der Besetzung der Insel Tsushima konnten die Angreifer noch einen Brückenkopf auf der südlichen Hauptinsel Kiuschu errichten. Dann traten die Japaner zur Gegenoffensive an. Kublais Truppen erlitten schwere Verluste. Die Nachschubschwierigkeiten waren so beträchtlich, daß es bald sogar an Pfeilen fehlte. Ein plötzlicher Sturm führte zu einer regelrechten Panik im Heer, so daß der erste Versuch, das Inselreich im Handstreich zu nehmen, abgebrochen werden mußte. Noch einmal schickte der Yüan-Kaiser Gesandte nach Japan, die eine freiwillige Unterwerfung fordern sollten. In begreiflicher Siegerstimmung ließ der japanische Kaiser die Abgesandten des Feindes hinrichten. Für die nächste Invasion traf Kublai Khan umfangreiche Rüstungsvorbereitungen. In chinesischen Schiffswerften wurde eine Flotte von 600 Schiffen gebaut. 1281 stach sie in See, an Bord rund 150000 Soldaten, davon nur etwa 40000 Mongolen.
Das Unternehmen stand von Anfang an unter einem schlechten Stern. Die beiden Flottenverbände – einer kam von der Jangtse-Mündung, der andere von Korea her – sollten sich in der Bucht von Hakosaki treffen. Die Jangtse-Flotte traf jedoch erst mit erheblicher Verspätung ein. Die an Land gesetzten Truppen konnten zwar einige Anfangserfolge für sich verbuchen, doch waren sie von geringer strategischer Bedeutung. Da die von Wällen geschützten Städte und Festungen der Japaner allen Angriffen standhielten, gelang den Invasoren wieder einmal lediglich die Eroberung einer Reihe von Ortschaften. Inzwischen vernichtete ein Taifun den größten Teil der Flotte. Hunderte von Schiffen zerschellten an den Klippen, die Verluste an Menschenleben gingen in die Zehntausende. Die Kapitäne der nicht zerstörten Schiffe vergaßen ihren Auftrag, überließen die Truppen im Feindesland ihrem Schicksal und segelten nach China zurück. Kublai Khan, zivilisierter und humaner als sein Großvater Dschingis Khan bei vergleichbaren Gelegenheiten, begnadigte die Befehlsverweigerer. Weniger glimpflich kamen die von der Heimat abgeschnittenen Invasionstruppen auf den japanischen Inseln davon. Ohne Nachschub und Rückendeckung durch die Flotte führten sie einen hoffnungslosen Kampf. Als ihre Zahl auf ein Drittel der ursprünglichen Stärke zusammengeschrumpft war, mußten sie kapitulieren. Viele Soldaten wurden hingerichtet, der Rest geriet in lebenslängliche Gefangenschaft. Es wird berichtet, daß Kublai Khan trotz dieser verheerenden Niederlage weiterhin an seinem Plan festhielt, Japan unter seine Botmä-

Japanische Darstellung eines Angriffs mongolischer und chinesischer Krieger unter Kublai auf japanische Vaterlandsverteidiger.

ßigkeit zu zwingen. Er unternahm jedoch keinen weiteren Versuch, ihn zu realisieren.

Statt dessen konzentrierte er sich verstärkt auf die Eroberung der Königreiche Annam und Champa (heute Kambodscha) südwestlich von China, wo sich seine Streitkräfte alsbald in einen zermürbenden Guerillakrieg verwickelt sahen. In der feuchten Hitze des Dschungels wurden die von Strapazen und Hunger geschwächten Soldaten von Tropenkrankheiten befallen. Zweimal zwangen Hungersnot und Seuchen das mongolische Heer, den Rückzug anzutreten. Bei einem dritten Vorstoß im Jahre 1287 gelang es den 100000 Mann starken Truppen Kublai Khans, sich bis zur Küste durchzukämpfen und Hanoi einzunehmen.

Mit Pfeil und Bogen bewaffnete Reiter einer japanischen Elitetruppe.

Aber auch dieser Erfolg war nicht von Dauer. Die annamitische Flotte fing die chinesischen Schiffe mit dem Nachschub ab und versenkte sie. Daraufhin mußten die mongolisch-chinesischen Invasoren sich wieder zurückziehen.

Siegreich verlief dagegen die Besetzung Birmas. Auch hier hatte der regierende König sich geweigert, die Oberhoheit des Khans anzuerkennen. Als die Mongolenheere das Land überfluteten, vergiftete der Kronprinz seinen Vater und machte sich selbst zum Herrscher von Birma. Er schloß Frieden mit dem Yüan-Kaiser und erklärte sich bereit, ihm regelmäßig Tribute zu zahlen. Pagan, die alte Königsstadt des Landes am Fluß Irawadi, wurde in diesem Krieg vollständig zerstört. Noch heute bezeugen Ruinen von mehr als tausend buddhistischen Tempeln und *stupa* genannten Sakralbauten zur Aufnahme von Reliquien die einstige Pracht der Metropole.

Im Jahre 1292 unternahm Kublai Khan einen Feldzug gegen Java, wo man einen mongolischen Gesandten, der Tribute forderte, mit einem Brandmal gezeichnet wieder heimgeschickt hatte. Obwohl einer der Inselfürsten sich schon bald unterwarf, setzte ein anderer sich so hartnäckig zur Wehr, daß die Invasoren nach verlustreichen Kämpfen das bereits gewonnene Gebiet wieder aufgeben und Java unverrichteterdinge verlassen mußten. Ein gewisser Erfolg war diesem Unternehmen dennoch beschieden: In Hinterindien gerieten zahlreiche Länder unter die Oberhoheit des Yüan-Kaisers, der damit neue Absatzmärkte für China sichern konnte. Der Gesamtverlauf der militärischen Aktivitäten Kublai Khans im Fernen Osten zeigt jedoch deutlich, daß die Zeit der großen und schnellen Siege der Mongolenheere vorüber war.

Auf kulturellem Gebiet lassen sich unter der mongolischen Dynastie in China zum erstenmal deutliche Einflüsse des Westens nachweisen. Aus Persien, wo ein Bruder Kublai Khans herrschte, gelangte die Kunst der Teppichknüpferei ins Reich der Mitte, mit Kobalt oder Kupferoxyd gefärbte Stücke waren besonders beliebt. Die Kobaltfarbe stammte übrigens gleichfalls aus Persien und wurde deswegen in China »Mohammedanerblau« genannt. Aus Byzanz kam die Zellenschmelz- oder Cloisonné-Technik nach China; man lötet goldene Stege auf eine kleine Goldplatte und läßt die durch Metalloxyde gefärbte Schmelzmasse in die so entstandenen Zellen fließen. Reliquienschreine und Altarvorsätze der byzantinischen Sakralkunst gehören zu den schönsten Werken, die in dieser Technik hergestellt wurden.

Die Porzellane der Yüan-Zeit zeichnen sich durch großen Formenreichtum aus. Das Dekor wurde meist der Pflanzen- und Tierwelt entnommen; besonders typisch sind der Lotosblattfries sowie stilisierte Wellen, Wolken und Blüten. Im Auftrag des Kaisers wurde das »Shufu«-Porzellan hergestellt, eine bläulichweiß glasierte Ware mit reliefiertem Schmuck an den Rändern. Zwischen Drachen und Blumenarabesken, oft nur schwer zu erkennen, wurden die Schriftzeichen *shu-fu* ange-

bracht, sie bedeuten »Zentralpalast«. Gelegentlich treten statt dessen auch die Schriftzeichen für »Glück« und »Reichtum« auf. Weit verbreitet sind die Blauweiß-Porzellane der mongolischen Ära, weiße Gefäße aller Art mit zierlichem, meist pflanzlichem Dekor in Kobalt, also Mohammedanerblau, wogegen Kupferrot-Porzellane schon damals weitaus kostbarer waren und heute fast unbezahlbar sind.

Eine Besonderheit innerhalb der keramischen Produktion im alten China stellen die kleinen Tonstatuetten dieser Zeit dar, reizvolle Figürchen von Tänzern, Schauspielern und Musikern voll Charme und sprühender Lebensfreude, die ausschließlich dem Bereich der Volkskunst angehören. Diese Künstlerstatuetten spiegeln den Aufschwung des Theaters unter der Yüan-Herrschaft wider. Am Hof des mongolischen Kaisers waren prächtig ausgestattete musikalische und schauspielerische Darbietungen außerordentlich beliebt. »Das Drama ist kulturhistorisch gesehen für diese Periode ebenso bezeichnend wie das Gedicht und die Kurzgeschichte für die T'ang-Zeit.«[51]

Für den europäischen Geschmack wirken die chinesischen Schauspiele etwas langatmig und ermüdend. Das mag zum Teil an den häufigen Unterbrechungen der eigentlichen Handlung durch Gesangseinlagen und von Musik untermalten Rezitativen liegen. Historische Themen, verwickelte Kriminalfälle und Liebesgeschichten mit tragischem Ausgang waren am beliebtesten. Die Konfuzianer, die vor der Mongolenherrschaft das Drama als unseriöse Unterhaltung abgelehnt hatten, förderten es jetzt, weil es half, den nationalen Gedanken wachzuhalten, und überdies eine versteckte, aber wirksame Kritik an den neuen Herren gestattete.

Ma Chih-yüan aus Peking verfaßte das Drama *Herbst im Palast der Han.* Es behandelt das traurige Los einer Haremsdame, die der Han-Kaiser Yüan (48–33 v. Chr.) schweren Herzens mit einem Hunnenfürsten verheiratete, um seinem Reich den Frieden zu bewahren. Ohne Zweifel wird ein Teil der Zuschauer den barbarischen Hunnenherrscher, dem die schöne Chinesin ausgeliefert werden mußte, mit dem regierenden Mongolenkaiser identifiziert haben.

Einen interessanten Verlauf nahm die Entwicklung der Malerei während der Yüan-Dynastie. Die berühmtesten Maler dieser Zeit waren Gelehrte und Literaten, die sich vom Hof Kublai Khans in die Einsamkeit zurückzogen, um ein Einsiedlerleben zu führen. Abgeschieden von der Welt, schrieben sie Gedichte, Dramen und malten. Die völlige Unabhängigkeit von jeder akademischen Richtung kam ihren Werken zugute, gleichzeitig aber ist ihnen eine gewisse distanzierte Kühle gemeinsam, ein typisches Merkmal der leidenschaftslosen, objektiv beobachtenden Natur des Gelehrten.

Ch'ien Hsüans (1235–1290) Bilder verraten eine bewußt archaisierende Tendenz. Er kopierte Gemälde von Meistern der T'ang-Zeit wie z. B. eine berühmte Bildrolle Han Kans aus dem 8. Jahrhundert. Dargestellt

Blau bemalte Vase aus der Yüan-Zeit mit einer Szene aus dem beliebten Drama *Das Westzimmer*. Die Figuren sind im Stil der T'ang-Zeit gekleidet.

Diese Malerei auf Seide stellt ebenfalls eine Szene aus dem *Westzimmer* dar. Hier aber tragen die Schauspieler die Kleidung des 18. Jahrhunderts.

Typische Freiluft-Theateraufführung der Yüan-Zeit. (Kopie eines Gemäldes aus dem 13. Jh.)

ist Yang Kuei-fei, die schöne Favoritin des Kaisers Ming-huang, mit ihrem Gefolge beim Besteigen eines Pferdes. Aber auch die eigenen Schöpfungen Ch'ien Hsüans – vorwiegend Landschaften, Blumen und Stilleben in klaren Blau- und Grüntönen – sind stilistisch stark von schon weit zurückliegenden Kunstepochen beeinflußt.

Ch'ien Hsüans Schüler Chao Meng-fu nahm gegen den Rat seines Lehrers einen Ruf an den Hof in Peking an und wurde, obwohl er dem Kaiserhaus der Sung entstammte, Kublais Kriegsminister. Sein politisches Engagement, die Kollaboration mit dem Yüan-Herrscher, schadete seinem Ansehen als Maler und Kalligraph jedoch kaum. Er galt lange Zeit als das große Vorbild ganzer Generationen von Malern und war ebenso berühmt als Pferdemaler wie auf dem Gebiet der Landschaftsmalerei. Noch ein anderer hoher Beamter gelangte als Maler zu Ruhm und Ansehen: Kao K'o-kung (1248–1310) war Präsident des Pekinger Gerichtshofes. Seine Landschaftsbilder wirken geheimnisvoll und erinnern in ihrem symmetrischen Aufbau ein wenig an die naiven Gemälde des Zöllners Rousseau.

Der »Einsiedler« Wu Chen (1280–1354) teilte das Schicksal vieler

Herbst in den Ch'iao- und Hua-Bergen. Gemälde von Chao Meng-fu, datiert 1295. (Tusche und Farben auf Papier, Höhe 28,3 cm.)

Künstler. Seine Zeitgenossen brachten wenig Verständnis für den eher anspruchslosen Liebreiz seiner Landschaften auf, erst die Nachwelt ehrte ihn als großen Künstler. Als größter Maler während der Mongolenherrschaft gilt indes Huang Kung-wang (1269–1354). Auch er bevorzugte die Landschaftsmalerei. Seine Gemälde, meist Tusche auf Papier, entsprechen dem Ideal der vollkommenen Schlichtheit, die Farbe findet nur äußerst sparsame Verwendung. Ebenso kühl wirken die Bilder seines jungen Freundes Ni Tsan (um 1301–1374), eines Einzelgängers, der ein ruheloses Wanderleben führte. Wesentlich lebhafter und farbiger sind die Werke Wang Mengs (um 1309–1385), eines Neffen Chao Meng-fus. Ihn beschäftigte die Gestaltung der räumlichen Tiefe, die Textur der Bildfläche erinnert fast an Stickereien oder Felle. Sein berühmtes Bild *Waldwohnungen* vermittelt einen guten Eindruck vom Schaffen dieses jüngsten Meisters unter den großen Malern der Yüan-Zeit.

Der Glanz am Kaiserhof, der Aufschwung des Handels sowie die Entwicklung des Theaters und der Kunst fand keine Entsprechung in der sozialen Lage des einfachen Volkes. Für seine großen Bauprojekte hatte Kublai Khan Arbeiter aus allen Teilen Chinas zwangsverpflichten lassen. Meist handelte es sich um arme Bauern, die dann bei der Rückkehr in ihre Heimat oft vor dem Nichts standen. Ihre Felder waren in der Zwischenzeit verkommen, und für einen Neuanfang fehlten ihnen die notwendigsten Mittel. In Nordchina ging man dazu über, zahlreiche Landbesitzer zu enteignen. Ihre Felder wurden von der mongolischen Oberschicht in Pferdeweiden umgewandelt, die ehemaligen Besitzer als Zwangsarbeiter eingesetzt. So seltsam es klingen mag, selbst die Frömmigkeit der Mongolen wurde den chinesischen Bauern zum Verhängnis. Zum Lamaismus oder Buddhismus bekehrt, machten viele Mongolen den Tempeln und Klöstern außerordentlich großzügige Schenkungen an Ländereien, die sie zuvor den freien Bauern fortgenommen hatten. Etwa 170000 Bauern verloren auf diese Weise ihre Höfe und waren gezwungen, ihr Leben als Pächter von kircheneigenem Land zu fristen. Die Tempel, obwohl selbst steuerfrei, verlangten ihrerseits hohe Abgaben von den sogenannten Tempelbauern. Weitere 200000 Höfe wurden vom Heer konfisziert und in Militärsiedlungen umgewandelt. Die enteigneten Bauern mußten ans Heer auch noch Steuern entrichten und in Kriegszeiten zusätzlich Soldatendienste leisten.

Frei von steuerlichen Verpflichtungen waren auch die ausländischen Kaufleute. Die ungerechte Steuerpolitik unter Kublai Khan und seinen Nachfolgern führte schließlich dazu, daß immer weniger Steuerpflichtige immer mehr Gelder für staatliche Belange aufbringen mußten. Die Folge war eine Verarmung großer Teile des Volkes.

Festgeschrieben wurde die ungleiche Rechtsstellung der verschiedenen Bevölkerungsgruppen durch die Einteilung in vier Klassen. Die kleine Minderheit der Mongolen bildete die privilegierte Elite, ihnen folgten alle »Personen mit Sonderstatus«, in der Regel Türken, aber auch

Perser, Syrer und andere Ausländer, die das Finanzwesen beherrschten. In der dritten Gruppe wurden alle Einwohner Nordchinas zusammengefaßt, außer Chinesen auch Kitan und Koreaner. Die unterste Klasse bestand aus den sogenannten »Südbarbaren«, allen Bewohnern des ehemaligen Sung-Reiches. Sie durften keine öffentlichen Ämter bekleiden; eine Ausnahme bildete der bereits erwähnte Maler und Kriegsminister Chao Meng-fu. Völlig rechtlos waren die Sklaven, deren Status erblich wurde. Diese Schicht bestand zum größten Teil aus ehemaligen Bauern, die vor allem zu Beginn der Mongolenherrschaft versklavt worden waren.

Kublai Khan, dessen von Marco Polo gerühmte »Sozialfürsorge« denn doch wohl ihre recht engen Grenzen hatte, starb 1294 im Alter von 79 Jahren. Der Name dieses ersten Mongolenkaisers im Reich der Mitte wurde in Europa bekannter als die seiner zahlreichen chinesischen Vorgänger und seiner Nachfolger auf dem Drachenthron. Indes trug das Riesenreich, das er hinterließ, den Keim zur Auflösung bereits in sich. Keiner der folgenden Mongolenkhane besaß die Autorität und das Format Kublais, so daß sein großes Werk, die *Pax Tatarica,* nach seinem Tode langsam zerfiel.

Die Thronfolge warf eine Reihe von Problemen auf. Der Kronprinz Chen-kin, der älteste Sohn des Kaisers, war bereits im Jahre 1286 gestorben. Er hinterließ drei Söhne, von denen der mittlere, Tamapala, sechs Jahre später verstarb. Zwei Enkel Kublai Khans, Kamala und Timur, waren zwar noch am Leben, aber der Kaiser hatte keinen von ihnen zu seinem Nachfolger ernannt. Nach der feierlichen Bestattung Kublai Khans forderten die Großen im Reich zunächst Kamala, den älteren Bruder, auf, den gelben Kaiserornat anzulegen. Der Prinz lehnte es jedoch ab, als Sohn des Himmels den Thron zu besteigen: »Ich bin von der verstorbenen Majestät beauftragt, das Nordland in Schutz zu nehmen, um die Götter des Erdbodens und der Feldfrüchte zu schirmen und für lange Zeit die Grenzangelegenheiten wahrzunehmen«, erklärte er. »So will ich mich lieber der Herrschaft meines Bruders Timur unterwerfen. Möge er in Güte und Pietät die Nachfolge im Reich übernehmen.«[52]

Timur, der posthum den Kaisernamen Ch'eng-tsung erhielt, war 28 Jahre alt, als er die Thronnachfolge antrat, ein gebildeter Mann und überzeugter Anhänger der konfuzianischen Lehre. Durch ihre Förderung gewann er zahlreiche Freunde unter den chinesischen Gelehrten. Zu Beginn seiner Herrschaft erließ er folgendes Edikt: »Kung fu-tses Lehre wirkt zurück als Vorbild für zehntausend Generationen. Es gehört zu den Pflichten der Regierenden, daß sie ihn verehren und ihm in Ehrfurcht nahen. In allen Bezirken des Reiches sollen ihm Tempel und Lehr- und Studienanstalten errichtet werden. Den Beamten und der Bevölkerung ist es verboten, das Gelände solcher Anstalten der Lehre zu entweihen, niemals darf es für Zwecke der Ernährung mißbraucht werden.«[53]

In die Restaurierung und Erweiterung des »Tempels der weißen Pagode« in Peking investierte Kublai Khan große Summen. Das buddhistische Heiligtum beherbergt noch immer kostbare Reliquien und sakrale Kunstwerke.

Ein weiteres Zeichen für den fortgeschrittenen Sinisierungsprozeß unter dem zweiten Yüan-Kaiser war die Wiedereinführung des Staatskultes zur Verehrung von Himmel und Erde. Zu diesem Zweck ließ Timur am Rande der Hauptstadt ein festes Tempelgelände anlegen, zu dem ein Altar des Erdbodens, ein Heiligtum des Himmels und ein Ahnentempel gehörten. Hier nahm der Kaiser selber die höchsten Opferhandlungen vor. Im übrigen verfolgte Timur in religiösen Fragen einen ebenso weitherzigen, toleranten Kurs wie sein Großvater, ja, er förderte sogar den Taoismus, der unter Kublai Khan eher stiefmütterlich behandelt worden war, und schränkte die allzu großzügigen Privilegien des Buddhismus, vor allem des Lamaismus, allmählich ein wenig ein.

Auch dem Christentum kam die religiöse Freizügigkeit Timurs zugute. 1294 traf, im Auftrag von Papst Nikolaus IV., der italienische Franziskaner Giovanni de Monte Corvino in Peking ein. Der Kaiser gewährte ihm volle Freiheit in der Ausübung seiner Missionstätigkeit. Monte Corvino soll »über zehntausend Tataren« getauft haben, darunter auch den Kaiser und seine Mutter, aber das letztere zumindest gehört gewiß ins Reich der Legende. Er baute zwei Kirchen in Peking und wurde 1307 vom Papst zum Bischof ernannt. Über zwanzig Jahre lang leitete er erfolgreich die christliche Diaspora auf chinesischem Boden, wobei er sich des dauerhaften Wohlwollens der mongolischen Herrscher erfreuen konnte.

Eine militärische Expedition nach Birma, wo Thronstreitigkeiten zu einer Revolte geführt hatten, endete mit einem schmählichen vorzeitigen Rückzug der chinesisch-mongolischen Truppen. Es stellte sich heraus, daß die Heerführer Bestechungsgelder in einer Höhe von insgesamt 800 Unzen Gold und 2200 Unzen Silber angenommen hatten. Dadurch verloren sie alle Autorität, die Truppenverbände lösten sich auf und rückten eigenmächtig ab. Dies war der letzte Feldzug nach Indochina zur Zeit der Yüan-Dynastie.

Timur war ein sparsamer Herrscher und schränkte die Ausgaben für die Hofhaltung in Peking durch energische Verordnungen ein. Er ermahnte alle Mitglieder der kaiserlichen Familie, »mit den ihnen überwiesenen Apanagen nicht leichtfertig umzugehen und das Angesammelte nicht zu vergeuden, bis nichts mehr da ist«[54]. Auch verbot er den Prinzen und Prinzessinnen, den Bauern ihre Äcker wegzunehmen und Beamte eigenmächtig zu bestrafen. Er setzte die Grundsteuer herab und sorgte dafür, daß auch der Tempelbesitz steuerlich erfaßt wurde.

In seinen letzten Lebensjahren war der Kaiser fast ständig krank und überließ die Regierungsgeschäfte immer mehr seiner Gemahlin Bulughan. Ein Jahr später starb der zweite Yüan-Kaiser im Alter von erst 41 Jahren. Da er keinen leiblichen Erben hinterließ, sollte sein Neffe Kuluk, der zweite Sohn seines frühverstorbenen Bruders Tamapala, die Thronfolge antreten. Es kam jedoch zu einer Palastintrige, in die auch die Kaiserin Bulughan verwickelt war. Schließlich gelang es Kuluk aber, sich durchzusetzen. Er war erst 26 Jahre alt, als er zum Großkhan und

Himmelssohn gewählt wurde, und erhielt den Tempelnamen Wu-tsung. Die Kaiserin und zwei Prinzen, die den Thron hatten usurpieren wollen, wurden zum Selbstmord gezwungen.

Wu-tsung setzte die Friedenspolitik seines Vorgängers fort. Auch er war ein Verehrer des Konfuzius und ließ dessen Werke ins Mongolische übersetzen. Gleichzeitig förderte er den lamaistischen Buddhismus und ließ weitere buddhistische Tempel errichten. Der dritte Yüan-Kaiser starb bereits fünf Jahre nach seinem Regierungsantritt. Der Kinderlose hatte seinen Bruder Buyantu zum Nachfolger bestimmt, der als chinesischer Kaiser den Namen Jen-tsung erhielt. Die Konfuzianer haben ihm, einem ihrer großen Mäzene, mit folgender Beurteilung ein Denkmal gesetzt: »Jen-tsungs Wesen bestand in Güte und Ehrerbietung, Klugheit, Höflichkeit und Anspruchslosigkeit. Er verstand die Gedanken des Konfuzianismus gründlich und wußte die Lehrsätze des Buddhismus wohl zu würdigen. So sagte er: Das Herz verstehen und das Wesen erkennen, das ist die Tiefe von Buddhas Lehre; sich selbst zu bilden und den Staat zu regieren, das ist der Weg des Konfuzianismus.«[55]

Jen-tsung lehnte es ab, kostbaren Schmuck zu tragen, und vermied jede Prunkentfaltung. Sämtliche kostspieligen Bauvorhaben ließ er einstellen. Nur für Prachtausgaben religiöser Bücher wendete er große Summen auf. Die buddhistischen Sutras wurden »mit goldenen Schriftzeichen« gedruckt. Der Kaiser wurde nur 35 Jahre alt und starb nach neunjähriger Herrschaft im Jahre 1320. Nun gelangte sein siebzehnjähri-

Die meisten Bauten der Yüan-Dynastie wurden im Verlauf der Revolution, die ihren Untergang besiegelte, zerstört. Auf dem Chü-yang-Tor in der Großen Mauer ist noch ein Relieffeld erhalten, das die Taten der Mongolenkrieger verherrlicht.

ger Sohn Sudhipala auf den Drachenthron; die Chinesen kennen ihn unter dem Kaisernamen Ying-tsung.
Der junge Kaiser erlitt ein tragisches Schicksal. Sein Gegenspieler Timuder stammte aus einer angesehenen Familie der mongolischen Aristokratie und war ein Günstling von Hung-ki-la, der Großmutter Ying-tsungs. Noch vor dem Regierungsantritt ihres Enkels verschaffte sie Timuder den ebenso einflußreichen wie einträglichen Posten des Präsidenten der Zentralkanzlei. Er mißbrauchte sein hohes Amt zur Ansammlung von Reichtümern, die er durch Unterschlagungen, Erpressungen und unsaubere Geschäfte an sich brachte. Obwohl zahllose Anklagen gegen ihn erhoben wurden, wagte Ying-tsung es nicht, den Skrupellosen zur Verantwortung zu ziehen. 1322 zog Timuder sich allerdings wegen Krankheit freiwillig zurück und starb bald darauf. Der Kaiser erkannte dem Verstorbenen alle Würden und Ehren ab, zog seinen Besitz ein, schloß die Söhne Timuders aber lediglich von der Beamtenlaufbahn aus. Diese in China unübliche Milde sollte ihm zum Verhängnis werden. Timuders Sohn Tie-shih zettelte eine Verschwörung zugunsten des Prinzen Yesun Timur an, eines Sohnes jenes Kamala, der einst seinem Bruder zuliebe auf den Thron verzichtet hatte. Auf dem Wege von Shang-tu zur Hauptstadt überfielen die Verschwörer 1323 den Kaiser. Tie-shih drang in das Zelt des Herrschers ein und erschlug ihn.
Yesun Timur, der die Bluttat in letzter Minute noch hatte verhindern wollen, wurde der sechste Kaiser der Yüan-Dynastie. Er war 47 Jahre alt und erhielt – eine seltene Ausnahme in der chinesischen Geschichte – keinen eigenen Tempelnamen. Statt dessen wurde die Bezeichnung seiner Regierungszeit *T'ai Ting* (»erhabene Gerechtigkeit«) auf den Kaiser selbst angewendet. Während seiner kurzen Herrschaft ereignete sich eine Reihe von Naturkatastrophen: Der Gelbe Fluß änderte wieder einmal seinen Lauf. Die Folge waren Dammbrüche, Überschwemmungen, Hungersnöte; hinzu kamen Erdbeben und Feuersbrünste. Die Konfuzianer schrieben die Schuld daran mehr oder weniger direkt dem Kaiser zu, der sich nicht an die Gesetze der Ahnen gehalten, d.h. die richtige Thronfolge nicht gewahrt hatte, und sich überdies weigerte, die Opfer für den Himmel und die Erde persönlich zu vollziehen.
Der Kaiser, dem die konfuzianische Bildung seiner Vorgänger fehlte, förderte dafür in verschwenderischer Weise den Buddhismus. Seine Tempelbauten, Statuen und Zuwendungen an die Klöster verschlangen Unsummen. Tief verwurzelt im Aberglauben wie alle Mongolen seiner Zeit, hoffte er, mit Hilfe dieser Taten die Gunst des Himmels doch noch zu gewinnen. Als Yesun Timur 1328 starb, hinterließ er ein zerrüttetes Finanzwesen. Schon flackerten die ersten Unruhen auf, gleichermaßen geschürt von mongolischen und buddhistischen Mönchen.
Sein ältester Sohn Asikipa, ein achtjähriges Kind, wurde als neuer Himmelssohn inthronisiert. Seine Regierung dauerte nur ein paar Monate; denn die beiden noch lebenden Söhne des Kaisers Wu-tsung und ihr

Dschingis Khan (Mitte links) belagert eine chinesische Festung. Die riesigen Katapulte sind authentisch, die Kanone aber ein Anachronismus des indischen Miniaturmalers aus dem 16. Jahrhundert.

Abb. S. 174/175: Dramatische Szene aus der *Geschichte der Drei Reiche* von Lo Kuanchung: Ein General aus Wei ist mit seinen Söhnen in einen Hinterhalt geraten. (Darstellung aus der Ch'ing-Zeit.)

孔明

明為
日章畫

Anhang erhoben sofort Widerspruch gegen diese Regelung. Es kam zum Bürgerkrieg, der schließlich mit dem Sieg der Rebellen endete. Über das Schicksal des Kindkaisers Asikipa fehlt in den Quellen jeder Hinweis. Zunächst übernahm Togh Timur provisorisch die Regierung für seinen älteren Halbbruder Kushala, der sich in Yünnan aufhielt. Vier Monate später traf Kushala in Peking ein und bestieg den Thron als Kaiser Ming-tsung. Er war damals 29 Jahre alt und ernannte sogleich seinen Halbbruder Togh Timur zum Thronfolger. Ming-tsung herrschte nur ein halbes Jahr lang über das Reich der Mitte. Im Sommer 1329 befand der Kaiser sich in der Nähe von Shang-tu. Was sich dort abgespielt haben mag, konnte bis heute nicht geklärt werden. In den Quellen heißt es lapidar: »Am 26. August suchte ihn der Thronfolger auf, und an diesem Tag fand für diesen sowie für die Prinzen und hohen Beamten in dem kaiserlichen Quartier ein Bankett statt, am 30. August starb der Kaiser eines gewaltsamen Todes.«

Der Mordverdacht fällt natürlich auf Togh Timur, und er verstärkt sich noch, weil der neue Kaiser offenbar nichts unternahm, um die Täter zu bestrafen. Im Gegenteil, er verfolgte sogar die Familie des Ermordeten; die Kaiserinwitwe wurde unter einem Vorwand hingerichtet, der älteste Sohn Ming-tsungs in die Verbannung geschickt. Kaiser Wen-tsung (Togh Timur) unterstützte die lamaistischen Klöster und Tempel derart verschwenderisch, daß für die Bedürfnisse des Staates kein Geld übrigblieb. Bei allen möglichen Anlässen wurden prunkvolle Kultfeste abgehalten, einen ganzen Monat lang bei der Erkrankung des Kronprinzen, sechzig Tage sogar bei der Erhebung einer Gemahlin Wen-tsungs zur Kaiserin.

Im Jahre 1333 starb der Kaiser unter ebenso mysteriösen Umständen wie drei Jahre zuvor sein Bruder. Sein Nachfolger wurde auf ausdrücklichen Wunsch seiner Witwe nicht einer seiner beiden Söhne, sondern sein Neffe, der sechsjährige Rinchen Pal, der jüngste Sohn des ermordeten Ming-tsung. Zwei Monate lang führte die Kaiserin die Regentschaft für den kleinen Himmelssohn, dann starb Rinchen Pal, der den posthumen Kaisernamen Ning-tsung erhielt. Wieder lehnte die Kaiserin eine Thronfolge ihres eigenen Sohnes ab und berief statt dessen Toghan Timur, einen in der Verbannung lebenden älteren Sohn Ming-tsungs, nach Peking. Der Zwölfjährige sollte der letzte Kaiser der Yüan-Dynastie werden. Längst befand das Weltreich Kublai Khans sich in Auflösung. Die innerasiatischen Khanate hatten sich vom Großkhan losgesagt, in China selbst brodelte es ebenfalls. Kaiser Shun (Toghan Timur) regierte immerhin 35 Jahre lang – nominell wenigstens. Es war eine Zeit des Umbruchs, der allmählichen Loslösung Chinas von der Fremdherrschaft der Mongolen und schließlich des Untergangs der Erben Dschingis Khans.

Allzu abhängig von seinen jeweiligen Beratern, war Shun-ti nicht in der Lage, den drohenden Zerfall aufzuhalten. Der mächtigste Mann im

Das Gemälde *Waldwohnungen in Chü-ch'ü* von Wang Meng, einem der bedeutendsten Maler der Yüan-Zeit. (Tusche und Farben auf Papier.)

Staat war ein gewisser Bayan, Abkömmling einer verdienten mongolischen Soldatenfamilie, in dem der uralte Haß der Nomaden gegen die zivilisierten, verweichlichten Chinesen noch lebendig geblieben war. Einen Putschversuch von Familienmitgliedern der neuen Kaiserin schlug er blutig nieder, Shun-tis Gemahlin wurde vergiftet. Dann folgte die Abrechnung mit der Sippe Wen-tsungs: Seine Seelentafel wurde aus dem kaiserlichen Ahnentempel entfernt, seine Witwe verbannt, sein kleiner Sohn auf dem Weg in die Verbannung getötet.

Die Sonderbestimmungen für alle Chinesen ließ Bayan noch erheblich verschärfen. Kein Chinese oder Koreaner durfte Waffen und Kriegsgerät besitzen, ihre Pferde wurden requiriert. Es wurden sogar Kleidungsvorschriften erlassen, die es der chinesischen Bevölkerung untersagten, althergebrachte Ornamente wie Phönix, Einhorn, Hasen, Drachen oder glückbringende Schriftzeichen an ihren Gewändern zu tragen. Bayan soll sogar die Absicht geäußert haben, alle Chinesen mit den Familiennamen Chang, Wang, Liu, Li und Chao umbringen zu lassen. Diese Namen sind in China noch mehr verbreitet als bei uns Meyer, Müller und Schmidt. Wenn Bayan seine finsteren Pläne hätte verwirklichen können, wäre also der größte Teil des Volkes eliminiert worden.

Bayans Neffe, der Geschichtsschreiber Toqto, gewann das Vertrauen des Kaisers und klärte ihn über die Machenschaften seines ersten Ratgebers auf. 1340 wurde Bayan verbannt. Auf der Reise erkrankte er und starb. Ein Jahr später nahm Toqto seine Stelle als Präsident der Zentralkanzlei ein. Er hob die chinesenfeindliche Politik seines Vorgängers umgehend auf und setzte es 1349 sogar durch, daß der Thronfolger Chinesisch lernen mußte. Aber all seine Bemühungen um eine Versöhnung mit den Chinesen kamen zu spät.

Die soziale Lage der Bevölkerung verschlechterte sich zusehends. Mißernten und Hungersnöte infolge von Überschwemmungen und Heuschreckenfraß gefährdeten das Existenzminimum der unteren Klassen. Es kam zu Volksaufständen, deren Führung in Händen von Geheimgesellschaften lag. Die eine trug den Namen »Weißer Lotos«, eine andere nannte sich »Die roten Turbane«. Ihr Anführer verkündete den Anbruch des Tausendjährigen Reiches und die Ankunft des Buddha Maitreya, des buddhistischen Messias. 1355 ließ sich der Rebellenführer Han Liner zum Kaiser ausrufen; im gleichen Jahr gelang es dem Türken Hamar, den klugen Toqto aus seiner Stellung zu verdrängen. Seinen Einfluß auf Shun-ti nützte Hamar dazu aus, den Kaiser in die Mysterien des indischen Shiva-Kultes einzuführen, dessen orgiastische Tänze den willenlosen Monarchen so faszinierten, daß er darüber alles andere vergaß. Es half dem Reich wenig, daß Hamar, kurz nachdem er den bereits verbannten Toqto hatte vergiften lassen, die verdiente Strafe empfing: Er wurde mit Bambusstangen zu Tode geprügelt. Immer mehr entglitt den Mongolen die Herrschaft über China. Es schien – ohne Toqto – unregierbar geworden zu sein.

Maitreya, der Buddha der Zukunft, von dessen Ankunft sich die Chinesen um die Mitte des 14. Jahrhunderts die Befreiung von der Mongolenherrschaft erhofften. (Marmorstele aus der Prov. Hopei, Höhe 57,2 cm.)

In Ostchina übernahm der buddhistische Mönch Chu Yüan-chang die Führung der Rebellen. Er stammte aus einer bäuerlichen Familie und war in ein Kloster eingetreten, nachdem seine Eltern an der Pest gestorben waren. Er schloß sich zunächst Kuo Tzu-hsing an, dem Anführer der Aufständischen in der Provinz Honan, und heiratete bald dessen Tochter. Nach Kuos Tode übernahm Chu Yüan-chang 1355 den Oberbefehl über die Rebellenarmee. Schon ein Jahr später eroberte er Nanking. 1363 errang er einen bedeutenden Sieg am Po-yang-See, 1367 war er der unbestrittene Herrscher von Südchina. Noch im November desselben Jahres rückte er nach Peking vor. Kaiser Shun und seine Familie flohen nach Norden in die Mongolei.

Im September 1368 zog Chu Yüan-chang in Peking ein. Mit Ausnahme einiger mongolischer Würdenträger, die es ablehnten, sich ihm zu unterwerfen, und hingerichtet wurden, »wurde nicht ein einziger Mensch zu Tode gebracht«[56], wie die Quellen – nicht ganz logisch – berichten. Der letzte Yüan-Kaiser starb 1370 in der Mongolei, drei Wochen später nahmen die Chinesen seine Familie gefangen, nur der Thronfolger konnte sich retten. Die Erben Dschingis und Kublai Khans hatten das Reich ihrer Vorfahren verspielt.

Der Höllenfürst Yama im kaiserlichen Ornat. Er sieht zu, wie Dämonen die verdammten Seelen der Feinde Chinas in den Unterweltsfluß treiben. (Malerei aus dem 14. Jh.)

七殿泰山王

VII Die Herrschaft der »Glänzenden«
Chinas Renaissance unter den Ming

Der Bauernsohn Chu Yüan-chang, der 1368 die Ming-Dynastie (»die Glänzende«) gründete und Nanking zu seiner Hauptstadt machte, ist in die Geschichte unter seinem posthumen Kaisernamen T'ai-tsu eingegangen. Im Alter von 40 Jahren war der als zerlumpt und abstoßend häßlich beschriebene buddhistische Bettelmönch zum Himmelssohn geworden. Seine Feinde nannten ihn den »Schweinekaiser«, weil seine Nase wie ein Rüssel nach oben gebogen war, seine Freunde priesen ihn als »Herrn von Wohlstand und Ehre, dessen fünf Gesichtszüge zum Himmel gerichtet sind«. Maler, die es wagten, ihn allzu realistisch darzustellen, soll er kurzerhand umgebracht haben.

Als Rebellenführer hatte sich Chu Yüan-chang durch Milde und Verantwortungsbewußtsein viele Sympathien erworben, als Kaiser zeigte er seinem Volk und der Welt ein ganz anderes Gesicht. Fortan gehörten Grausamkeit, Rachgier und Mißtrauen zu seinen hervorstechenden Charakterzügen, und sie prägten oft genug auch seine politischen Entscheidungen. Offenbar konnte T'ai-tsu seine niedere Herkunft und die Not seiner Jugendzeit nie verwinden. Im Alter von 17 Jahren hatte er, um zu überleben, Zuflucht in einem Kloster gesucht. In dem verständlichen Wunsch, seine eigenen Kinder so gut wie nur möglich zu versorgen, ließ er die Apanagen der Prinzen – es waren nicht weniger als 24, von verschiedenen Gemahlinnen und Konkubinen – in Korn auszahlen.

Reichen und gebildeten Chinesen gegenüber empfand er bis ins hohe Alter starke Minderwertigkeitskomplexe, die er mit Hilfe eines extrem strengen Hofzeremoniells zu bekämpfen suchte. Wer sich bei einer Audienz im kaiserlichen Palast dem Drachenthron näherte, mußte auf dem Bauch durch den Saal kriechen, am Fuß des Thrones den Kopf zum Kotau auf den Boden schlagen und kniend die Befehle des Himmelssohnes entgegennehmen. Diese Regel galt selbst für die tägliche Konferenz des Kaisers mit seinen höchsten Ministern. Bei diesen Anlässen soll es mehr als einmal vorgekommen sein, daß ein Beamter wegen einer Bagatelle das Mißfallen des Herrschers erregte und ungeachtet seiner früheren Verdienste hinausgeschleppt, ausgepeitscht oder sogar enthauptet wurde.

Entsprechend seiner Herkunft fühlte T'ai-tsu sich eng mit den Armen im Reich verbunden, vor allem mit den Landarbeitern und den Kleinbau-

Ein Ming-Kaiser auf Inspektionsreise durch das Reich der Mitte. (Zeitgenöss. Illustration zu einer Geschichte der Kaiser Chinas.)

Erst nach seinem Tod erhielt der Bauernsohn Chu Yüan-chang, der 1368 die Ming-Dynastie gründete, den Kaisernamen T'ai-tsu. (Zeitgenöss. Porträt.)

ern. Sie – nur sie – fanden mit ihren Klagen und Beschwerden stets ein offenes Ohr beim Kaiser. Der Großgrundbesitz buddhistischer Klöster wurde beschränkt, der enteignete Ackerboden an mittellose Bauern verteilt, Brachland systematisch erschlossen und besiedelt. Durch diese Maßnahmen konnten nicht zuletzt auch höhere Steuereinnahmen erzielt werden. Eine Reihe von Neuerungen auf dem Agrarsektor, zum Teil schon seit der Sung-Zeit bekannt, führten jetzt zu einer landwirtschaftlichen Revolution. An erster Stelle ist der Anbau von Reis in Terrassenkulturen zu nennen, die mit Hilfe neuer Bewässerungseinrichtungen versorgt wurden.

Aus dem sogenannten Champa-Reis, der von Hinterindien zunächst in die Provinz Fukien gelangt war, züchtete man eine schnellwachsende Sorte, die nur noch sechzig statt hundert Tage zum Reifen brauchte. Dadurch war es bald möglich, zweimal im Jahr Reis zu ernten. Zur Bereicherung des Nahrungsangebotes wurden in den unter Wasser stehenden Feldern Fische gehalten, die zugleich die Düngung der Äcker besorgten. Der unbekannte chinesische Bauer, der zuerst auf diese Idee kam, befreite zugleich – freilich ohne es zu wissen – sein Land von der Malariaplage. Die Fische fraßen

Neben der »Heiligen Straße«, die zum Grab des ersten Ming-Kaisers in Nanking führt, steht dieser ca. 2,50 m große General aus Granit.

nämlich die Malariamücken, und in kurzer Zeit konnten Gebiete, die wegen der Malariagefahr gemieden wurden, neu besiedelt werden.
Bei der althergebrachten Brachfelderwirtschaft blieben jährlich bis zur Hälfte aller Felder unbestellt. Jetzt entdeckte man den Fruchtwechsel und konnte selbst in traditionellen Weizenanbaugebieten die ständige Nutzung der Felder einführen, und zwar meist durch den Wechsel mit Baumwolle. Die Intensivierung des Anbaus der etwa seit dem 13. Jahrhundert in China bekannten Baumwolle ermöglichte die Entwicklung neuer Textilverarbeitungszentren in Shanghai und Nanking. Aus dieser Zeit stammen die typisch chinesischen, mit Rohbaumwolle wattierten Jacken und Bettdecken. Auch Mais, Erdnüsse und Süßkartoffeln gehören zu den landwirtschaftlichen Erzeugnissen, deren Verbreitung zur Ming-Zeit begann.
Der »Bauernkaiser« T'ai-tsu hat wie kein anderer Herrscher vor ihm die

Neubepflanzung von Reisfeldern nach der Revolution und dem Sieg der Ming.

Bedeutung der Landwirtschaft erkannt. Es wäre ihm vielleicht sogar gelungen, Not und Elend für alle Zeiten aus dem Reich der Mitte zu verbannen, wenn dem Sieg über den Hunger nicht eine wahre Bevölkerungsexplosion gefolgt wäre. Zu Beginn der Ming-Dynastie lebten etwa 65 Millionen Menschen in China, gegen Ende, rund 300 Jahre später, waren es bereits 120 bis 140 Millionen.

Das große Vorbild der Ming-Dynastie war das Kaiserreich der T'ang. T'ai-tsu war ein glühender Patriot, alle Fremdeinflüsse der Mongolenzeit wurden ausgemerzt, die rasche Rückkehr zur chinesischen Tradition auf allen Gebieten des öffentlichen Lebens zielstrebig gefördert. Kein Nichtchinese durfte länger ein Staatsamt bekleiden. Alle fremden Religionsgemeinschaften wurden verboten, Buddhismus und Taoismus aber zu gleichberechtigten Staatsreligionen erklärt.

T'ai-tsu verfolgte auch einen energischen außenpolitischen Kurs. Die

Auch die Mandarins konnten unter den Ming wieder ihrer gewohnten Beschäftigung nachgehen. Hier sieht man sie beim traditionellen Go-Spiel.

ersten Jahre seiner Regierung waren von Abwehrkämpfen gegen die Mongolen bestimmt. Die einstigen Herren Chinas hatten sich nach Norden, in die Mongolei und Mandschurei, zurückgezogen. Dort sammelten sie erneut ihre Streitkräfte und unternahmen bald wieder Beutezüge in die nördlichen Grenzgebiete. T'ai-tsu ging zum Gegenangriff über; sein General Hsü Ta durchquerte 1372 die Wüste Gobi und ließ Karakorum, die ehemalige Hauptstadt Dschingis Khans, in Flammen

Bronzefigur eines besonders martialisch dreinblickenden Feldherrn der Ming.

Ein Reitertrupp fragt einen alten Mann nach dem Weg. Gemälde des Meisters Ch'iu Ying.

aufgehen. Dann rückte er bis zum Jablonoi-Gebirge in Sibirien vor und erreichte damit den nördlichsten Punkt, der jemals von einem chinesischen Heer erobert worden war. Die Mongolen mußten schließlich die Mandschurei und die Innere Mongolei an China abtreten. 1381 wurden sie auch aus Yünnan vertrieben, wo eine isolierte Gruppe sich bis zu diesem Zeitpunkt noch hatte behaupten können.

In Turkestan hatte sich nach dem Untergang des Mongolenreiches eine Reihe von kleineren Staaten gebildet, deren bedeutendster Hami war. Er wurde 1391 von den Chinesen besetzt, weil die gleichnamige Stadt als erste Karawanserei den Zugang zu der am weitesten nach Nordwesten vorgeschobenen chinesischen Provinz Kansu sicherte. Mit dieser letzten Eroberung war die Vorrangstellung Chinas über die Mongolen und andere Nomadenvölker gesichert. Die Nordgrenze wurde vorsichtshalber durch Errichtung von starken Garnisonen geschützt; zu jeder Garnison gehörten ein Kommandant, fünf Offiziere und fünftausend Soldaten.

Eine neue Gefahr hatte sich inzwischen im Osten und Süden des Reiches erhoben: das Treiben der japanischen Piraten. Die Japaner hatten bereits gegen Ende der Sung-Dynastie die Koreaner auf dem Gebiet der Seefahrt überflügelt. Sie überfielen planmäßig chinesische Küstenstädte, raubten sie aus und zogen mit ihrer Beute blitzschnell wieder ab. Eine

大明通行寶鈔
壹貫

1000-Käsch-Banknote, zur Regierungszeit des ersten Ming-Kaisers vom Reichsschatzamt herausgegeben und auf bläuliches Papier aus Maulbeerbaumfasern gedruckt (22,5 × 34 cm).

»Lobby« von chinesischen Kaufleuten und Bauern unterstützte die Seeräuber aus dem Fernen Osten – zu ihrem eigenen Vorteil. Besonders begehrt waren bei den Piraten chinesische Kupfermünzen, die in Japan mehr wert waren als im eigenen Land. Maßnahmen wie Verlegung von Küstensiedlungen ins Innere des Landes und Sicherung der strategisch wichtigsten Küstenplätze durch Garnisonen brachten allenfalls vorübergehend den gewünschten Erfolg. Das größte Problem dabei stellte die Versorgung der Soldaten dar. Das Kanalsystem reichte nicht aus, um die nötigen Mengen an Getreide aus Mittelchina herbeizuschaffen, auch war es nicht möglich, das ganze, mehrere tausend Kilometer lange Küstengebiet mit Garnisonen zu schützen. So blieb die Seeräuberei weiterhin ein neuralgischer Punkt für die Sicherheit des Landes und belastete gegen Ende der Ming-Zeit sogar das Verhältnis Chinas zu Europa, denn die Chinesen betrachteten nach ihren schlechten Erfahrungen mit den Japanern auch die europäischen Handelsschiffe als Feinde.

Innenpolitisch lehnte die frühe Ming-Dynastie sich eng an den T'ang-Staat an, wobei die Ming allerdings noch weit rigoroser als die T'ang-Kaiser die Allmacht des Herrschers hervorkehrten, indem sie alle wichtigen Entscheidungen allein trafen. Das Amt des Staatskanzlers, also des Regierungschefs, wurde abgeschafft, damit kein Beamter eine ähnliche Machtfülle auf sich vereinigen konnte wie der Himmelssohn. T'ai-tsu richtete sechs Ministerien ein, die ihm persönlich unterstellt waren. Die einzelnen Ressorts betrafen Justiz, Finanzen, allgemeine Verwaltung, öffentliche Arbeiten, Riten und das Kriegswesen. Der Innere Rat unter dem Vorsitz des Kaisers koordinierte und kontrollierte die Arbeit der Minister. Das Reich wurde in sechzehn Provinzen eingeteilt, die, von geringfügigen Änderungen abgesehen, noch heute bestehen, der Handlungsspielraum der einzelnen Provinzialverwaltungen aber wurde durch die Zentrale in Nanking eng begrenzt.

Trotz seiner Voreingenommenheit gegen Gelehrte konnte auch T'ai-tsu nicht auf die Mitarbeit der hochgebildeten Konfuzianer im Staatsdienst verzichten. Er bemühte sich allerdings, schon bei der Ausbildung jeden Ansatz zu selbständigem Denken und eigener Initiative im Keim zu unterdrücken. Sein Ideal war der unbedingt gehorsame Staatsdiener ohne eigene Meinung. Die traditionellen kaiserlichen Prüfungen für Beamtenanwärter blieben erhalten; dazu öffnete der erste Ming-Kaiser den Zugang zur Beamtenlaufbahn grundsätzlich für alle Volksgruppen – unter besonderer Bevorzugung von Bauernsöhnen. Trotzdem stammte der weitaus größte Teil der Kandidaten für höhere Staatsämter weiterhin aus der Klasse der reichen Großgrundbesitzer, die ihren Söhnen von frühester Jugend an eine sorgfältige Erziehung zuteil werden lassen konnten.

Gegen Ende seines Lebens steigerte sich T'ai-tsus Mißtrauen gegen jedermann in seiner Umgebung zu gefährlicher Psychopathie. Minister, Hofbeamte und Generäle wurden in rascher Folge, manchmal nur aufgrund eines vagen Verdachts oder einer Verleumdung, zum Tode

Abb. S. 192/193:
Links: Symbolfigur der »Ahnfrau«, zu der die Mitglieder eines Familienclans aufschauten und vor deren Bild sie Opfer darbrachten. Rechts: Gelehrter als Beamter der Ming-Dynastie in prächtiger Staatsrobe. (Zeitgenöss. Malerei.)

verurteilt. Sie hatten noch Glück, wenn der Kaiser sie gleich enthaupten ließ, viele starben unter grauenhaften Qualen. Wucherern und korrupten Beamten wurde bei lebendigem Leibe die Haut abgezogen. Jedes dieser Opfer zog eine Unzahl von Schuldlosen mit sich ins Unglück, das uralte System der Sippenhaftung trat erneut in Kraft, und darüber hinaus wurden auch alle Anhänger eines Mächtigen nach seinem Sturz gnadenlos verfolgt.

Im Jahre 1398 starb der despotische Gründer der Ming-Dynastie im Alter von 70 Jahren. Da der Kronprinz bereits kurz zuvor verstorben war, gelangte als zweiter Ming-Kaiser dessen Sohn auf den Drachenthron. Hui-ti war zu diesem Zeitpunkt erst 16 Jahre alt. Gegen den blutjungen Kaiser erhob sich sofort sein Onkel Yung-lo, ein Sohn T'ai-tsus, der in Peking residierte und für den Schutz der Nordgrenze verantwortlich war. Drei Jahre lang tobte ein blutiger Bürgerkrieg. 1402 konnte Yung-lo Nanking erobern und damit den Streit um die Thronfolge für sich entscheiden.

Hui-ti aber war nicht, wie man zunächst vermutete, im brennenden Palast ums Leben gekommen, sondern konnte, als buddhistischer Mönch verkleidet, fliehen. Fast 40 Jahre lang zog er unerkannt als Bettelmönch durch das Reich der Mitte. Erst 1441 wurde er verhaftet. Der zu dieser Zeit regierende Kaiser Ying-tsung, ein Urenkel Yung-los, verzichtete darauf, den kaiserlichen Bettler nach so langen Jahren noch zur Rechenschaft zu ziehen, und hielt seine Identität geheim. Ein Jahr später starb Hui-ti, der zweite Herrscher der Ming-Dynastie, eines friedlichen Todes.

Yung-lo, der legitime, aber eigentlich nicht zur Thronfolge bestimmte Sohn T'ai-tsus, hatte im Jahre 1403 den gelben Kaiserornat angelegt. Er erhielt den Tempelnamen Ch'eng-tsu und machte wieder Peking, die einst zerstörte Yüan-Residenz, zur Hauptstadt. Ihr Wiederaufbau erfolgte in großem Stil und wurde vom Kaiser persönlich überwacht. 768 neue Paläste, Tempel, Brücken und Wachtürme ließ er errichten, außerdem zahlreiche Altäre, Thronsäle, Verwaltungsgebäude und Pavillons. Das Zentrum der Stadt bildete die verbotene »Purpurstadt«, in welcher der Kaiser, seine Familie und der Hofstaat residierten. Aus der Mongolenzeit blieben nur ein einziger Glockenturm und ein kleiner Teil der Stadtmauer übrig. Der großartigste Bau wurde der »Tempel des Himmels«, in dem der Kaiser am Neujahrstag dem Himmelsgott seine Opfer darbrachte, ein Rundbau mit dreifach gegliedertem Dach, das mit blauglasierten Ziegeln bedeckt war, die den Himmel symbolisierten. Übrigens hat sich das Stadtbild Pekings von der Ming-Zeit bis heute kaum verändert, abgesehen von den Neubauten.

Noch immer war die Mongolengefahr nicht vollständig gebannt. Der Kaiser führte selbst den Oberbefehl in verschiedenen Grenzkriegen. Außerdem ließ er zum Schutz vor weiteren Einfällen der Mongolen die bereits anderthalb Jahrtausende alte und von vielen Kämpfen entspre-

Die »Halle des Gebets für gute Ernte« steht im nördlichen Teil des Pekinger Himmelstempels. Sie wurde 1420 erstmals errichtet. Ihre heutige Gestalt erhielt sie 1751. Im ersten Monat des chinesischen Jahres betete der Kaiser hier um gute Ernte.

chend demolierte Große Mauer wiederherstellen und verstärken. Ihre heute noch erhaltenen Teile gehen also auf die Initiative des dritten Ming-Herrschers zurück. Abgesehen von den Abwehrkämpfen gegen mongolische Invasoren herrschte während der Regierungszeit Ch'engtsus Frieden im Reich der Mitte. 21 Jahre lang konnten alle Kräfte auf die Steigerung der Wirtschaft und des Handels sowie eine neue Entfaltung von Kunst und Kultur konzentriert werden. Deshalb gilt diese Periode zu Recht als Höhepunkt der Ming-Dynastie.

Der Bronzelöwe vor dem »Tor der höchsten Harmonie« im Kaiserpalast zu Peking ist ein Symbol der Stärke und Macht.

Besonderen Wert legte Ch'eng-tsu auf den Ausbau der Handelsflotte. Zur Herstellung freundschaftlicher Beziehungen zu anderen Staaten schickte er einen starken Flottenverband – 62 Schiffe mit einer Besatzung von rund 30000 Mann – nach Westen. Der Admiral hatte den Auftrag, an allen Höfen wertvolle chinesische Waren als Geschenke zu verteilen. Die Flotte segelte an Indien vorbei und gelangte bis zur afrikanischen Küste.

Weniger Geschick bewies der Kaiser in Fragen, die seinen eigenen Hofstaat betrafen. T'ai-tsu, der Gründer der Dynastie, hatte eine Höchstgrenze für seine Haremsdamen und Eunuchen festgesetzt und nicht mehr als je einhundert von ihnen im Palast geduldet. Sein Sohn hielt sich nicht an diese Regel und leitete damit eine verhängnisvolle Entwicklung ein, die dazu führte, daß gegen Ende der Ming-Zeit 10000 Haremsdamen und 70000 Eunuchen zum kaiserlichen Haushalt gehörten. Eine Platte mit der Aufschrift »Eunuchen dürfen sich nicht in politische Angelegenheiten einmischen. Wer das nicht befolgt, wird enthauptet«[57], die T'ai-tsu am Palasttor hatte anbringen lassen, verschwand spurlos, Ch'eng-tsu belohnte diejenigen Palasteunuchen, die ihn während der Kämpfe um den Thron unterstützt hatten, verschwenderisch und schenkte ihnen sein uneingeschränktes Vertrauen.

Als dynastische Grabstätte der Ming-Kaiser wählte Ch'eng-tsu einen Platz etwa 50 Kilometer nordwestlich von Peking aus. Noch heute führt eine breite »Geisterstraße« dorthin. In Ming-Gräbern wurden unvergleichlich schöne und kostbare Porzellangefäße gefunden. Die Porzellanindustrie nahm in dieser Zeit einen gewaltigen Aufschwung. Die gesamte Ming-Dynastie gilt als das Goldene Zeitalter des Blauweiß-Porzellans, das unter Ch'eng-tsu auch am Kaiserhof beliebt wurde. Während die chinesischen Töpfer der Yüan-Zeit das aus Persien importierte »Mohammedanerblau« verwendet hatten, wurde zu Beginn der Ming-Herrschaft Kobalt im eigenen Lande entdeckt. Es enthält Mangan anstelle von Arsenik und läßt das Blau etwas weniger rein in der Farbe erscheinen. Das typische Dekor zur Zeit Kaiser Ch'eng-tsus weist elegant gemalte Blumen- und Früchtemotive auf, bevorzugt dargestellt wurden Lotos, Chrysanthemen, Päonien, Weintrauben und -blätter.

Ch'eng-tsu starb im Jahre 1425 auf der Rückkehr von einem Feldzug in die Äußere Mongolei. Sein Nachfolger wurde sein Sohn Jen-tsung, ein kranker Mann, der nur zehn Monate lang regierte; und dessen Sohn, Hsüan-tsung, ging, wie so mancher Kaiser von China, mehr in die Geschichte des Porzellans ein als in die Annalen der Staatspolitik. Er förderte vor allem den Ausbau der kaiserlichen Porzellanmanufaktur, bis schließlich etwa sechzig Öfen für den Hof arbeiteten. Zu seiner Zeit wurde es allgemein üblich, die Herkunft der Porzellanware durch Marken zu kennzeichnen, die meist, aber nicht immer, auf der Unterseite des Bodens angebracht wurden. Die kaiserlichen Marken trugen in der Regel den Namen, den der Herrscher zu Lebzeiten führte, in diesem Fall also Hsüan-tsung.

Abb. S. 198/199:
Die sorgfältig restaurierte Grabanlage des dritten Ming-Kaisers Yung-lo aus der Vogelperspektive. Die Opferhalle (Mitte) mit ihrem doppelten Dach gilt als die größte und schönste noch erhaltene Halle des klassischen China. Rechts im Hintergrund der bis heute ungeöffnete Grabhügel.

厕所
祾恩门

明楼
五供
棂星门
内红门
祾恩殿
焚帛炉

Die Regentschaft für den Kindkaiser Ying-tsung, der 1435 den Thron bestieg, führte seine Mutter, die ihren Sohn in der strengen Abgeschiedenheit des Palastes von Eunuchen erziehen ließ. Abgeschirmt von jedem Kontakt mit der Außenwelt geriet der junge Monarch völlig unter den Einfluß der entmannten Palastdiener. Im Jahre 1443 wurde Ying-tsung mündig und machte den Eunuchen Wang Chen zu seinem ersten Ratgeber. Verschiedene Einfälle der Mongolen in die Provinz Shansi riefen in dem »Staatsmann«, der nichts anderes kannte als die Geborgenheit des luxuriösen Palastlebens, den Wunsch hervor, als siegreicher Feldherr Ruhm zu erlangen. Er überredete seinen Kaiser zu einem Feldzug gegen die Mongolen, der im Jahre 1449 unter dem Oberbefehl Wang Chens tatsächlich stattfand und ein vorhersehbares Ende nahm. Das 100000 Mann starke chinesische Heer wurde von den Mongolen umzingelt, der Kaiser gefangengenommen, der unfähige Heerführer Wang Chen getötet.

Vom Hof in Peking verlangten die Mongolen für Ying-tsung ein hohes Lösegeld. Aber dort bestand wenig Interesse daran, den glücklosen Himmelssohn freizukaufen. Der General Yü setzte Ching-ti, den jüngeren Bruder des Gefangenen, als neuen Kaiser ein, allerdings gegen den erbitterten Widerstand einer Hofclique, die den Sohn Ying-tsungs, noch ein Baby, zu seinem Nachfolger machen wollte. Als die Mongolen merkten, wie wenig Wert man in Peking auf die Auslösung der kaiserlichen Geisel legte, ließen sie Ying-tsung einige Jahre später frei – in der Hoffnung, dadurch neue Thronstreitigkeiten hervorzurufen.

Und ihre Rechnung ging auf, wenn auch nicht sofort. Zunächst zog Ying-tsung sich in einen Palast zurück und erhob keinerlei Ansprüche auf die Herrschaft. 1456 aber starb sein Bruder, der regierende Kaiser Ching. Nun begannen erbitterte Intrigenkämpfe. Eine Gruppe wollte den Sohn des verstorbenen Kaisers, die andere den Sohn des abgesetzten Kaisers auf den Drachenthron heben. Der ebenso tüchtige wie ehrgeizige General Shih nutzte die Situation geschickt aus und brachte durch einen Staatsstreich Ying-tsung erneut an die Macht, weniger aus Treue zum angestammten Herrscherhaus als vielmehr, um unter dem schwachen Monarchen seine eigenen Pläne ungestört verwirklichen zu können: Shih wollte selbst Kaiser von China werden und eine neue Dynastie gründen. Aber das Glück war nicht auf seiner Seite. Die Verschwörung wurde rechtzeitig aufgedeckt und Shih im Jahre 1460 enthauptet.

Ying-tsung regierte noch vier Jahre lang, das heißt, er überließ die Wahrnehmung der Staatsgeschäfte seinen Favoriten unter den Eunuchen. Zu dieser Zeit setzte erneut die unheilvolle Entwicklung der wachsenden Machtansammlung in Händen von Hofschranzen ein, deren Loyalität gegenüber der Krone darin bestand, den Kaiser schmeichlerisch in Sicherheit zu wiegen, um hinter dem Rücken des Ahnungslosen ihre eigenen Taschen zu füllen. Schließlich gründeten die Palasteunu-

Eine Kaiserin der Ming-Dynastie im Krönungsornat. (Zeitgenöss. Malerei auf Seide.)

奉
天
誥
命

Drachenmauer im Pekinger »Nordseepark«. Sie wurde 1417 errichtet und symbolisiert gleichermaßen kaiserliche Macht und Schutz gegen böse Geister.

Skulptur eines Kamels an der Zufahrt zu den Grabstätten der 13 Ming-Kaiser.

chen sogar eine Art Geheimpolizei, die zahllose ihnen mißliebige Menschen verhaftete und verschwinden ließ.

Nach dem Tode Ying-tsungs im Jahre 1465 wurde sein Sohn Hsien-tsung zu seinem Nachfolger erklärt. Unter diesem Ming-Kaiser, der 22 Jahre lang regierte, erlebte das Reich abermals eine Periode relativ friedlichen Aufschwungs, obwohl auch Hsien-tsung stark abhängig war von den Eunuchen und dazu noch von seiner Favoritin Wan. Davon profitierte insbesondere wieder die Porzellanmanufaktur. In dieser Zeit entstand das Ming-Porzellan mit Schmelzfarben-Dekor, in der Fachsprache als Doucai-Ware bekannt. Besonders berühmt wurden die »chicken-cups«, kleine Weinschalen, die mit Hähnen, Hühnern, Küken und Päonien in leuchtenden Emailfarben verziert sind. Diese außerordentlich feinen Stücke waren für den Gebrauch im kaiserlichen Palast bestimmt und wurden oft kopiert. Gleichzeitig setzte eine Weiterentwicklung des Blauweiß-Porzellans ein. Der technische Fortschritt ermöglichte jetzt eine Herstellung von Gefäßen in reinstem Schneeweiß mit einer rundum glatten, gleichmäßigen Glasur. Als Dekor waren neben Blumenmotiven Drachen, Phönixe und andere Fabeltiere besonders beliebt.

Unter Kaiser Hsien-tsung und seinem Nachfolger Hsiao-tsung arbeitete der wohl berühmteste Maler der Ming-Zeit, Shen Chou (1427–1509).

Löwen an der »Heiligen Straße« zu den 13 Ming-Gräbern bei Peking. Fabelwesen, Tiere, Generäle und hohe Beamte zu beiden Seiten der Straße gaben den Verstorbenen das letzte Geleit.

Kleine Porzellanmanufaktur zur Ming-Zeit.

Der Begründer der sogenannten Wu-Schule stammte aus einer vornehmen, alten Familie und hatte eine ausgezeichnete Ausbildung genossen. Es heißt, daß er der Idealtyp des *wen-jen*, des freien Künstlers, gewesen sei, der nie in fremde Dienste trat, wie ein Einsiedler lebte und in der Malerei, in der Dichtung, in der Musik gleicherweise Hervorragendes leistete. Er war etwa 60 Jahre alt, als er das Tuschbild *In Betrachtung des Herstmondes* schuf. Es zeigt den Maler, umgeben von Freunden, beim Wein in einer Hütte am Flußufer. Shen Chou selbst kommentierte das Bild mit folgenden Versen:

> Wenn wir jung sind, sehen wir unbekümmert den Herbstmond,
> Empfinden wir diese Jahreszeit wie jede andere auch.
> Mit dem Alter aber kommt die Ehrfurcht,
> Und wir sehen nicht mehr leichten Sinnes
> Auf die wandelnde Zeit, wenn wir den Becher heben
> zur festlichen Stunde.
> Wie viele Herbste sind einem alten Mann noch geschenkt?
> Er weiß, daß dieses vergängliche Licht unaufhaltsam verglüht.[58]

Im Jahre 1506 wurde ein fünfzehnjähriger Jüngling Kaiser von China. Auch Wu-tsung stand völlig unter dem Einfluß der Palasteunuchen, die

Zeichnung eines chinesischen Keramikbrennofens, die ein Missionar im 17. Jahrhundert nach Europa mitbrachte und in einem französischen Fachbuch veröffentlicht wurde.

ihn erzogen hatten. Der Obereunuch Liu Chin bestimmte die Richtlinien der Politik. Er ließ sich von dem jugendlichen Kaiser die Vollmacht geben, Erlasse und Befehle nach eigenem Gutdünken herauszugeben. Seine erste »Großtat« bestand darin, daß er 300 hohe Beamte verhaften ließ; ein beträchtlicher Teil von ihnen wurde ermordet. An die Stelle der Verurteilten setzte er seine eigenen Vertrauensleute und kontrollierte auf diese Weise den gesamten Staatsapparat. Dann ließ er in allen Provinzen des Reiches eine Sondersteuer für seine Privatschatulle einziehen. Die Gelder waren zur Finanzierung eines Staatsstreichs bestimmt.

Bevor es jedoch so weit kam, brach 1510 im Westen Chinas ein Militäraufstand aus, der blutig niedergeschlagen wurde. Anschließend stürmten die siegreichen Rebellen den Palast des verhaßten Obereunuchen. Sie fanden 240000 Barren und 57800 Stück Gold, 1583600 Lot und 5 Millionen Barren Silber, 2 goldene Panzer, 3000 goldene Ringe, 2 Scheffel Edelsteine und weitere Kostbarkeiten, die insgesamt einen Wert darstellten, der das jährliche Staatsbudget bei weitem übertraf. Liu Chin wurde verhaftet, seine Günstlinge aus ihren Ämtern entfernt.

Nun gelangte am Hof in Peking eine andere Gruppe zu Macht und Ansehen, die sich um den General und Philosophen Wang Yang-ming (1472–1529) scharte. Er führte in das konfuzianische Denksystem den

Prunkvolle Ausfahrt des Kaisers Wu-tsung. (Tusche und Farben auf Seide.)

Begriff der Intuition ein und dehnte die Theorie der intuitiven Erkenntnis des Guten und Wahren sogar auf Tiere, Pflanzen und die gesamte Materie aus. Von Wang stammt der berühmte Satz: »Wenn das Herz redlich und nicht verblendet von selbstsüchtigen Motiven ist, wird es dem König die gebührende Treue halten, den Eltern die gebührende Kindesliebe entgegenbringen und Freunden und den Menschen im allgemeinen mit Aufrichtigkeit und Wohlwollen begegnen.«[59] Wangs Lehre fand in China zunächst viele Anhänger, wurde jedoch gegen Ende der Ming-Zeit zu einer Variante des Buddhismus verfälscht. Später erlebte sie in Japan eine Renaissance.

In der Zeit Kaiser Wu-tsungs erfolgte die Entdeckung Chinas durch die Portugiesen auf dem Seeweg. Der erste Portugiese, der im Reich der Mitte landete, war Jorge Alvarez. Im Jahre 1513 oder 1514 erreichte er die Insel Ling-ting bei T'un-men, einer Landspitze nordwestlich von Chiulung gegenüber von Hongkong. Dort errichtete er als symbolisches Zeichen der Besitzergreifung ein kleines Steinmonument mit dem portugiesischen Wappen. Nach einem kurzen Aufenthalt verließ Alvarez die Insel Ling-ting wieder, kehrte aber 1521 zurück, starb auf chinesischem Boden und wurde bei dem Steinmonument begraben. Im Jahre 1515 kam im Auftrag des portugiesischen Gouverneurs von Malakka Raphael Perestrello per Schiff in die Kanton-Bucht. Er wurde von den Chinesen freundlich empfangen, nicht anders als ein arabischer oder malaiischer Kaufmann. Bei seiner Rückkehr nach Malakka erklärte er lapidar, »daß die Chinesen Frieden und Freundschaft mit den Portugiesen wünschten und daß sie ein sehr gutes Volk wären«[60].

Nach diesem so friedlichen Auftakt gestalteten sich die Beziehungen zwischen den Einheimischen und den Fremden jedoch zusehends problematisch. Schuld daran waren zweifellos die Portugiesen. Während die Chinesen in religiösen Fragen große Toleranz übten und mit Kaufleuten vieler Nationen und Glaubensbekenntnisse friedliche Handelsbeziehungen unterhielten, betrachteten die Portugiesen alle nichtchristlichen Völker als Barbaren, die unterjocht und mit brutaler Gewalt zum Christentum bekehrt werden mußten. Dieser Kreuzzugsgeist ging einher mit der Kaperung von Handelsschiffen und mit Plünderungszügen auf dem Festland. Durch diese Art, »Handel zu treiben«, schufen die Portugiesen sich überall Feinde. »Es war ein großes Unglück für die Europäer im allgemeinen«, schreibt denn auch der namhafte englische Sinologe C. P. Fitzgerald, »daß die Portugiesen als erste den Seeweg nach dem Osten öffneten.«[61]

Die nachhaltige Belastung der Beziehungen setzt 1517 ein, mit der Ankunft der ersten offiziellen Gesandtschaft aus Portugal unter Führung von Fernão Peres d'Andrade in der Kanton-Bucht. Er erhielt die Erlaubnis, nach Kanton weiterzusegeln. Vor der Stadt angekommen, beging er einen akustischen Fauxpas, indem er Befehl gab, nach portugiesischer Seemannstradition einige Salutschüsse abzufeuern. Die Chinesen waren entsetzt, denn im Hafengebiet war allein schon das Tragen von Waffen aller Art verboten. Kein Wunder, daß man den Fremden gegenüber von Anfang an mißtrauisch war. Erst zwei Jahre später ließ sich Wang Yang-ming jene schreckenerregenden Feuerwaffen, die ersten europäischen Musketen, vorführen.

Dem Beamten Ying-hsiang (1483–1565) verdanken wir eine aufschlußreiche Schilderung dieser ersten europäischen Gesandtschaft im Reich der Mitte: »Als ich im Jahre Chengte ting-ch'ou [1517] Sekretär der Provinzialregierung in Kanton war und stellvertretend die Angelegenheiten des Kommissars für den Seehandel verwaltete, waren da plötzlich zwei große Seeschiffe, die direkt bis Huaiyüan-i nach Kanton hineinfuhren. Sie sagten, daß sie aus dem Lande Folangchi Tribut brächten. Ihr Schiffsherr hieß Chiapitan [Kapitän]. Die Leute hatten alle hohe Nasen

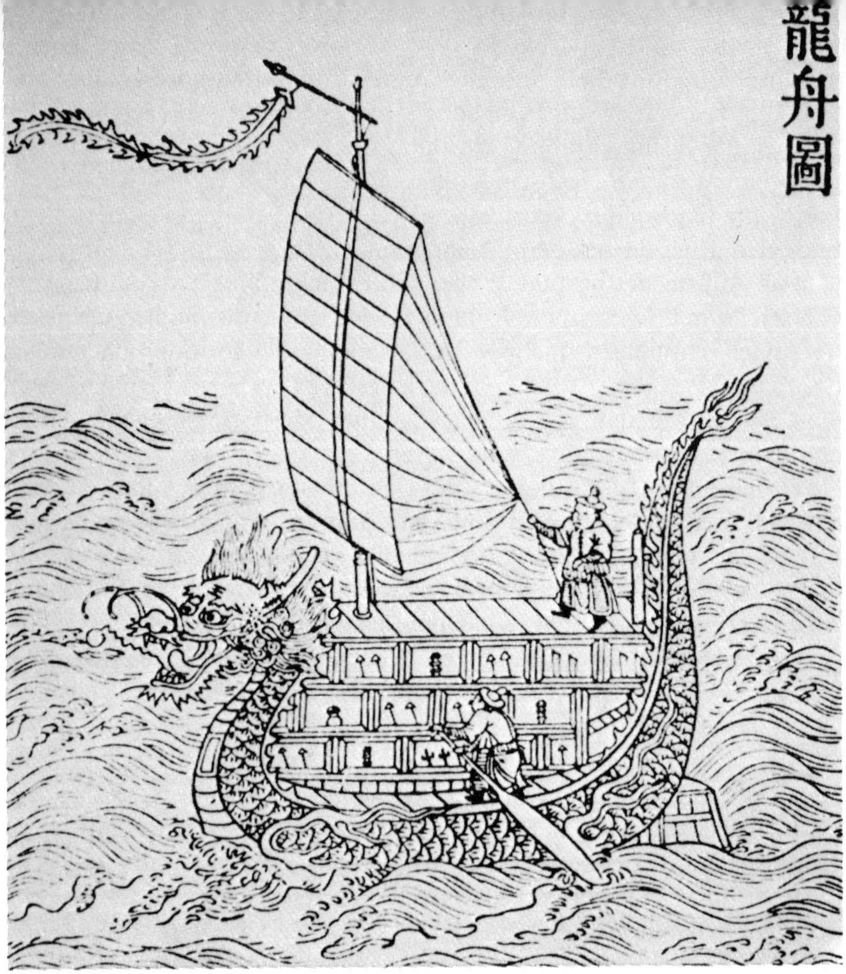

Kriegsdschunke der Ming-Zeit mit Raketengeschossen. (Zeitgenöss. Illustration.)

und tiefliegende Augen. Ihren Kopf hatten sie mit weißem Tuch umwikkelt, entsprechend der Kleidung der Mohammedaner.«[62]
Folangchi oder Fulangchi bedeutet soviel wie Franken. Anscheinend traten die Portugiesen zunächst unter diesem Namen in China auf. Und sie lieferten natürlich keinen Tribut ab, sondern brachten Geschenke mit. Die Gesandtschaft wurde nach Peking geleitet und erhielt Gegengeschenke. Doch noch während ihres Aufenthaltes in der Hauptstadt wurden die Chinesen vor ihren Gästen aus Europa durch Kundschafter nachdrücklich gewarnt. In Indien, an der persischen Küste und auf den Ostindischen Inseln seien sie zunächst gleichfalls als friedliche Kaufleute aufgetreten, hätten dann aber die nächstbeste Gelegenheit benutzt, Städte zu erobern und zu plündern, Regierungen zu stürzen und sich zum Herrn des betroffenen Landes aufzuschwingen. Alarmierende Vorfälle aus Kanton bestätigten diese Informationen. Die dort zurückgebliebenen Portugiesen hatten sich auf dem Perlfluß als Piraten betätigt und sich so aggressiv verhalten, daß der Gouverneur von Kanton sich gezwungen sah, die Schiffe mit Gewalt aus dem Fluß aufs Meer zurückzu-

Portugiesisches Schiff vor der Küste von Kanton.

treiben. Die Regierung in Peking zog die Konsequenzen und verbot den Portugiesen, jemals wieder chinesische Häfen anzulaufen.

Dennoch erschienen, nachdem 1522 Kaiser Shih-tsung den Thron bestiegen hatte, unter der Führung von Alphonso de Mello erneut portugiesische Schiffe vor Kanton. Sie wurden unverzüglich von der chinesischen Kriegsflotte angegriffen und vertrieben. Die Besatzungsmitglieder eines gekaperten portugiesischen Schiffes wurden als Seeräuber behandelt und hingerichtet.

Shih-tsung war bei seiner Inthronisation 15 Jahre alt, ein entfernter Verwandter des verstorbenen Kaisers, der keinen Sohn hinterlassen hatte. Während der fünfundvierzigjährigen Regierung dieses schwachen und unfähigen Monarchen kam es, bei wachsender Verarmung der Bevölkerung, zu zahlreichen Revolten im Land. Gleichzeitig nahmen die Plünderungszüge japanischer Piraten bedrohlich zu. Die größte Gefahr aber erwuchs dem Reich der Mitte durch die abermals aufflakkernde Angriffslust der Mongolen, die unter ihrem Fürsten Yen-ta sogar bis Peking vordrangen und die Stadt belagerten. Der zu Tode erschrokkene Kaiser war bereit, alle Forderungen Yen-tas zu erfüllen, seine Berater konnten ihn aber vor einer bedingungslosen Kapitulation schließlich gerade noch bewahren. Der Mongolen-Khan hatte gar nicht die Absicht gehabt, China zu erobern, er gab sich mit der Zusicherung zufrieden, daß an der Grenze eine Art »gemeinsamer Markt« eingerichtet würde, auf dem die Mongolen Gelegenheit erhielten, ihre Waren günstig gegen chinesische Produkte einzutauschen.

Künste und Wissenschaften nahmen trotz der wenig günstigen wirtschaftlichen und politischen Entwicklung unter Shih-tsung einen erfreulichen Aufschwung. Das literarische Novum der Ming-Zeit war der in der Umgangssprache, also für jedermann verständlich geschriebene Roman. Die Gelehrten verachteten diese Art Unterhaltungsliteratur natürlich und verboten ihren Kindern, Romane zu lesen. Ein Romanzitat zu verwenden, galt als Gipfel des schlechten Geschmacks. In den ersten Jahren der Ming-Dynastie hatte Lo Kuan-chung den historisch-romantischen Roman *San-kuo chi yen-i* (»Die erweiterte Geschichte von den Drei Reichen«) verfaßt, ein umfangreiches Werk, das den Zeitraum zwischen 168 und 265 n. Chr. behandelt. Es enthält, nach dem Urteil eines Kritikers, »sieben Teile Wahrheit und drei Teile Dichtung«[63]. Dieser außerordentlich beliebte chinesische Roman wurde zum Vorbild zahlreicher ähnlich angelegter Werke. Im Mittelpunkt des volkstümlichen Romans *Shui-hu chuan* (»Die Geschichte vom Flußufer«) steht der Banditenführer Sung Chiang, der um 1000 n. Chr. im Liang-shan-Moor (Shantung) sein Unwesen trieb. Dieses Werk, das oft mit den Erzählungen über Robin Hood verglichen wurde, schrieb vermutlich ein Gelehrter unter dem Pseudonym Shih Ṇai-an. Ein Roman, der erst gegen Ende der Ming-Zeit entstand, sollte dann – was seine meisterhafte Komposition, seinen eleganten Sprachstil, seine Frivolität und seine Beliebtheit betrifft – alle anderen chinesischen Romane in den Schatten stellen: das *Chin-p'ing-mei* (»Schlehenblüten in goldener Vase«). Es schildert die Liebesaffären des Erotomanen Hsi-men. Daß der Verfasser, wie man annimmt, ein gewisser Wang Shih-chen, das Treiben seines Helden nicht zur Nachahmung empfehlen, sondern geißeln wollte, erfuhren die meisten Leser, zumal die europäischen, nicht, da aus naheliegenden Gründen lange Zeit vor allem die schlüpfrigen Passagen in zahllosen Abschriften und Drucken verbreitet wurden ...

In der Malerei galt zur Zeit Kaiser Shih-tsungs ein junger Künstler als beispielgebend, der nur 41 Jahre alt wurde, jedoch schon zu Lebzeiten hochberühmt war. Es handelt sich um Ch'iu Ying (1510–1551), der, im Stil der T'ang- und Sung-Malerei, mit Vorliebe Szenen aus den Frauengemächern der Paläste schuf wie z. B. das anmutige Bild *Frühlingsmorgen im Han-Palast.* Ein Hofmaler fertigt ein Porträt der Kaiserin an, die, umgeben von ihren Hofdamen und Dienerinnen, Modell sitzt. Zwei miteinander schwatzende Eunuchen halten draußen Wache. Man lobte die Eleganz der Gemälde Ch'iu Yings, die an Jadeschnitzereien erinner-

Illustration zu einem der zahlreichen erotischen Kapitel des berühmten Romans *Chin-p'ing-mei*. (Holzschnitt aus der ältesten erhaltenen Blockdruckausgabe, 1617.)

ten, und die Farbigkeit seiner Palette. Er fand zahlreiche Schüler und Nachahmer, die teilweise sogar in seinem Namen dekorative Arbeiten herstellten, die er dann nachträglich signierte. Die Vielzahl mittelmäßiger Werke, die nun seinen Namen trugen, schadete allerdings seinem Ruf, besonders in der Nachwelt.

Die in die chinesische Literaturgeschichte eingegangenen Räuber vom Liang-shan-Moor, in Koromandellackarbeit auf einem Wandschirm verewigt (18. Jh.).

1557 gründeten die Portugiesen auf der kleinen Halbinsel Macao am Eingang der Kanton-Bucht eine feste Handelsniederlassung. Von dort aus behaupteten sie bis zum Ende des 16. Jahrhunderts fast eine Monopolstellung im Überseehandel mit China. Die Chinesen ließen sie gewähren, da die Fremden sich diesmal zurückhaltender gaben und den einflußreichen Beamten, den Mandarins, wertvolle Geschenke zukommen ließen. (Die Bezeichnung »Mandarin« für hohe chinesische Staatsbeamte wurde übrigens erst von den Portugiesen eingeführt. Sie übertrugen das indische Wort *mantrin,* das soviel wie »Minister« bedeutet, auf chinesische Würdenträger in ähnlicher Stellung.) Europäische Erzeugnisse allerdings waren im Reich der Mitte zu dieser Zeit noch nicht gefragt, aber aus den Kolonien europäischer Staaten wurden Metalle, Tabak, Elfenbein und Gewürze importiert – im Austausch gegen Seide, Porzellan, Tee und Jade.

Der Marionettenkaiser Shih-tsung starb im Jahre 1567. Sein Nachfolger wurde der zehnjährige Prinz Mu-tsung, der bereits ein halbes Jahrzehnt später starb. Die Regierungsgeschäfte für den Kindkaiser führte ab 1567

Frühlingsmorgen im Han-Palast. Gemälde des Hofmalers Ch'iu Ying. (Tusche und Farben auf Seide, Höhe 30,5 cm.)

Chang Chü-cheng (1525–1582), einer der fähigsten Staatsmänner in der Geschichte Chinas. Ihm ist es zu verdanken, daß trotz aller Intrigenkämpfe der Eunuchen und Hofcliquen, in die auch große Teile der Beamtenschaft hineingezogen wurden, China noch einmal eine gewisse Blütezeit unter der Ming-Dynastie erlebte.

Nach dem Tode Mu-tsungs gelangte der ebenfalls zehnjährige Shen-tsung auf den Thron. Er wurde bekannt unter dem Namen Wan-li, der eigentlich die Ära seiner Regierung bezeichnet und »Zehntausend Jahre dauernd« bedeutet. Solange Chang Chü-cheng lebte, konnte er einen kontinuierlichen Verlauf von Politik und Wirtschaft durchsetzen, unglücklicherweise aber starb der starke Mann Chinas bereits 1582. Wan-li enthob ihn ein Jahr später posthum aller Ämter und Titel.

Der ebenso extravagante wie despotische junge Kaiser ließ die Dinge treiben, die wahren Herren im Reich waren die Eunuchen, deren einziges Streben, wie stets, der persönlichen Bereicherung galt. Die Folge war eine Mißwirtschaft katastrophalen Ausmaßes. 1592 überfielen die Japaner den chinesischen Vasallenstaat Korea. Die Regierung in Peking schickte zwar ein Heer an den Krisenherd, aber seine Rettung vor der Eroberung durch die Japaner verdankte Korea nicht der Schutzmacht China, sondern seinem eigenen Admiral Ysun, der die Aggressoren in zwei Seeschlachten besiegte, woraufhin die Japaner sich 1598

endgültig zurückzogen. Sie verstärkten dann aber die Überfälle auf die mittelchinesische Küste, brannten bei ihren Beutezügen oft ganze Städte nieder und ermordeten die gesamte Einwohnerschaft.
Das Monopol der Portugiesen im Überseehandel wurde im frühen 17. Jahrhundert gebrochen. Um 1600 kamen zuerst die Spanier, die Portugal annektiert hatten, und dann die Holländer nach China. Beide erhielten die Erlaubnis zum Handel. Bald überflügelten sie die portugiesischen Konkurrenten, die zunächst in Piratenmanier versucht hatten, die Neuankömmlinge wieder zu vertreiben. Im Jahre 1601 erhielt der italienische Jesuitenpater Matteo Ricci die Erlaubnis, dem Hof in Peking seine Aufwartung zu machen. Die Geschenke, die er bei dieser Gelegenheit überreichte, wurden, gemäß der chinesischen Tradition, als Tribut aufgefaßt, und Ricci durfte sich in Peking ansiedeln. Bald folgten ihm weitere Ordensbrüder aus Europa.

Pater Matteo Ricci mit einem prominenten chinesischen Konvertiten. (Kupfer aus Athanasius Kirchers Buch *China illustrata*, 1667.)

Ricci erkannte, daß eine erfolgreiche Missionstätigkeit in China nur dann Aussicht auf Erfolg hatte, wenn die Priester gründlich die chinesische Sprache erlernten, sich mit der Kultur des Gastlandes vertraut machten und seine Sitten und Gebräuche annahmen. Da es ihm glückte, diesen Sinisierungsprozeß scheinbar spielend zu bewältigen, fand er viele einflußreiche Freunde im Reich der Mitte. Ein Ordensbruder charakterisierte ihn mit folgenden Worten: »Matteo Ricci, Italiener, so ähnlich in allem den Chinesen, daß er einer von ihnen zu sein scheint in der Schönheit des Gesichtes und im Zartgefühl, und in der Sanftmut und Milde, welche jene so schätzen.«[64] Den größten Erfolg aber verdankte Matteo Ricci seinen hervorragenden Kenntnissen in der Astronomie. Nach seinem Tode im Jahre 1613 erhielten die Jesuiten den Auftrag, mit Hilfe einiger zum Christentum bekehrter Chinesen den Kalender zu reformieren. Das zeigt, daß die Europäer die allmählich zur Stagnation gelangte chinesische Wissenschaft mittlerweile selbst auf ihrem ureigenen Gebiet, der Himmelskunde, überholt hatten.

Aus der Zeit Wan-lis stammen die ersten Farbholzschnitte von hoher künstlerischer Qualität. In der Malerei feierte Hsü Wei (1521–1593) wahre Triumphe. Er hatte bereits mit zehn Jahren als Wunderkind seine Malerkarriere begonnen. Seine expressive, temperamentvolle Kunst fand zahlreiche Liebhaber. Hsü Wei verscherzte sich jedoch viele Freunde durch sein ungezügeltes Wesen. Unter der Anklage, seine Frau totgeschlagen zu haben, landete er schließlich sogar im Gefängnis, wo er einen Selbstmordversuch unternahm. Nach seiner Entlassung verfiel er dem Alkohol und starb im Alter von 73 Jahren in Armut.

Schon 1584 ließ Kaiser Wan-li den Bau seiner Grabstätte in Angriff nehmen, sechs Jahre später war die Anlage, die acht Millionen Silbermünzen verschlang, beendet. 1956 legten chinesische Archäologen das Wan-li-Grab frei. Sie fanden die drei Sarkophage aus rotem Lack, in denen der 1619 verstorbene Kaiser und seine beiden Gemahlinnen beigesetzt worden waren. Außerdem bargen die Grabkammern einen Schatz erlesener Kostbarkeiten, darunter unvergleichlich schöne Porzellanvasen, Schmuck, Grabstatuetten, Goldgerätschaften und Brokatrollen.

Der Sohn des verstorbenen Kaisers, Kuang-tsung, regierte nur knapp einen Monat lang. Nach seinem Tode kam 1620 ein Enkel Wan-lis auf den Drachenthron, der sechzehnjährige Hsi-tsung, der völlig unter dem Einfluß des Eunuchen Wei stand. Wei gehört zu den finstersten Gestalten der chinesischen Geschichte. Blind gegenüber den Interessen des Reiches, ließ er alle persönlichen Feinde hinrichten, jedes Mitglied der Gelehrtenkaste, dessen er habhaft werden konnte, und auch alle anderen, die gegen ihn aufzubegehren wagten. Der verblendete junge Kaiser widmete sich indessen ungerührt seiner Lieblingsbeschäftigung, der Kunsttischlerei. Schließlich ordnete er sogar an, Wei genauso wie Konfuzius zu verehren. Es störte ihn offenbar nicht, daß er nun selber bei den Frühlings- und Herbstopfern vor der Statue Weis niederknien und dreimal mit der Stirn den Boden berühren mußte.

Die kritische Zuspitzung der politischen Lage schien den Hof in Peking kaum zu beunruhigen. Bereits im Jahre 1616 hatte Nurhaci, der Anführer der Mandschu, den Kaisertitel angenommen. Die Mandschu waren die Nachkommen der tungusischen Dschurdschen; wegen Übergriffen chinesischer Beamter griffen sie zu den Waffen und eroberten ab 1618 größere Teile der heutigen Mandschurei. 1621 wurde Liao-yang ihre Hauptstadt. Die Insel Formosa (Taiwan) wurde von einem Seeräuber beherrscht. Im Westen und Osten Chinas kam es zu großen Volksaufständen aufgrund der Verelendung der Bauernschaft. Die Erhebung in

Bei der Belagerung dieser chinesischen Festung durch Nurhaci erwies sich die Artillerie der Verteidiger den angreifenden

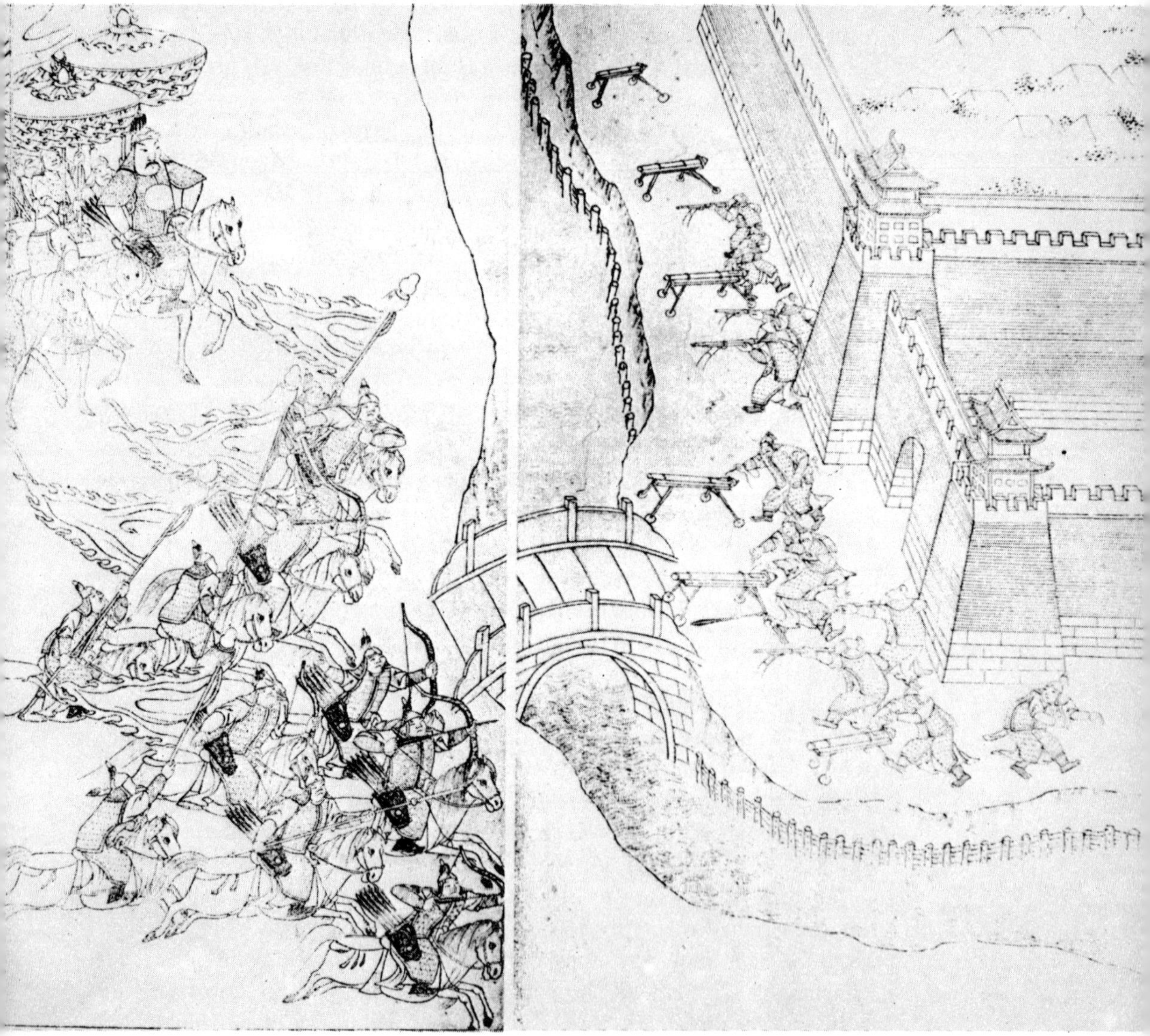

der östlichen Provinz Shantung stand unter der Führung einer Geheimgesellschaft, die den Namen »Weißer Lotos« trug. Ab 1625 nahmen übrigens auch die Engländer aktiv am Überseehandel mit China teil, und zusammen mit den Holländern gelang es ihnen rasch, Portugiesen und Spanier in den Hintergrund zu drängen.

Kaiser Hsi-tsung starb 1627 im Alter von erst 22 Jahren. Wei, sein mächtiger Eunuch, erhängte sich, um der Rache seiner Feinde zu entgehen. Der verstorbene Monarch hatte keinen Sohn hinterlassen, aber die Palastintriganten versuchten, ihm noch posthum einen Erben zu unterschieben. Gleich acht kaiserliche Haremsdamen behaupteten plötzlich, schwanger zu sein. Der Bruder Hsi-tsungs trug schließlich den

Mandschu-Bogenschützen als unterlegen. (Darstellung aus einem Geschichtswerk von 1781.)

Sieg im Kampf um die Thronfolge davon. Er erhielt drei verschiedene Tempelnamen, unter denen er jedoch weniger bekannt wurde als unter seinem posthumen Ehrennamen Chuang-lieh-min-ti und unter seiner Regierungsdevise Ch'ung-chen. Im Gegensatz zu seinen Vorgängern war dieser letzte Ming-Kaiser ein fähiger Herrscher, der von den besten Absichten geleitet wurde. Er gehört zu den tragischen Figuren der Geschichte, deren Auftritt auf der Weltbühne zu spät kommt; denn der Zusammenbruch des Ming-Reiches war nicht mehr aufzuhalten.

In allen Provinzen tobten blutige Aufstände. Das Militär hatte von vornherein wenig Chancen in diesem Bürgerkrieg, denn die Regierung konnte ihre Armee nicht mehr bezahlen. In den Jahren um 1640 brachen infolge von mehreren aufeinanderfolgenden Dürrezeiten im Norden Chinas schwere Hungersnöte aus. Li Tzu-ch'eng aus der Provinz Shensi, ein Führer der Rebellen, eroberte im gleichen Jahr Honan. Er machte sich schließlich zum König von Shensi und gründete die Shun-Dynastie. 1644 belagerte er Peking. Die starke Garnison der Hauptstadt leistete nur geringen Widerstand. So konnte Li am 24. April 1644 Peking erobern. Der unglückliche letzte Ming-Kaiser erhängte sich in einem Pavillon der Verbotenen Stadt, der heute noch zu besichtigen ist.

Das (unrestaurierte) Grab des Ming-Kaisers Hsi-tsung nahe Peking. Die Halle enthält die Namensstele des Herrschers. Dahinter erstreckt sich der Grabhügel. Im Vordergrund der Opferaltar.

駕省邳州水荒

VIII

Chinas letzte Kaiser
Das verhängnisvolle Regime der Mandschu

Erst 1644, zu Beginn der Mandschu-Dynastie, fängt in China die Neuzeit an. Der jahrtausendelange Vorsprung der chinesischen Zivilisation, Kultur und Wissenschaft gegenüber Europa geht in dieser Zeit endgültig verloren. Der immer heftiger werdenden Konfrontation mit Europa und Japan ist das Reich der Mitte, wie sich vor allem im 19. Jahrhundert zeigen soll, nicht gewachsen. Die Dynastie Ch'ing aus dem Stamm der tungusischen Mandschu, die sich in Peking etablieren kann, wird Chinas letztes Kaiserhaus sein. Zur Zeit, als Li Tzu-ch'eng in die Ming-Hauptstadt einzog, hatten die Mandschu noch nicht einmal das mächtige Hindernis der Befestigungswerke an der Nordgrenze des Chinesischen Reiches überwunden. Doch jetzt verbündete sich, aus Eifersucht auf Li, der sich bereits Kaiser von China wähnte, der chinesische General Wu San-kuei mit den Mandschu, um mit ihrer Hilfe Peking für sich zu gewinnen. Ungehindert strömten die fremden Kriegsscharen in das Land, nur sechs Wochen nach Li ergriffen sie am 6. Juni 1644 von der Hauptstadt Besitz. Wu verfolgte den mit seinen Anhängern nach Westen fliehenden Verlierer, den das Schicksal schließlich in Gestalt von rebellierenden Bauern ereilt, die den glücklosen Rebellenführer erschlagen. Der Traum des Generals Wu, nun selbst den gelben Kaiserornat anlegen zu können, ging indessen nicht in Erfüllung. Inzwischen waren in Peking die Würfel längst gefallen: Die Mandschu hatten den zwölfjährigen Sohn ihres 1643 verstorbenen Herrschers Abahai zum Kaiser von China ernannt. Er wurde bekannt unter dem Regierungsnamen Shun-chih. Ihre Dynastie nannten die Mandschu Ch'ing, doch im chinesischen Volk wurde dieser Name nie so recht populär. Die Chinesen empfanden das neue Kaiserhaus aus der Mandschurei als Fremdherrschaft, und die Mandschu trugen durch harte Maßnahmen viel dazu bei, sich diesen Ruf zu erhalten. Bereits kurz nach der Machtübernahme erließen sie ein Gesetz, das allen Chinesen befahl, zum Zeichen ihrer Untertänigkeit einen Zopf zu tragen und mandschurische Kleidung anzulegen. In den nächsten Jahren drangen die neuen Herren unter dem Prinzregenten Dorgon immer weiter in den Süden des Chinesischen Reiches vor. 1645 wurde Nanking erobert, 1646 Fukien, im Jahr darauf Kanton. Nur im Südwesten Chinas hielt sich bis 1662 noch ein Gegenkaiser aus der Ming-Familie. Dann wurde er gefangengenommen und hingerichtet.

Auf einer Inspektionsreise durch den Süden seines Reiches wird der K'ang-hsi-Kaiser ehrerbietig von Dorfbewohnern begrüßt. (Zeitgenöss. Malerei auf Seide.)

Die Erziehung des noch unmündigen Kaisers Shun-chih hatten die Mandschu unverständlicherweise ganz in die Hände jener Palasteunuchen gelegt, die den Untergang der Ming überlebt hatten. Unter ihrem Einfluß erlernte der Jüngling die chinesische Sprache, er übernahm auch die Sitten und Bräuche des Reiches der Mitte. Doch kaum mündig erklärt, untersagte er Mischheiraten zwischen Chinesen und Mandschu, auch wurden die letzteren bei Bewerbungen für die Beamtenlaufbahn bevorzugt und brauchten nicht die üblichen, schweren Prüfungen abzulegen. Andererseits durften die Jesuiten ihre Missionstätigkeit fortset-

Der katholische Missionar Johann Adam Schall von Bell aus Köln avancierte zum kaiserlichen Ratgeber und Erzieher des Kronprinzen, starb aber 1666 in einem chinesischen Gefängnis.

zen. Dem eifrigen deutschen Pater Johann Adam Schall von Bell (1591 bis 1666) gelang es sogar, die Kaiserin zum Christentum zu bekehren. Sie ließ sich taufen und erhielt den Namen Helene, ihr kleiner Sohn, der spätere zweite Mandschu-Kaiser, den Namen Konstantin. Shun-chih gab den Jesuiten den Auftrag, ihre astronomischen Arbeiten fortzuführen, das Reichsgebiet zu vermessen und Landkarten zu zeichnen. Er selber blieb allerdings dem Buddhismus treu und widmete sich intensiv den vorgeschriebenen Meditationen, gegen Ende seines kurzen Lebens soll er sogar zum religiösen Fanatiker geworden sein. Im Jahre 1661 starb Shun-chih im Alter von 29 Jahren an den Blattern.

Nachfolger des ersten Mandschu-Kaisers wurde sein erst achtjähriger Sohn, der nach seiner Regierungsperiode K'ang-hsi genannt wird, sein posthumer Kaisername lautet Sheng-tsu. Daß er die Blattern überstanden hatte, hielt man für ein gutes, ein langes Leben versprechendes Omen, und tatsächlich sollte K'ang-hsi rund 60 Jahre lang Herr über das Reich der Mitte bleiben. Bald zeigte sich, daß er über eine reiche Skala an Talenten und Fähigkeiten verfügte. Er tat sich als Bogenschütze, Dichter und Kalligraph hervor und förderte das Studium der chinesischen Klassiker ebenso wie die zeitgenössische Literatur und Kunst. Außerdem erwies er sich als kluger, geschickter Staatsmann, der nicht nur zum Retter der Mandschu-Dynastie wurde, sondern auch das Chinesische Reich zu einem neuen Höhepunkt in seiner Geschichte führte. K'ang-hsi, der oft mit Kublai Khan verglichen wird, eröffnete die Reihe der drei großen Mandschu-Kaiser, deren Ära bis in die Zeit der Französischen Revolution hineinreichte.

Bis zum Tode seines Vaters war K'ang-hsi von dem deutschen Jesuitenpater Schall erzogen worden, den eine rivalisierende Hofclique dann, ebenso wie die anderen christlichen Missionare, ins Gefängnis geworfen hatte. Als K'ang-hsi, erst 14 Jahre alt, 1667 die Regierungsgeschäfte übernahm, ließ er die Jesuiten sofort frei, doch Adam Schall war kurz zuvor gestorben. An seine Stelle trat der Belgier Ferdinand Verbiest (1623–1688). Ihm erteilte der junge Kaiser die Erlaubnis, überall im Reich die Missionstätigkeit aufzunehmen. Der große Erfolg, den die Jesuiten dabei verzeichnen konnten, ist den folgenden Zahlen zu entnehmen: 1671, also nach kaum fünf Jahren, gab es in China 256880 Katholiken, 156 Kirchen und 41 Amtssitze unter jesuitischer Gerichtsbarkeit.

K'ang-hsi schätzte zwar das Gespräch mit den gelehrten Jesuiten, blieb jedoch selber zutiefst dem Konfuzianismus verhaftet. 1670 gab er das »Heilige Edikt« heraus, eine Sammlung von sechzehn knapp formulierten Instruktionen, die das Verhalten des einzelnen gegenüber der Familie, dem Staat, den Mitmenschen und den Ahnen betrafen. Er befahl, daß dieses Edikt in allen Städten und Ortschaften des Reiches zweimal im Monat vorgelesen werden mußte. Im Gegensatz zu vielen anderen Söhnen des Himmels beanspruchte K'ang-hsi für seine Person keinen Sonderstatus, im Gegenteil, er hielt sich so streng an die konfuzianischen

Eines der Tore in der Großen Mauer, wie es ein Gewährsmann von Athanasius Kircher im 17. Jahrhundert sah. (Kupfer aus *China illustrata*, 1667.)

Grundsätze, daß er überall Achtung und Bewunderung erregte, vor allem aber die chinesischen Gelehrten auf seine Seite zog.
Außenpolitisch verfolgte der Kaiser eine expansive, auf Erweiterung der Landesgrenzen abgestimmte Leitlinie. Er stützte sich dabei auf das in acht mandschurische, acht mongolische und acht chinesische Banner gegliederte stehende Heer, dessen Mitglieder eine Reihe von Privilegien genossen, insbesondere wurde ihren Familien das beste Land zugewiesen. 1673 begann der Feldzug gegen den chinesischen General Wu Sankuei, der sich inzwischen im Südwesten Chinas zum Kaiser gemacht hatte. Nach Wus Tod wurde 1681 sein Enkel endgültig von den Mandschu besiegt. 1683 eroberten die Regierungstruppen – übrigens zum erstenmal in der chinesischen Geschichte – die Insel Formosa (Taiwan), die von Piraten beherrscht wurde, denen sich einige Offiziere der erloschenen Ming-Dynastie angeschlossen hatten. In jene Zeit fällt auch der erste Interessenkonflikt zwischen China und Rußland, der sein vorläufiges Ende 1689 in dem Vertrag von Nertschinsk fand und mit Hilfe von jesuitischen Dolmetschern zustande kam. Es ging um ein Fort am Amur, das die Russen 1650 errichtet und die Mandschu 1685 zerstört hatten. In diesem ersten Vertrag zwischen China und einer europäischen Macht verpflichtete sich Rußland, auch das Gebiet nördlich des Amur als chinesisches Hoheitsgebiet zu respektieren.
1696 errangen die Mandschu-Truppen einen entscheidenden Sieg über die Mongolen, die unter ihrem Führer Yaldan versucht hatten, ein

unabhängiges Reich zu gründen. Aber knapp 20 Jahre später brach ein neuer Krieg zwischen China und den Mongolen aus, der 1720 damit endete, daß China die gesamte Mongolei sowie Teile Ostturkestans vereinnahmte, Tibet besetzte und zum Protektorat erklärte. Damit hatte das Reich der Mitte die größte Ausdehnung in seiner gesamten Geschichte erreicht.

Trotz einer starken Rivalität zwischen Mandschu und Chinesen – alle wichtigen Staatsämter wurden paritätisch von je einem Angehörigen der beiden Völker besetzt – erreichte K'ang-hsi innenpolitisch eine sichere Stabilisierung, von der Wirtschaft, Handel und Verwaltung gleichermaßen profitierten. Zu Beginn seiner Herrschaft lebten in China 100 Millionen Menschen, 1729, sieben Jahre nach seinem Tode, waren es bereits 127 Millionen. Der Überseehandel mit Europa erreichte einen Höhepunkt. Chinesische Luxusartikel wie Porzellane, Lackarbeiten, Papiertapeten und Seidenstoffe wurden in Europa große Mode. Eine Art Baumwollgewebe wurde unter dem Namen »Nanking« vorwiegend nach England exportiert. Die chinesische Kultur und Lebensweise fand in Europa viele Bewunderer. So schrieb der Gelehrte Leibniz einmal: »Ich glaube ..., wenn ein Weiser zum Richter nicht über die Schönheit von Göttinnen, sondern über die Vorzüglichkeit der Völker gewählt würde, er den goldenen Apfel den Chinesen reichen würde, wenn wir diese nicht durch ein einziges, allerdings übermenschliches Gut überragten, nämlich das göttliche Geschenk der christlichen Religion.«[65]

Vorwiegend zu seiner eigenen Information ließ K'ang-hsi ein Wörterbuch mit nahezu 40 000 Schriftzeichen verfassen und, als Auftakt für weitere umfassende Lexiken, eine geographische Enzyklopädie, die der Chinese Yen-wu (1613–1682) zusammenstellte. Als Meister der Novelle, einer zunehmend beliebter werdenden Literaturgattung, gilt P'u Sung-ling (1640–1715), dessen *Merkwürdige Berichte aus dem Studierzimmer* in alle Weltsprachen übersetzt wurden. Zwischen 1677 und 1701 wurde in Nanking von den drei Brüdern Wang das mehrbändige *Lehrbuch der Malerei des Senfkorngartens* herausgegeben, das neben detaillierten Anweisungen für kunstbeflissene Studenten eine Reihe der schönsten chinesischen Farbholzschnitte enthält. In der Malerei jener Zeit dominierten die sogenannten vier orthodoxen Meister, von denen Wang Yüan-ch'i (1642–1715) vielleicht der interessanteste ist. Er hatte ein hohes Amt am Pekinger Hof inne, wo er die Kunstsammlung und die Bibliothek des Kaisers betreute. Entsprechend den archaistischen Tendenzen, denen zufolge der Künstler sich eng an die Malerei der T'ang-Zeit anzulehnen hatte, hielt Wang Yüan-ch'i sich in der zarten, blassen Farbgebung auf hellem Grund durchaus an bewährte Vorbilder. Es gibt kaum eine Technik, die er nicht beherrschte, und jede Arbeit zeugt von seiner Ambition, mehrere Techniken in einer einzigen Komposition anzuwenden.

Abb. S. 226/227: Lotos, die symbolträchtigste Pflanze Asiens. Farbholzschnitt aus dem *Lehrbuch der Malerei des Senfkorngartens* (26 × 32 cm).

K'ang-hsi ließ die durch Kriegseinwirkungen brachliegende Porzellan-

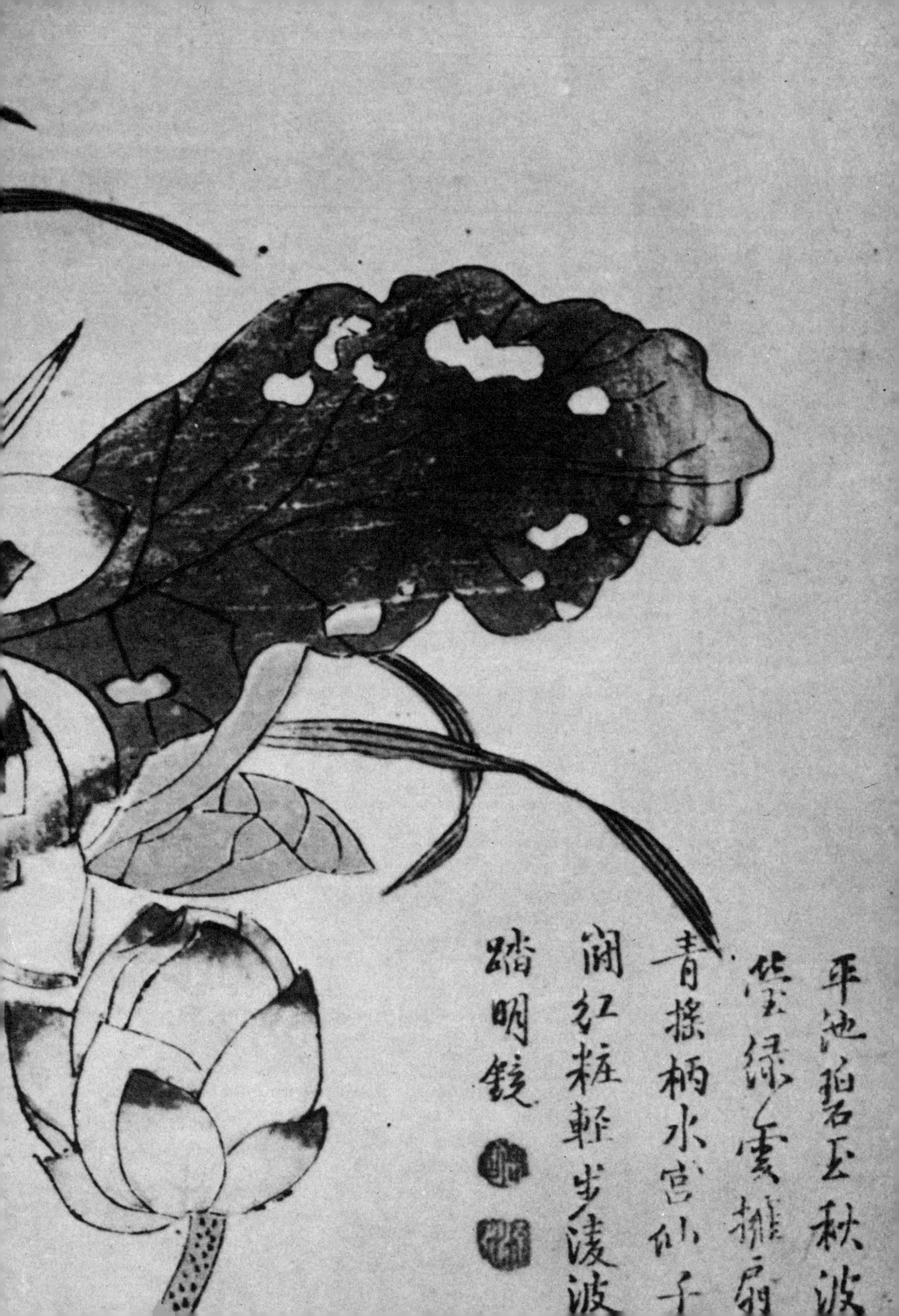
平池碧玉秋波
瑩綠雲擁扇
青搖柄水宮仙子
鬪紅粧輕步淩波
踏明鏡

manufaktur in Ching-te-chen verstärkt wieder aufnehmen. Unter seinem Patronat entstanden Porzellane von hervorragender Qualität, von denen eine polychrome Ware in kräftigen Farbtönen, *famille verte* genannt, besonders berühmt wurde. Die klassischen Blauweiß-Porzellane dieser Zeit bestechen durch ein unvergleichlich schönes Saphirblau. Das sehr vielfältige Dekor reicht von Blumen- und Pflanzenmustern über Tierornamente bis hin zu Landschaften und Figurenszenen.

Kaiser K'ang-hsi starb im Jahre 1722 und hinterließ fünfzehn Söhne. Nachfolger auf dem Drachenthron wurde nicht Yin-t'i, wie der Vater es gewollt hatte, sondern – aufgrund einer Palastintrige – Yung-cheng, sein vierter Sohn. Der neue, bereits 44 Jahre alte Kaiser war despotisch, krankhaft empfindlich und mißtrauisch – diese negativen Charakterzüge bekam vor allem seine nächste Umgebung zu spüren. Dennoch besteht sein Ruhm, zu den drei großen Mandschu-Kaisern zu zählen, durchaus zu Recht. In den zwölf Jahren seiner Regierung kam es zur endgültigen Stabilisierung des Staatshaushaltes, der Wirtschaft und Verwaltung, und zwar nicht zuletzt durch Yung-chengs außerordentliche Sparsamkeit. Andererseits blühte das Spitzelwesen, und alle politischen Vereinigungen wurden verboten. Diesen radikalen Abwehrmaßnahmen, die jeden Versuch einer Revolte schon im Keim ersticken sollten, fiel auch das chinesische Christentum zum Opfer. Der Kaiser fürchtete, die christliche Kirche könne zu einem Staat im Staate werden. Sein Mißtrauen gegen die Missionare wurde noch bestärkt durch die Tatsache, daß mehrere seiner Brüder, mit denen er auf Kriegsfuß stand, den christlichen Glauben angenommen hatten. Doch auch der »Ritenstreit«, der auf das Konto Roms ging, trug dazu bei, das Christentum in China zu diffamieren. 1715 war durch eine päpstliche Bulle jede Rücksichtnahme auf chinesische Riten, so z. B. den Ahnenkult, untersagt worden. Diese Anordnung führte zu einer unerträglichen Kluft zwischen den chinesischen Christen und denen, die ihrer angestammten Religion die Treue hielten.

Als folgenschwerer Schritt erwies sich ein neuer Vertrag mit Rußland, der im Jahre 1727 unterzeichnet wurde und den Russen gestattete, in Peking ein Gesandtschafts- und Handelsbüro sowie eine orthodoxe Kirche zu unterhalten. Es handelt sich um den ersten »ungleichen Vertrag«, weil er nur den Russen Vorteile zugestand. Außerdem wurde die Vereinbarung wegen einer andersartigen diplomatischen Sprachregelung in Europa überbewertet: Die Erlaubnis zum Handeltreiben, für China etwas ganz Alltägliches, wurde in Rußland als besonderes Privileg, ja, fast als Kapitulation des Kontrahenten angesehen. 1729 erließ Yung-cheng das erste Gesetz gegen den Handel mit Rauchopium, das aus Indien, Afrika und dem Vorderen Orient importiert wurde, und zwar vorwiegend von englischen Kaufleuten. Nach dem Verbot des Tabakrauchens unter dem letzten Ming-Kaiser hatte das Opiumrauchen sich in China in gefährlichem Maße ausgebreitet. Ursprünglich war die

Innenansicht des Himmelstempels in Peking. Das reich mit Symbolen und Farben verzierte Gebälk wurde ohne einen einzigen Nagel zusammengefügt.

Abb. S. 230/231: Der Chinesisch-Japanische Krieg von 1894 aus der Sicht der Sieger, der Japaner.

落

平壤
高

Droge lediglich als Medikament gegen Durchfall und Ruhr benutzt worden.

Ihren Höhepunkt erreichte die Mandschu-Dynastie unter Yung-chengs Sohn und Nachfolger Ch'ien-lung, der im Jahre 1736 inthronisiert wurde. Der junge Kaiser übernahm einen gut funktionierenden Staatsapparat und eine wohlgefüllte Kasse: Der Staatsschatz wies einen Überschuß von 24 Millionen Unzen Silber auf. Bei der Thronbesteigung hatte Ch'ien-lung den pietätvollen Wunsch geäußert, ihm möge keine längere Regierungszeit beschieden sein als seinem verehrten Großvater. 60 Jahre später, 1795, erinnerte er sich seiner Worte und dankte ab.

Ch'ien-lung war ein hochgebildeter Mann, der tatkräftig Literatur, Wissenschaft und Künste förderte, in seinen Mußestunden Gedichte schrieb und sich als Kalligraph betätigte. Auf seine Anordnung geht ein mehr als 3400 Schriften umfassendes Sammelwerk zurück, das alle wertvollen Werke vom frühen chinesischen Altertum an enthält. Außerdem legte er sich eine umfangreiche Gemäldesammlung zu sowie eine kostbare Porzellansammlung, die 400 Einzelstücke umfaßte. Seine besondere Vorliebe galt den Keramiken der Sung-Zeit, die er zum Teil sogar kopieren ließ. Sein Interesse für die europäische Kunst war so groß, daß er italienische und französische Maler an seinen Hof zog, deren Einfluß sich in der Porzellanmalerei deutlich widerspiegelt. Auch ließ er innerhalb des Palastbezirks europäische Bauwerke errichten. In dieser Zeit entstand der berühmte Roman *Der Traum der Roten Kammer* von Ts'ao Chan (1715?–1764) über den Verfall einer Großfamilie, den der Verfasser nicht zuletzt dem konfuzianischen Erziehungssystem zuschreibt. Auch das Theater schätzte der Kaiser sehr, im Jahre 1781 ließ er einen Katalog aller chinesischen Dramen verfassen; er enthält nicht weniger als 1013 Stücke.

Die letzte große chinesische Malerschule entstand im 18. Jahrhundert in Yang-chou, sie vertrat eine individualistische Stilrichtung, die von manchen Zeitgenossen als exzentrisch abgelehnt wurde. Die drei letzten und bedeutendsten Maler dieser Schule arbeiteten zur Zeit Ch'ien-lungs. Chin Nung (1687– nach 1764) fing erst nach seinem fünfzigsten Lebensjahr an zu malen. Seine Bilder tragen einen deutlichen Zug von naivem Dilettantismus, fanden aber trotzdem viel Anklang. Technische Perfektion verraten dagegen die Werke von Hua Yen (1682–1765), dessen Tier-, Vogel- und Blumenbilder zu seiner Zeit weit mehr Bewunderer fanden als seine zarten, meisterhaften Landschaften. Lo P'ing (1733 bis 1799) war ein Schüler Chin Nungs, aber weit begabter als jener. Aufsehen erregte er durch die bildliche Wiedergabe von Geistern, die er selber gesehen haben wollte. Sein wohl schönstes Gemälde schuf der Künstler 1798, ein Jahr vor seinem eigenen Ableben. Es stellt seinen alten Freund, den Maler I-an, vor einem blühenden Pflaumenbaum dar.

Dieses Aquarellporträt des Kaisers Ch'ien-lung fertigte der englische Maler William Alexander an, der sich 1793/94 in China aufhielt.

Ch'ien-lungs Aufgeschlossenheit für geistige und künstlerische Fragen beschränkte sich allerdings auf die vom Konfuzianismus traditionsgemäß bevorzugten Bereiche. Er war – wie die meisten Potentaten in aller Welt – ein Bewahrer, kein Neuerer. Dementsprechend tat er, trotz rapide wachsender Bevölkerungszahlen – bei seinem Regierungsantritt lebten in China 150 Millionen Menschen, bei seiner Abdankung waren es 275 Millionen –, auch nichts zur Förderung der Industrie in seinem Land. Auf diese Weise geriet das angestammte Agrarland China gegenüber der stürmischen industriellen und technischen Entwicklung in Europa bald hoffnungslos ins Hintertreffen, was verhängnisvolle Folgen auch in politischer Hinsicht nach sich zog. Die Bevölkerungsexplosion im Inneren führte schon gegen Ende des 18. Jahrhunderts zu einer größeren Auswanderungswelle.

Auf militärischem Gebiet konnte China sich unter der Herrschaft Ch'ien-lungs in zahlreichen Auseinandersetzungen allerdings noch erfolgreich behaupten. 1739 wurden die Kalmücken besiegt und aus Westturkestan verdrängt, sie behielten nur noch das Gebiet am Ili. Bereits 15 Jahre später kam es zu neuen Kämpfen mit den Kalmücken, die 1755 mit

Kaiser Ch'ien-lung erwartet auf einem (zusammenklappbaren) Thron vor seinem Palast eine Delegation. (Ausschnitt aus einer Bildrolle des Paters Castiglione.)

einem entscheidenden Sieg der Chinesen endeten. 1758/59 wurden mohammedanische Aufstände im Turkestanbecken blutig niedergeworfen. Der Unterhalt der in dem auch von den Russen beanspruchten Ili-Gebiet und in Turkestan liegenden Garnisonen kostete Unsummen. 1769 wurde Birma erneut unterworfen und 1790/91 schließlich Nepal erobert.

Weniger leichtes Spiel als mit ihren äußeren Feinden hatte die Regierung in Peking mit den eigenen unzufriedenen Volksmassen. 1774 brach in Shantung die erste große Revolte los. Ein Jahr später erhob sich in Honan ein Volksaufstand unter Führung der traditionellen Geheimgesellschaft »Weißer Lotos«, der schließlich sechs Provinzen ergriff. Es gelang dem Kaiser, der sich im Alter ohnehin mehr seinen schöngeistigen Liebhabereien widmete als den Regierungsgeschäften, nicht mehr, des Aufstandes Herr zu werden.

Den seit langem schwelenden Ritenstreit entschied Rom im Jahre 1774 mit der Anordnung, den Jesuitenorden aufzulösen. Das bedeutete de facto das Ende des Christentums im Reich der Mitte. Zwar blieben

Thron Ch'ien-lungs aus seinem Jagdpavillon, eine Schnitzlackarbeit.

manche Chinesen der neuen Religion trotz Verbot und Verfolgung treu, aber gerade die einflußreichen Familien der Gelehrten waren eifrig bemüht, sich von dem peinlichen Verdacht der Sympathie mit Christen alsbald zu befreien. So scheiterte der einst mit großen Hoffnungen unternommene Versuch, China auf dem friedlichen Wege der Mission fürs Christentum zu gewinnen.

1795 trat Ch'ien-lung zugunsten seines Sohnes zurück. Chia-ch'ing, der neue Kaiser, gehört zu den schwachen Herrschern im Reich der Mitte. Vielleicht nahm er gerade deshalb Zuflucht zu drakonischen Mitteln bei der Unterdrückung des »Weißen Lotos« und der Verfolgung von Christen. Er war dem Alkohol und den Frauen ergeben, und er ließ es zu, daß die Eunuchen erneut an Einfluß gewannen. Der Volksaufstand des »Weißen Lotos« wurde im Jahre 1802 mit unerhörter Grausamkeit niedergeschlagen. Allein im Bezirk einer einzigen Stadt wurden 20000 Bürger geköpft. Doch schon 1813 brach ein neuer Aufstand los, diesmal in Nordchina. Einem der Führer der »Sekte vom Himmelsgesetz« glückte es sogar, Zutritt zum Palastbezirk zu erlangen und bis zum Kaiser vorzudringen. Nur durch das überraschende Eingreifen seines Sohnes wurde Chia-ch'ing in letzter Minute gerettet.

Auch diese Volkserhebung konnte schließlich von der Regierung mit eiserner Faust unterdrückt werden, aber diese »Erfolge« trugen der Mandschu-Dynastie von seiten des chinesischen Volkes nichts als Haß und Empörung ein. Ein starkes Nationalbewußtsein erwachte, und alle Mißstände im Reich wurden den fremden Herren, den Mandschu-Kaisern, zur Last gelegt. So entwickelte sich aus ursprünglich rein wirtschaftlich bedingter Unzufriedenheit eine immer weitere Kreise ziehende Ablehnung des regierenden Herrscherhauses.

Aus den Jahren 1796 und 1814 stammen drei strenge Erlasse Kaiser Chia-ch'ings gegen den Opiumhandel, die jedoch, unter Beteiligung hoher chinesischer Beamter, auf dem Schmuggelwege unterlaufen wurden und praktisch unwirksam blieben. Als der Kaiser 1820 starb, übernahm sein Sohn Tao-kuang ein schwer belastetes Erbe. Der junge Himmelssohn war ein fähiger, engagierter und von den besten Absichten geleiteter Herrscher, der von allen Beteiligten vielleicht die geringste Schuld an den verheerenden Folgen der ersten großen militärischen Auseinandersetzung mit der europäischen Weltmacht England trug.

Das Monopol des englischen Handels mit China lag bei der Ostindischen Kompanie, die seit 1786 eine feste Handelsniederlassung in Kanton besaß. Um die Handelsbilanz auszugleichen – China exportierte große Mengen an Seide und vor allem Tee, importierte aber nur geringe Mengen an Zinn, Blei und Wollstoffen –, waren die englischen Handelsherren auf einen genialen Ausweg verfallen: Von Bengalen aus führten sie Opium nach China ein; im Jahre 1838 waren es bereits über 40 000 Kisten, von denen jede rund 65 Kilogramm enthielt, die Gewinnspanne lag bei 69 bis 145 Prozent.

Zeitgenössische französische Karikatur über den Opiumhandel zwischen Chinesen und Engländern.

Die Folgen für das Reich der Mitte waren katastrophal, und zwar in dreierlei Hinsicht. Einmal kippte bereits Anfang der dreißiger Jahre die Handelsbilanz: Während China im zweiten Jahrzehnt fast 10 Millionen Unzen Silber am Handel mit der Ostindischen Kompanie verdient hatte, zahlte es allein zwischen 1831 und 1833 die gleiche Summe für Opium. Zweitens war die in dieser Beziehung ohnehin labile chinesische Beamtenschaft, die am Opiumschmuggel Riesensummen verdiente, derart korrumpiert, daß die Regierung in Peking sie eigentlich nur noch abschreiben konnte, und drittens stellte die wachsende Drogenabhängigkeit eine ernste Bedrohung der Volksgesundheit dar. Dieser letzte Faktor scheint schließlich für das Eingreifen des Kaisers ausschlaggebend gewesen zu sein. Durch einen schweren Fall von Opiumsucht in der eigenen Familie – einer der Prinzen war der Droge verfallen – wurden Tao-kuang die Augen geöffnet. Er schickte den besten Mann, der ihm zur Verfügung stand, nach Kanton, um dem Opiumschmuggel ein Ende zu setzen: Lin Tse-hsü, einen ebenso energischen wie unbestechlichen Beamten.

Als kaiserlicher Kommissar mit Sondervollmachten forderte Lin den englischen Handels-Superintendenten Charles Elliot auf, ihm alles in Kanton lagernde Opium zur Vernichtung auszuliefern. Da Elliot sich weigerte, ließ er die Speicher, in denen sich dreihundert Arbeiter und Angestellte befanden, verschließen und die Eingeschlossenen hungern, bis sie nach vierzig Tagen kapitulierten. 22 291 Kisten Opium wurden im Meer versenkt. Anschließend zwang Lin die Engländer, eine Erklärung zu unterschreiben, daß kein Opium mehr nach China importiert würde. Dann mußten, im Mai 1839, alle Beauftragten der Ostindischen Kompanie Kanton verlassen.

Ohne Kriegserklärung von irgendeiner Seite wurde im November 1839 die chinesische Flotte vor der kantonesischen Küste von englischen Kriegsschiffen beschossen. Kurz darauf bombardierten englische Flotteneinheiten die südostchinesische Küste; über Kanton wurde die Blokkade verhängt. Zum Schrecken des Hofes in Peking zeigte sich, daß die »rothaarigen Barbaren« über kampfkräftige, moderne Waffen verfügten, denen die Chinesen nichts entgegenzusetzen hatten. Mühelos eroberten die Engländer die Küstenstädte Hongkong, Kanton, Amoy, Ningpo, Futschou und Shanghai. Im August 1842 kreuzten sie mit 80 Schiffen vor Nanking auf.

Unter diesen Umständen blieb Tao-kuang keine Wahl, er mußte um Frieden bitten. Der noch im gleichen Jahr unterzeichnete Friedensvertrag von Nanking kam einer bedingungslosen Kapitulation gleich. Hongkong mußte für 99 Jahre an die Briten verpachtet werden, die anderen eroberten Hafenstädte wurden zu »Vertragshäfen« erklärt, in denen die Engländer Niederlassungen und Speicher errichten durften. Außerdem hatte China eine Kriegsentschädigung in Höhe von 21 Millionen Silberdollar zu entrichten. Diese harten Bedingungen wurden ein Jahr später durch einen Zusatzvertrag noch verschärft, der unter dem Namen »Pakt der meistbegünstigten Nation« in die Geschichte einging. Darin wurde festgesetzt, daß China automatisch jedes Vorrecht, das irgendeiner anderen Nation gewährt wurde, auch England einräumen mußte. Außerdem verlor das Reich der Mitte das Recht auf Zollkontrolle, die fortan ausländischen Konsuln überlassen blieb. Die so offenkundig zutage getretene Schwäche Chinas rief schon 1844 Frankreich und die USA auf den Plan. Beide sicherten sich vertraglich ähnliche Handelsprivilegien. Der Opiumhandel blieb zwar offiziell verboten, aber der Drogenschmuggel blühte wie nie zuvor.

Tao-kuang, der geschlagene Kaiser, starb 1850, neuer Himmelssohn wurde sein zwanzigjähriger Sohn Hsien-feng. Entsprechend der Sitte richtete er sich einen neuen Harem ein, doch wurden die Mädchen zu dieser Zeit nicht mehr vor allem nach ihrer Schönheit ausgesucht, sondern nach ihrer Herkunft. So gelangte auch eine gewisse Tz'u-hsi, die Tochter eines Mandschu-Mandarins, in den Palast. Aufgrund der – verglichen mit den Vätern der anderen auserwählten Liebesdienerinnen – relativ untergeordneten Stellung ihres Vaters erhielt die Sechzehnjährige zunächst nur den fünften, den untersten Rang einer kaiserlichen Konkubine. Doch nachdem sie Hsien-feng 1856 den ersten Sohn, den späteren Kaiser T'ung-chih geboren hatte, rückte sie in den ersten Rang auf. In der letzten Phase des chinesischen Kaiserreiches sollte die

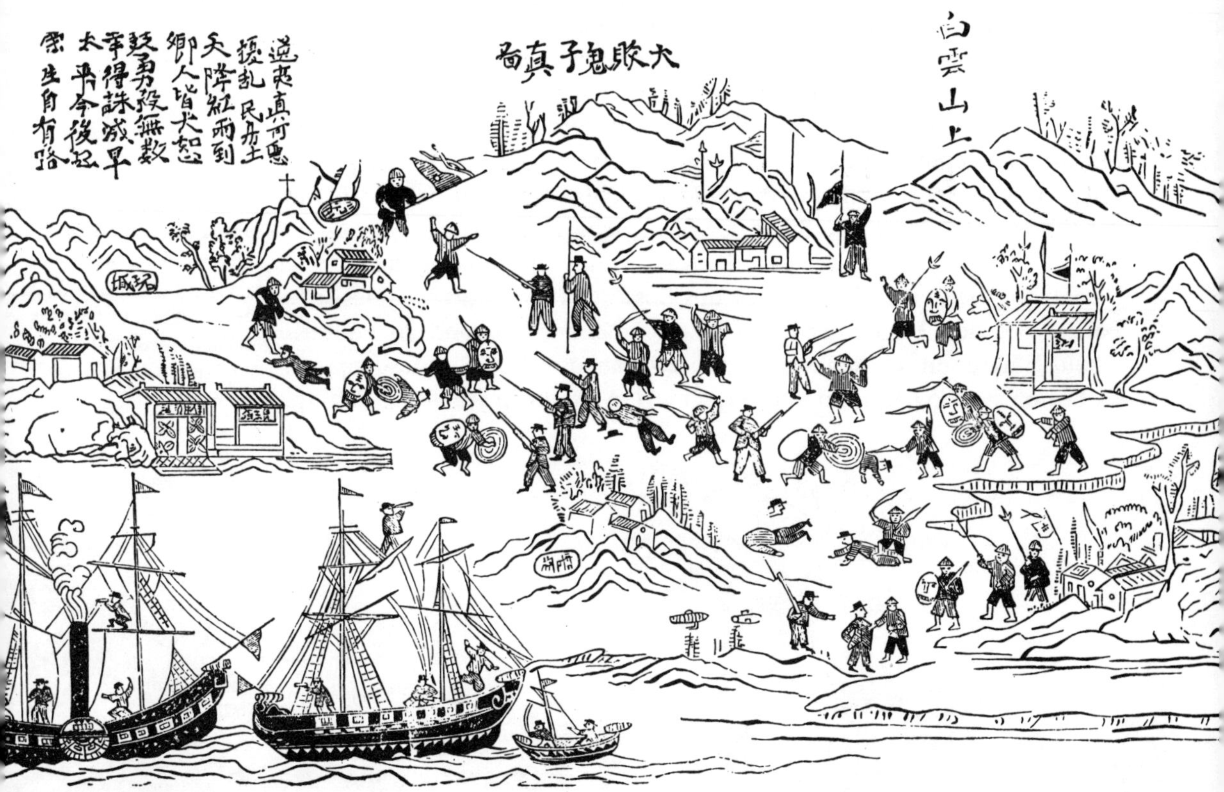

Volkstümliche Darstellung der T'ai-p'ing-Aufstände, die 1850–1862 der Mandschu-Dynastie zu schaffen machten.

energische, intelligente Tz'u-hsi noch eine Rolle von eminent politischer Bedeutung spielen.

Hsien-fengs zehnjährige Regierungszeit stand ganz unter dem Schatten der T'ai-p'ing-Aufstände, die von 1850 bis 1862 eine ernste Bedrohung für die Mandschu-Dynastie darstellten. Hung Hsiu-chuan, der Anführer dieser einflußreichen Bauernbewegung, hatte durch Kontakte mit Missionaren einiges über das Christentum erfahren. Er nannte sich »Jüngerer Bruder Christi« und versprach seinen Anhängern das Reich T'ai-p'ing (»Höchster Friede«) auf Erden. Sein soziales Reformprogramm umfaßte eine Neuverteilung der Felder entsprechend ihrer Fruchtbarkeit, die Umwandlung allen Besitzes in Gemeineigentum und die volle Gleichberechtigung von Mann und Frau. Prostitution sowie der Genuß von Alkohol, Tabak und Opium wurden verboten. Die Verurteilung der Kapitulation von 1842 und die Tatsache, daß nicht nur viele Beamte, sondern auch der überwiegende Teil der Regierungstruppen zu den Mandschu gehörten, verlieh dem Volksaufstand bald auch einen nationalen Charakter.

1853 eroberte Hung Hsiu-chüan Nanking und machte es zu seiner Hauptstadt. Der Versuch, sich auch Pekings zu bemächtigen, scheiterte allerdings. Die Europäer zögerten lange, in den inneren Auseinandersetzungen Chinas Partei zu ergreifen. Vor allem die Missionare hofften zunächst, bei den T'ai-p'ing-Leuten Unterstützung bei der Christianisierung des Landes zu finden. Schließlich zeigte sich aber, daß den Revolutionären mehr an der Verwirklichung ihrer sozialistischen Ideen lag als an einer religiösen Wende. Außerdem befürchteten die europäischen Mächte, mit einer starken T'ai-p'ing-Regierung, die die Verträge von 1842/44 nicht anerkannte, weit weniger leichtes Spiel zu haben als mit der schwachen, kompromißbereiten Mandschu-Regierung.

1856 brach aus nichtigem Anlaß der zweite Opiumkrieg aus. Eine Verletzung der britischen Flagge des Seglers *Arrow* durch chinesische Polizei bot den Engländern den willkommenen Vorwand zu militärischem Eingreifen. Gemeinsam mit ihren französischen Bundesgenossen eroberten sie 1857 Kanton und marschierten weiter in Richtung Peking.

Einzug des Generalbevollmächtigten der Chinesen in Tientsin zur Teilnahme an den Friedensverhandlungen mit den Engländern und Franzosen im Jahre 1858.

Hsien-feng floh in seinen Palast nach Jehol. Im Juni 1858 wurde der Friedensvertrag von Tientsin geschlossen. China mußte in allen Punkten klein beigeben: Zehn weitere chinesische Hafenstädte wurden zwangsweise zu Freihäfen erklärt, die Errichtung ausländischer Gesandtschaften in Peking gestattet sowie 4 Millionen Unzen Silber an England und 2 Millionen an Frankreich gezahlt. Katholische und protestantische Missionare erhielten das Recht zur freien Betätigung im Reich der Mitte. Die USA und Rußland erwirkten umgehend ähnliche Konzessionen für sich. Kleinere Zusammenstöße mit den Chinesen führten 1860 abermals zur Entsendung eines britisch-französischen Expeditionskorps nach Peking; der Sommerpalast des Kaisers wurde zerstört. Nun wurde auch Tientsin zum Freihafen gemacht, die festgesetzte Kriegsentschädigung belief sich auf 16 Millionen Unzen Silber, von denen England und Frankreich jeweils die Hälfte kassierten. Ferner wurden der Opiumhandel legalisiert und der Inlandszoll für ausländische Textilien abgeschafft. Der letzte Punkt des Pekinger Vertrages, die pauschale Genehmigung für ausländische Schiffe, chinesische Binnengewässer zu befahren, brachte das einst so stolze und überlegene Chinesische Reich dem Status einer Kolonie gefährlich nahe.

1857 war es außerdem zwischen Rußland und China zu Streitigkeiten wegen Ostsibirien gekommen, auf das die Russen Anspruch erhoben. Ein Jahr später kam in einem Grenzstädtchen am Amur der Vertrag von Aigun zustande, in dem China Teile der nördlichen Mandschurei an Rußland abtreten mußte. Dort gründeten die Russen im Jahre 1860 die Stadt Wladiwostok.

Ohne seine Hauptstadt noch einmal wiedergesehen zu haben, starb Kaiser Hsien-feng im Jahre 1861 in seinem Palast in der nordchinesischen Stadt Jehol. Er hinterließ einen einzigen Sohn, das sechsjährige Kind seiner Konkubine Tz'u-hsi, für den seine Mutter elf Jahre lang die Regentschaft ausübte – pro forma gemeinsam mit der rechtmäßigen Kaiserin Hsiao-chen. Mit der Eroberung Nankings durch die chinesischen Regierungstruppen konnte 1864 der T'ai-p'ing-Aufstand beendet werden. Der Bürgerkrieg hatte über 20 Millionen Tote gefordert, 600 Städte waren zerstört worden. Zahlreiche Chinesen verließen ihr Land, weil es ihnen keine Existenzgrundlage mehr bot, sie gingen als Plantagenarbeiter in die Südpazifik-Länder oder in die USA zum Eisenbahnbau.

Noch im selben Jahr begann in der Provinz Kansu der Mohammedaneraufstand, der 1865 mit großer Grausamkeit niedergeschlagen wurde. Die Bevölkerungszahl soll von 15 Millionen auf eine Million gesunken sein. 1866 folgte die Erhebung des Jakub Bek in Turkestan, eines chinesischen Gouverneurs, der dem Islam angehörte. Er gründete in Turkestan einen mohammedanischen Staat, der enge Kontakte zu dem großen osmanischen Reich im Westen unterhielt und den türkischen Sultan als Schutzherrn anerkannte.

Abb. S. 242/243: Die Geschichte des »Gartens der Pflege des Friedens«, heute kurz Sommerpalast genannt, reicht bis ins 12. Jahrhundert zurück. Unter Kaiser Ch'ien-lung erreichte er seine größte Ausdehnung, bis er im 19. Jahrhundert mehrmals von ausländischen Truppen zerstört wurde. Kaiserin Tz'u-hsi investierte alle Gelder, die für den Bau einer chinesischen Flotte zusammengetragen worden waren, in die Restauration eines Teils des Parks. Heute ist er ein beliebtes Erholungsgebiet der Pekinger.

1872 wurde der siebzehnjährige Kaiser T'ung-chih mündig und übernahm selber die Regierungsgewalt. Er förderte den Unterricht in westlichen Sprachen und Techniken und schickte Chinesen zum Studium ausländischer Verhältnisse nach Europa. Auch dringend notwendigen Reformen im Inneren stand der junge Kaiser sehr aufgeschlossen gegenüber, doch fiel er 1875, kaum 20 Jahre alt, einer Pockenepidemie zum Opfer und hinterließ keinen Erben.
Tz'u-hsi, die Mutter des verstorbenen Kaisers, setzte in einer dramatischen nächtlichen Sitzung des Kronrates ihren Willen durch: Kuang-hsü, ihr dreijähriger Neffe, wurde mit Mehrheit zum neuen Himmelssohn ernannt. Die Regentschaft für den Kindkaiser übernahm selbstverständlich seine ehrgeizige Tante Tz'u-hsi.
1877 gelang es den chinesischen Truppen unter dem fähigen General Tso Tsung-t'ang (1812–1885), das turkestanische Reich Jakub Beks zu besiegen. 1882 erhielt Turkestan unter dem Namen Sinkiang (»Neues Grenzland«) einen Sonderstatus mit eigener Verwaltung. Im selben Jahr kam ein Vertrag zwischen China und Rußland zustande; gegen eine Entschädigung von 9 Millionen Unzen Silber trat Rußland das Ili-Gebiet wieder an China ab. Das waren so ziemlich die letzten außenpolitischen Erfolge des chinesischen Kaiserreichs. Gegen die Annexionsbestrebungen Englands und Frankreichs an seinen Grenzen war das Reich der Mitte machtlos. Schon 1874 hatte Frankreich ein Protektoratsabkommen mit Saigon abgeschlossen und im selben Jahr Tongking (heute Nordvietnam) erobert. Um die Vorherrschaft in dem im Süden angrenzenden Annam entbrannte nun ein Krieg zwischen Frankreich und China. Trotz militärischer Erfolge schloß die Regierung in Peking 1885 den Friedensvertrag von Tientsin, in dem Annam an die Franzosen abgetreten wurde. In diesen Jahren übte Japan einen immer stärkeren Druck auf China aus, das schließlich in der strittigen Koreafrage 1885 auf einen Kompromiß eingehen mußte. Korea wurde zum gemeinsamen Interessengebiet Chinas und Japans erklärt, eine Übergangslösung, die nicht von Dauer sein konnte. An Chinas Westflanke erzwang England 1886 die Abtretung Birmas.
Drei Jahre später wurde Kaiser Kuang-hsü volljährig und übernahm die Regierungsgeschäfte. Der junge Herrscher zeigte sich Reformbestrebungen gegenüber zwar aufgeschlossen, konnte sich indessen nicht von der Bevormundung seiner zutiefst konservativen Tante, der jetzt offiziell als Kaiserinwitwe anerkannten Tz'u-hsi, lösen. Der neunzehnjährige Kaiser sah wie ein Knabe aus, er war zart, kränklich, sensibel und gelegentlich apathisch. Eine chronische Lungenkrankheit hatte seine Stimme geschwächt, die »zart und dünn wie das Summen eines Moskitos war. Die nicht daran gewöhnt waren, ihn zu hören, konnten nicht verstehen, was er sagte, so gering war die Lautstärke.«[66]
Tz'u-hsi lebte als kaiserliche Regentin im Ruhestand während des Sommers in ihrem prachtvollen neuen Gartenpalast in I-ho-yüan, zweiein-

Offizielles Fotoporträt der Kaiserin Tz'u-hsi, die »Mütterliche, Glückverheißende«.

halb Stunden von Peking entfernt, im Winter in ihren eigenen Gemächern innerhalb der Verbotenen Stadt, Tür an Tür mit dem Kaiser. Sie führte einen äußerst kostspieligen Haushalt, malte ein wenig, entwarf Pavillons und kleine Brücken, beschäftigte sich mit dem Bau ihres prunkvollen Mausoleums, erfreute sich an turbulenten Theateraufführungen und widmete sich mit wahrer Leidenschaft ihrem Hauptvergnügen, dem Essen. Über all diesen Zerstreuungen vergaß sie jedoch nie, ein wachsames Auge auf die Vorgänge am Kaiserhof zu halten und, wenn es ihr nötig schien, energisch und autoritär einzugreifen. Dabei kam ihr die chinesische Pietät, die auch von längst erwachsenen Kindern absoluten Gehorsam gegenüber ihren Eltern verlangt, zugute. Offiziell galt die alternde Kaiserinwitwe ja längst als Mutter ihres kaiserlichen Neffen, den sie vor Jahren adoptiert hatte.

Die schwelenden Feindseligkeiten zwischen China und Japan entluden sich 1894 im Ausbruch des Japanisch-Chinesischen Krieges, der mit einer furchtbaren Niederlage der Chinesen endete. Peking mußte 1895 im Vertrag von Shimonoseki Korea, Formosa und die Pescadoren-Inseln an Japan abtreten. Die Kriegsentschädigung belief sich auf 200 Millionen Silberdollar, und das Reich der Mitte mußte vier weitere Freihäfen öffnen. Ein Zusatzvertrag von 1896 garantierte den Japanern sogar das Recht, dort

Im Sommerpalast bei Peking ließ Kaiserin Tz'u-hsi diese Steinbarke errichten.

eigene Industrien aufzubauen. Zu seiner Rückendeckung schloß China noch im gleichen Jahr mit Rußland einen gegen Japan gerichteten Verteidigungspakt ab und gestattete den Russen, die Transsibirische Eisenbahn durch die Mandschurei bis zum Meer zu verlängern.

Die damaligen europäischen Großmächte mit Ausnahme von Österreich-Ungarn nutzten die Schwäche der Mandschu-Regierung, um weitere Gebietsabtretungen zu erzwingen. Frankreich, England und Deutschland liehen China Geld zur Begleichung der Reparationskosten, als Sicherheit stellte das Land seine Zolleinkünfte sowie die Durchgangs- und Salzsteuer zur Verfügung.

Im November 1897 nahm Kaiser Wilhelm II. die Ermordung von zwei deutschen Missionaren in Kiautschou zum Vorwand, den Hafen auf der Halbinsel Shantung von seinen Kriegsschiffen erobern zu lassen und China zur Verpachtung eines 5000 Quadratkilometer großen Gebiets für 99 Jahre zu zwingen. Im folgenden Jahr besetzte Rußland den Hafen von Port Arthur und »pachtete« ihn sowie den Umkreis von hundert Kilometern für 25 Jahre. Sämtliche Bergbau- und Eisenbahnrechte für diese Gebiete fielen an die »Pächter«. Daraufhin erzwang England die gleichen Privilegien für die Hafenstadt Weihaiwei auf Shantung, während Frankreich den Hafen von Kuangchouwan südlich von Hongkong an

Die »Halle, die das Licht empfängt« an der Südseite des »Nordseeparks« in Peking. Sie birgt einen wertvollen Jadebuddha aus Burma, den Kaiser Kuang-hsü dort aufstellen ließ.

sich riß. Der Ausverkauf chinesischer Gebiete ging schließlich so weit, daß die Europäer das ohnmächtige Reich der Mitte untereinander großzügig in Interessensphären aufteilten: Das Jangtse-Tal wurde Großbritannien zugesprochen, Süd-Kuangtung und Süd-Yünnan den Franzosen, Teile von fünfzig chinesischen Provinzen den Deutschen, die Mandschurei und Tschili den Russen. Die völlige Zerstückelung Chinas wurde, abgesehen von der Eifersucht der räuberischen Großmächte aufeinander, am Ende nur durch das Eingreifen der USA verhindert, deren Politik der offenen Tür zwar allen Nationen gleiche Rechte in den »gepachteten« Gebieten zusicherte, im übrigen aber ausdrücklich von einem ungeteilten China ausging.

Der Kaiser und seine engsten Berater versuchten, mit verstärkten Reformbewegungen zu retten, was noch zu retten war. Die berühmte Hundert-Tage-Reform begann am 11. Juni 1898. Kuang-hsü verkündete ein Dekret, das sein Lehrer und Minister Weng-T'ung-ho entworfen hatte. Es betonte die Notwendigkeit, jeden Zweig des europäischen Wissens gründlich zu studieren. Die hoffnungslose und folgenschwere Unterlegenheit der konfuzianischen Traditionalisten gegenüber dem technisch-naturwissenschaftlichen Know-how der Europäer hatte endlich so manchem einflußreichem Gelehrten die Augen geöffnet. In einem Gespräch mit dem Reformer K'ang Yu-wei definierte der Kaiser selbstkritisch die miserable Lage der Nation: »Die Leute aus dem Westen gehen nützlichen Studien nach, während wir Chinesen uns nutzlosen Studien widmen. So hat sich die augenblickliche Situation ergeben.«[67] Praktische Maßnahmen waren die Folgen des Umdenkens

Gruppenbild des buntgemischten europäischen Expeditionskorps, das im Jahre 1900 in Peking eine 55tägige Blockade durch die rebellierenden »Boxer« zu bestehen hatte.

am Kaiserhof: die Gründung von Schulen und einer Universität in der Hauptstadt, die Einführung von Patenten, eine Modernisierung des Prüfungswesens. Die Mandschu durften, zum erstenmal seit Beginn der Dynastie, bürgerliche Berufe ergreifen; man empfahl ihnen besonders die Kaufmanns- und Handelslaufbahn. Die militärische Ausbildung wurde modernisiert und jedem Beamten gestattet, ohne Wissen der Vorgesetzten Eingaben an den Thron zu machen. Unter dem Einfluß des radikalen Reformpolitikers T'an Ssu-t'ung (1865–1898) fing Kuang-hsü sogar an, den wie ein Krebsgeschwür wuchernden bürokratischen Apparat schrittweise abzubauen.

Am 21. September 1898 setzte die Kaiserinwitwe Tz'u-hsi der Hundert-Tage-Reform ein Ende. Unter dem Vorwand, ihr »Sohn« Kuang-hsü habe die Hand gegen sie erhoben, ließ sie den Kaiser von den Palastwachen verhaften und ins Gefängnis werfen. Unmittelbar darauf übernahm sie erneut die Regentschaft. Alle Reformen wurden unverzüglich widerrufen, die Getreuen des Kaisers verhaftet, verurteilt und gnadenlos hingerichtet.

Die reaktionäre Politik der neuen Regierung führte im ganzen Land zu Volksaufständen, deren Initiatoren verschiedene Geheimgesellschaften waren. Eine von ihnen trug den Namen »Faustkämpfer für Recht und Einigkeit«. Die Europäer vereinfachten die Bezeichnung und faßten alle Einzelrevolten unter dem Schlagwort »Boxeraufstand« zusammen. Durch ihr Verhalten trugen sie selbst dazu bei, daß es dem Mandschu-Clan gelang, die gegen ihn gerichtete Rebellion in einen Aufstand gegen die Eindringlinge aus dem Westen umzufunktionieren, die den National-

Italien, Großbritannien, Japan, Rußland, Deutschland, Frankreich und die USA tanzen um den zerberstenden Popanz »China«.

stolz der Chinesen schon so lange verletzt und ihr Land ausgeplündert hatten. Nach anfänglichen Bedenken gegen eine Solidarisierung mit den Aufständischen entschloß sich Tz'u-hsi schließlich, mit Hilfe der »Boxer« zwei brennende Probleme gleichzeitig zu lösen: die Europäer aus China zu vertreiben und die lästigen Reformer ein für allemal zu vertilgen. Die »Boxer« zogen in Peking und Tientsin ein, das Gesandtschaftsviertel wurde belagert, der deutsche Gesandte Klemens von Ketteler am 19. Juni 1900 ermordet. Zwei Tage später erklärte China all seinen Kontrahenten gleichzeitig den Krieg: Großbritannien, Frankreich, Deutschland, Italien, Österreich, Belgien, Holland, Japan und den USA. Ein internationales Expeditionskorps eroberte nach heftigen Kämpfen am 16. August Peking. Die Kaiserinwitwe und der Hof konnten gerade noch auf armseligen Karren nach Hsi-an-fu in der Provinz Shensi fliehen, den inhaftierten Exkaiser Kuang-hsü nahm man mit.

Im September 1901 wurde der schmachvolle Friedensvertrag, bekannt als Boxer-Protokoll, unterzeichnet. Chinas Lage hatte sich noch erheblich verschlechtert. Es war zum Spielball der Siegermächte geworden, die sich weitreichende zusätzliche Privilegien sicherten und die enorme Summe von 450 Millionen Silberdollar als Kriegsentschädigung festsetzten, zahlbar in Raten bis ins Jahr 1940. Jeder Import von Waffen wurde dem Reich der Mitte untersagt, fremdenfeindliche Aktionen unter Verbot gestellt. Begründet wurden diese außerordentlich harten Bedingungen mit Verbrechen gegen das Völkerrecht und die Menschenrechte, deren China sich schuldig gemacht hätte. Dabei ging es um 247 getötete Missionare, 30 000 umgekommene Konvertiten und 66 weitere Opfer im Pekinger Gesandtschaftsviertel.

Im Januar 1902 kehrte der Hof nach Peking zurück. Tz'u-hsi hatte erkannt, daß es ganz ohne Reformen auch im Reich der Mitte nicht länger ging. Sie erlaubte Heiraten zwischen Mandschu und Chinesen, verbot das Einschnüren der Füße und führte Prüfungen in Geschichte, Geographie und Naturwissenschaften ein. 1903 ließ sie ein Handelsministerium einrichten, und 1906 ordnete sie an, daß die Zollangelegenheiten endlich wieder von Chinesen wahrgenommen wurden. Im selben Jahr erfolgte eine Reform des Rechtswesens, das Erpressen von Geständnissen unter der Folter wurde abgeschafft, ebenso die Hinrichtung durch In-Streifen-Schneiden. Für die Ächtung des Opiumimports und die Ausmerzung des Mohnanbaus im eigenen Land gewann sie überraschenderweise die Unterstützung Großbritanniens. Ja, die rüstige Regentin verkündete 1906 sogar die Einführung der konstitutionellen Monarchie nach europäischem Muster, wenn auch erst für das Jahr 1917. 1908 wurde Tz'u-hsi von der Ruhr befallen und starb im Alter von 73 Jahren. Kuang-hsü, der unglückliche junge Kaiser, war am Abend vor dem Tode seiner mächtigen Tante verschieden. Der Arzt diagnostizierte Nierenschrumpfung, aber sehr wahrscheinlich war Gift im Spiel. Tz'u-hsi jedenfalls setzte noch unmittelbar nach seinem Tode, wenige Stunden vor ihrem eigenen Ableben, den zweijährigen Prinzen P'u-yi aus einer Nebenlinie zum Nachfolger auf dem Drachenthron ein.

Der Kindkaiser, dessen Tempelname Hsüan-t'ung lautete, »regierte« kaum länger als drei Jahre. 1911 brach im Süden des Reiches eine mächtige republikanische Revolution aus, an deren Spitze der Bauernsohn Sun Yat-sen (1866–1925) stand, der eine Missionsschule besucht und Medizin studiert hatte. Am 29. Dezember 1911 wurde er in Nanking zum Präsidenten der Republik China ausgerufen. Am 12. Februar 1912 dankte der fünfjährige Kaiser ab, weil »der Wille der Vorsehung klar ist und die Wünsche des Volkes unmißverständlich sind«[68]. Damit war die Herrschaft der Mandschu-Dynastie, des letzten chinesischen Kaiserhauses, beendet, abgesehen von einem kurzen Zwischenspiel im Jahre 1917, als P'u-yi im Zuge einer Gegenrevolution noch einmal für vierzehn Tage den Drachenthron bestieg.

Nach seiner Abdankung durfte der Exkaiser weiterhin in der Verbotenen Stadt residieren, wo er mit einer Jahresapanage von vier Millionen Silbertalern – das entspricht etwa zwanzig Millionen Mark – wie eh und je unumschränkt über den kaiserlichen Haushalt gebot, zu dem allein zweitausend Eunuchen gehörten. 1922, im Alter von sechzehn Jahren, heiratete P'u-yi die gleichaltrige Wang-jung (die »Dame mit dem anmutigen Gesicht«). Gleichzeitig aber nahm er die erst dreizehnjährige Wenhsiu (das »farbenfreudige und literarische Mädchen«) als Konkubine in den Palast. Vom ersten Tag dieser seltsamen »Ehe zu dritt« bevorzugte

P'u-yi als Kaiser von Mandschukuo (1934) mit seiner Gemahlin.

er seine Nebenfrau so eindeutig, daß seine vernachlässigte Gemahlin schließlich Zuflucht und Trost im Opiumrausch suchte.
Im chinesischen Bürgerkrieg zwischen Nationalisten und Kommunisten wurde die kaiserliche Familie im November 1924 aus Peking vertrieben. P'u-yi ging ins Exil. Im exterritorialen Gebiet der Stadt Tientsin paktierte er mit Japanern und westlichen Geheimdiensten in der Hoffnung, mit ihrer Hilfe ein politisches Comeback zu erzielen. Die Japaner gewährten dem Exkaiser sogar eine monatliche Rente von 250 Dollar. In dieser Zeit verließ die schöne Wen-hsiu den »Himmelssohn« und forderte über ihren Anwalt eine Entschädigung von 100000 Silbertalern (etwa 500000 Mark). Ihre Drohung, andernfalls sein skandalöses Privatleben aufzudecken, bewog P'u-yi zur Zahlung. Er hatte inzwischen seine Vorliebe für hübsche, junge Eunuchen entdeckt ...
Nach der Eroberung Nordostchinas machten die Japaner ihren Schützling erst zum Präsidenten, 1934 zum Kaiser ihres Protektorats Mandschukuo – ein wohlklingender Titel, mit dem jedoch keinerlei politische Macht verbunden war. Ohne Erlaubnis durfte P'u-yi nicht einmal seinen kleinen Palast in der Stadt Chang-chun verlassen. Das kaiserliche Schattenkabinett bestand zwar aus chinesischen Ministern, doch die Regierungsgewalt lag allein in den Händen von deren japanischen Vizeministern.
Im Palastbezirk herrschte P'u-yi ebenso brutal und willkürlich wie einst in der Verbotenen Stadt. Tschiang Kai-schek, das Oberhaupt der nationalchinesischen Regierung, ließ ihn sogar in Abwesenheit zum Tode verurteilen, weil er chinesische Widerstandskämpfer gegen den Polizeiterror der japanischen Besatzer öffentlich enthaupten ließ. Ihre Köpfe wurden tagelang auf den Marktplätzen zur Schau gestellt.
Die zweite Karriere der kaiserlichen Schachfigur endete kläglich im Sommer 1945, als die Rote Armee der Sowjetunion die Mandschurei eroberte. Ein Fluchtversuch der kaiserlichen Familie scheiterte, weil sowjetische Kampfmaschinen auf dem Flugplatz von Chang-chun landeten, bevor ihr kleines Flugzeug starten konnte. Im Gepäck des Kaisers befand sich ein Koffer mit doppeltem Boden, in dem 468 kostbare Schmuckstücke aus Platin, Gold, Diamanten und Rubinen verborgen waren. Aus der Gefangenschaft in der sibirischen Stadt Tschita schrieb P'u-yi an Stalin: »Um den wirtschaftlichen Wiederaufbau der großen Sowjetunion zu unterstützen, überreiche ich Ihnen hiermit meinen gesamten Schatz.«[69] Gleichzeitig bat er darum, für immer in der Sowjetunion bleiben zu dürfen. Aber Stalin antwortete ihm nicht.
Die Haftbedingungen in Sibirien waren durchaus annehmbar. P'u-yi lebte mit seiner Familie in einer ehemaligen Pension, ließ sich von seinen Angehörigen bedienen und, da sie es nicht mehr wagten, ihn »Majestät« zu nennen, als »Obrigkeit« titulieren.
Am 31. Juli 1950 lieferte die Sowjetunion jedoch alle Kriegsgefangenen aus der Mandschurei an China aus. Der einstige Himmelssohn kam in

Der letzte Kaiser von China durfte sich als Gefangener der Volksrepublik gärtnerisch betätigen (1959) und starb 1967 in Freiheit als »kaiserlicher Genosse«.

eine Gemeinschaftszelle des Zuchthauses von Fu-shun – als Häftling Nr. 981.
Über diese vielleicht wichtigste Station in seinem an Abenteuern und Wechselfällen überreichen Leben berichtet P'u-yi in seinem 1973 auch auf deutsch erschienenen Buch *Ich war Kaiser von China:* »Das Gefängnis war für mich, was für Buddha der Bodhibaum war: der Ort einer neuen Geburt.«[70] Kein Geringerer als Mao Tse-tung hatte den Befehl gegeben, die Nr. 981 »zum Neuen Menschen zu formen«. Die Umerziehung des Kaisers erfolgte, wenn man seinen eigenen Worten Glauben schenken darf, allein mit so humanen Mitteln wie Literatur, Sport, Arbeit und Bewußtseinserweckung. Erst im Nachwort erfährt man, daß der Begriff »Gehirnwäsche« vom chinesischen *hsi nao* stammt und von den chinesischen Kommunisten kreiert wurde. Sicher ist allerdings, daß zu den Aufgaben des prominenten Häftlings auch gehörte, die Zelle zu schrubben, Abortkübel zu leeren und seine Häftlingskleidung zu flicken.
Nach neunjähriger Haft wurde P'u-yi »als nützlicher Mensch im neuen China« entlassen, arbeitete zunächst als Gärtner und erhielt später eine Stellung als Bibliothekar am Institut für Zeitgeschichte in Peking. Der ehemalige Kaiser von China paßte sich dem bescheidenen Leben im kommunistischen China perfekt an. Er führte einen bürgerlichen Namen und heiratete am 1. Mai 1962 die junge Krankenschwester Li Shu-hsien, mit der er in Peking in einer Einzimmerwohnung lebte. Täglich fuhr er mit dem Omnibus zur Arbeit; sein Gehalt betrug umgerechnet rund 150 Mark im Monat, ein für chinesische Verhältnisse recht gutes Einkommen.
Der geläuterte Himmelssohn trat in die Kommunistische Partei ein und wurde 1964 sogar Parlamentsabgeordneter – eine gewiß beispiellose Karriere für einen Exkaiser. Am 17. Oktober 1967 starb der »kaiserliche Genosse« im Alter von 62 Jahren an Nierenkrebs. In seinen Memoiren bezeichnete er sich als den »glücklichsten Menschen«, denn: »Ich tue nützliche Arbeit für das Volk ... Ich habe zum erstenmal ein eigenes Heim, Freunde und Genossen. Wie kann ich mich anders fühlen als zufrieden, da vor mir ein solch volles und breites Dasein liegt?«[71]

Anhang

Zeittafel

Legendäre »Urkaiser«
(ca. 2800–2000 v. Chr.)
Fu Hsi, Shen-nung, Huang-ti (Gelber Kaiser), Chuan-hsü, K'u, Yao, Shun

Hsia-Dynastie
(1994–1523 v. Chr.; frühere Dat.: 2205–1766)
Yü (Begr.), Chieh (letzter Hsia)

Shang-Dynastie
(ca. 1500–1025 v. Chr.; frühere Dat.: 1766–1122)
Ch'eng T'ang (Begr.), P'an-keng, Wu-ting, Chou Hsin

Westl. od. Frühere Chou-Dynastie
(1025–770 v. Chr.)
Wen-wang (Begr.), Ch'eng-wang, Chao-wang, Mu-wang, Li-wang, Yu-wang

Östl. od. Spätere Chou-Dynastie
(771–256 v. Chr.)
Ping-wang (Begr.), Ch'un-ch'iu-Periode 722–481, Streitende Reiche 481–221

Ch'in-Dynastie
(256–206 v. Chr.)
Shih Huang-ti (Erster Kaiser) 221–210, Erh-shih Huang-ti, Tzu-ying

Westliche od. Frühere Han-Dynastie
(206 v. Chr.–8 n. Chr.)
Kao-tsu (Liu Pang) 206–194
Hui-ti 194–191
Lü-hou (Regentin) 191–180
Wen-ti 180–157
Ching-ti 157–141
Wu-ti 141–87
Chao-ti 87–75
Hsüan-ti 74–48
Yüan-ti 48–33
Ch'eng-ti 33–6

Ai-ti 6 v. Chr.–2 n. Chr.
Ping-ti 2–6
Ju-tzu-ying 6–9

Hsin-Dynastie
(9–23)
Wang Mang

Östl. od. Spätere Han-Dynastie
(23 bzw. 25–220)
Keng-shih 23–25
Kuang-wu 25–58
Ming-ti 58–76
Chang-ti 78–88
Ho-ti 89–105
Shang-ti 106–107
An-ti 107–126
Shun-ti 126–145
Ch'ung-ti 145–146
Chih-ti 146–147
Huan-ti 147–167
Ling-ti 168–189
Hsien-ti 190–220

Drei Reiche
Wei-Dyn. 220–265
Shu-Dyn. 221–264
Wu-Dyn. 222–280

Bis 589 zahlreiche Dynastien in mehreren chinesischen Kleinstaaten

Sui-Dynastie
(589–618)
Wen-ti 589–604
Yang-ti 604–618

T'ang-Dynastie
(618–906)
Kao-tsu 618–626
T'ai-tsung 626–649
Kao-tsung 649–683
Wu (Regentin u. Kaiserin) 683–705
Chung-tsung 705–710
Jui-tsung 710–712
Hsüan-tsung 712–756
Su-tsung 756–762
Tai-tsung 762–779
Te-tsung 779–805
Shun-tsung 805–806
Hsien-tsung 806–820
Mu-tsung 820–824
Ching-tsung 824–826
Wen-tsung 826–840
Wu-tsung 840–846
Hsüan-tsung 846–859
I-tsung 859–873
Hsi-tsung 873–888
Chao-tsung 888–904
Ai-tsung 904–906

Fünf Dynastien (Norden) und Zehn Reiche (Süden)
(907–960)

Nördliche Sung-Dynastie
(960–1126)
T'ai-tsu 960–976
T'ai tsung 976–997
Chen-tsung 997–1022
Jen-tsung 1022–1063
Ying-tsung 1063–1068
Shen-tsung 1068–1085
Che-tsung 1085–1101
Hui-tsung 1101–1125
Ch'in-tsung 1125–1126

Südliche Sung-Dynastie
(1127–1279)
Kao-tsung 1127–1163
Hsiao-tsung 1163–1190
Kuang-tsung 1190–1195
Ning-tsung 1195–1225
Li-tsung 1225–1265
Tu-tsung 1265–1275
Kung-tsung 1275–1276
T'uan-tsung 1276–1278
P'ing-ti 1278–1279

Yüan-Dynastie (Mongolen)
Shih-tsu (Kublai) 1280–1294
Ch'eng-tsung (Timur) 1294–1307
Wu-tsung (Kuluk) 1307–1312
Jen-tsung (Buyantu) 1312–1320
Ying-tsung (Sudhipala) 1321–1323
T'ai-ting (Yesun Timur) 1323–1328
Ming-tsung (Kushala) 1329–1330
Wen-tsung (Togh Timur) 1330–1333
Ning-tsung (Rinchen Pal) 1333
Shun-ti (Toghan Timur) 1333–1368

Ming-Dynastie
(1368–1644)
T'ai-tsu 1368–1398
Hui-ti 1399–1402
Ch'eng-tsu (Yung-lo) 1403–1425
Jen-tsung 1425–1426
Hsüan-tsung 1426–1435
Ying-tsung 1435–1450
Ching-ti 1450–1456
Ying-tsung 1457–1465 (2. Mal)
Hsien-tsung 1465–1487
Hsiao-tsung 1488–1505
Wu-tsung 1506–1522
Shih-tsung 1522–1567
Mu-tsung 1567–1573
Shen-tsung (Wan-li) 1573–1620
Kuang-tsung 1620
Hsi-tsung 1621–1627
Chuang-lieh-min-ti (Ch'ung-chen) 1628–1644

Ch'ing-Dynastie (Mandschu)
(1644–1911)
Shun-chih (Shih-tsu) 1644–1661
K'ang-hsi (Sheng-tsu) 1661–1722
Yung-cheng (Shih-tsung) 1722–1735
Ch'ien-lung (Kao-tsung) 1735–1795
Chia-ch'ing (Jen-tsung) 1795–1820
Tao-kuang (Hsüan-tsung) 1820–1850
Hsien-feng (Wen-tsung) 1850–1861
Tz'u-hsi (Regentin) 1861–1872
T'ung-chih (Mu-tsung) 1872–1875
Tz'u-hsi (Reg.) 1875–1887
Kuang-hsü (Te-tsung) 1887–1898
Tz'u-hsi (Reg.) 1898–1908
P'u-yi (Hsüan-t'ung) 1908–1911

Zitatnachweise

1 Zit. nach Christie, *Chinesische Mythologie*, S. 79.
2 H. Franke u. R. Trauzettel, *Das chinesische Kaiserreich*, S. 26.
3 Zit. nach H. Schreiber, *Die Chinesen*, S. 41.
4 Zit. nach H. Schreiber, a. a. O., S. 43.
5 Tsung-Tung Chang, *Der Kult der Shang-Dynastie im Spiegel der Orakel in Schriften*, S. 48 u. 82.
6 Zit. nach E. H. Schafer, *China*, S. 112.
7 M. Granet, *Die chinesische Zivilisation*, S. 189.
8 M. Granet, a. a. O., S. 209.
9 Geng Wu, *Die Staatslehre des Han Fei*, S. 33.
10 Zit. nach Geng Wu, a. a. O., S. 18.
11 Zit. nach Geng Wu, a. a. O., S. 17.
12 Zit. nach Geng Wu, a. a. O., S. 17.
13 Zit. nach H. Schreiber, a. a. O., S. 90.
14 Zit. nach Geng Wu, a. a. O., S. 57.
15 Zit. nach Geng Wu, a. a. O., S. 32.
16 Zit. nach Geng Wu, a. a. O., S. 66.
17 A. Waley, *Lebensweisheit im Alten China*, S. 95.
18 A. Waley, a. a. O., S. 114 f.
19 Zit. nach Geng Wu, a. a. O., S. 44.
20 Geng Wu, a. a. O., S. 69.
21 Zit. nach Geng Wu, a. a. O., S. 43.
22 A. Waley, a. a. O., S. 138.
23 A. Waley, a. a. O., S. 131.
24 Zit. nach Helmut Brinker in *Kunstschätze aus China*, Katalog, S. 101 u. 104.
25 Ching Ping u. D. Bloodworth, *Das chinesische Machtspiel*, S. 153.
26 M. Granet, a. a. O., S. 255.
27 M. Granet, a. a. O., S. 257.
28 M. Granet, a. a. O., S. 127.
29 A. Schweitzer, *Die Weltanschauung der indischen Denker*, S. 108.
30 C. P. Fitzgerald, *China*, S. 193.
31 F. Moore-Lappé, *Die Öko-Diät*, S. 17.
32 Kwan Kim-Gaul, *Drachenthron und blaue Ameisen*, S. 100.
33 A. Schweitzer, a. a. O., S. 72.
34 A. Schweitzer, a. a. O., S. 98 f.
35 Roger Goepper in *Kunstschätze in China*, S. 210.
36 C. P. Fitzgerald, a. a. O., S. 331.
37 *Lyrik des Ostens*, S. 302 (Übers. G. Eich).
38 *Lyrik des Ostens*, S. 298 (Übers. G. Debon).
39 *Lyrik des Ostens*, S. 313 (Übers. J. Ulenbrook).
40 *Lyrik des Ostens*, S. 283 (Übers. J. W. v. Goethe).
41 »Chinesische Kunst«, in *artis* 4/1976, S. 11.
42 *Lyrik des Ostens,* S. 346 (Übers. Hoffmann-Debon).
43 O. Franke, *Geschichte des chinesischen Reiches*, Bd. 4, S. 143.
44 *Lyrik des Ostens*, S. 351 (Übers. G. Eich).
45 J. Cahill, *Chinesische Malerei*, S. 74.
46 J. Cahill, a. a. O., S. 80.
47 F. Mackenzie, *Dschingis Khan*, S. 182.
48 C. P. Fitzgerald, a. a. O., S. 437.
49 Marco Polo, *Von Venedig nach China*, S. 138 f.
50 Marco Polo, a. a. O., S. 153 f.
51 W. Eichhorn, *Kulturgeschichte Chinas*, S. 240.
52 O. Franke, a. a. O., S. 491.
53 O. Franke, a. a. O., S. 497.
54 O. Franke, a. a. O., S. 504.
55 O. Franke, a. a. O., S. 511.
56 O. Franke, a. a. O., S. 550.
57 Ching Ping, a. a. O., S. 265.
58 J. Cahill, a. a. O., S. 170 f.
59 Kwan Kim-Gaul, a. a. O., S. 170 f.
60 W. Franke, *China und das Abendland*, S. 21.
61 C. P. Fitzgerald, a. a. O., S. 485.
62 W. Franke, a. a. O., S. 21.
63 C. P. Fitzgerald, a. a. O., S. 523.
64 W. Franke, a. a. O., S. 33.
65 W. Franke, a. a. O., S. 54.
66 M. Warner, *Die Kaiserin auf dem Drachenthron*, S. 15
67 Zit. nach M. Warner, a. a. O., S. 189.
68 Zit. nach M. Warner, a. a. O., S. 257.
69 »Der Genosse, der Kaiser wurde«, in *stern*, 12. 11. 1967.
70 Marc Soeren, »Vom Kaiser zum roten Volksvertreter«, in *Süddeutsche Zeitung*, 30. 12. 1964.
71 M. Soeren, a. a. O.

Literaturverzeichnis

Ibn Battuta, *Reisen ans Ende der Welt*, Tübingen – Basel 1975.

Wolfgang Bauer, »China – Verwirklichung einer Utopie«, in *Propyläen-Weltgeschichte*, Bd. XI/1, Frankfurt/M. 1976 (Ullstein Tb 4741).

ders., *China und die Hoffnung auf Glück*, München 1971.

Michel u. Cécile Beurdeley, *Chinesische Möbel*, Fribourg 1979.

dies., *Chinesische Keramik*, Fribourg 1974.

Peter Brent, *Das Weltreich der Mongolen*, Berg. Gladbach 1977.

James Cahill, *Chinesische Malerei*, Genf 1979.

Ching Ping u. Dennis Bloodworth, *Das chinesische Machtspiel*, Tübingen 1976.

Anthony Christie, *Chinesische Mythologie*, Wiesbaden 1968.

Sukie Colegrave, *Yin und Yang*, Bern – München 1980.

Arthur Cotterell u. Yong Yap, *Das Reich der Mitte*, Bern – München 1981.

Wolfram Eberhard, *Geschichte Chinas*, Stuttgart 1971.

Werner Eichhorn, *Kulturgeschichte Chinas*, Stuttgart 1964.

C.P. Fitzgerald, *China*, München 1967.

Herbert Franke u. Rolf Trauzettel, *Das chinesische Kaiserreich*, Frankfurt/M 1968 (Fischer Weltgeschichte 19).

Otto Franke, *Geschichte des chinesischen Reiches*, 5 Bde., Berlin 1930–52.

Wolfgang Franke, *China und das Abendland*, Göttingen 1962.

Hans H. Frankel, »China bis 960«, in *Propyläen Weltgeschichte*, Bd. VI/1, Frankfurt/M 1976 (Ullstein Tb 4731).

Geng Wu, *Die Staatslehre des Han Fei*, Wien u. New York 1978.

Jacques Gernet, *Die chinesische Welt*, Frankfurt/M 1979.

Marcel Granet, *Die chinesische Zivilisation*, München 1976.

Josef Guter (Hrsg. u. Übers.), *Chinesische Märchen*, Frankfurt/M 1973.

Walter Heissig, *Die Mongolen*, Düsseldorf – Wien 1979.

Josef Hejzlar, *Alte chinesische Graphik*, Prag 1972.

Carl Hentze, *Funde in Alt-China*, Göttingen – Zürich – Berlin 1976.

A.F.P. Hulsewé, »China im Altertum«, in *Propyläen Weltgeschichte*, Bd. II/2, Frankfurt/M 1976 (Ullstein Tb 4724).

R. Soame Jenyns u. William Watson, *Arts de la Chine*, Bd. 2, Fribourg – Paris, 1963.

Kwan Kim-Gaul, *Drachenthron und blaue Ameisen*, Wiesbaden 1965.

Johannes Lehmann, *Buddha*, München 1980.

Daisy Lion-Goldschmidt u. Jean-Claude Moreau-Gobard, *Arts de la Chine*, Bd. 1, Fribourg 1960 u. 1980.

Franklin Mackenzie, *Dschingis Khan*, Bern – München 1977.

Frances Moore-Lappé, *Die Öko-Diät*, Frankfurt/M 1978 (Fischer Bücherei 4013).

Georg Adolf Narciß (Hrsg.), *Im fernen Osten*, Tübingen – Basel 1978.

Kurt Pollak, *Die Heilkunst der frühen Hochkulturen*, Wiesbaden 1978.

Marco Polo, *Von Venedig nach China*, Tübingen – Basel 1972.

Pu Yi, *Ich war Kaiser von China. Vom Himmelssohn zum Neuen Menschen*, München 1973.

Edward H. Schafer, *China. Das Reich der Mitte.* Reinbek 1971 (Time-Life-Bücher 25).

Joachim Schickel, *Konfuzius. Materialien zu einer Jahrhundert-Debatte*, Frankfurt/M 1976.

Hermann Schreiber, *Die Chinesen*, Wien – Düsseldorf 1978.

Albert Schweitzer, *Die Weltanschauung der indischen Denker*, Nördlingen 1965.

Werner Speiser, *Die Kunst Ostasiens*, Berlin 1956.
Werner Speiser, Roger Goepper u. Jean Fribourg, *Chinesische Kunst*, Fribourg – Zürich 1974.
Bertold Spuler, *Geschichte der Mongolen*, Zürich – Stuttgart 1968.
Arnold Toynbee (Hrsg.), *Der Ferne Osten*, Braunschweig 1974.
Tsung-Tung Chang, *Der Kult der Shang-Dynastie im Spiegel der Orakelinschriften*, Wiesbaden 1970.
Arthur Waley, *Lebensweisheit im Alten China*, Frankfurt/M 1974.
Marina Warner, *Die Kaiserin auf dem Drachenthron*, Würzburg 1974.
Alan Watts, *Der Lauf des Wassers. Eine Einführung in den Taoismus*, Bern – München 1976.
Gustav-Adolf Wolter, *China-Spiegel*, Herford 1978.

Kataloge

Archäologische Funde der VR China, Wien 1974.
Chinesische Skulpturen. Museum Rietberg, Zürich 1959.
Kunstschätze aus China, Zürich 1980.
Meisterwerke aus China, Korea und Japan. Museum für ostasiatische Kunst der Stadt Köln, 1979 (2. Auflage).

Bildquellennachweis

Museum of Fine Arts, Boston: 71, 87, 88. – Peter Fritz, Zürich: 122/23. – Topkapi Museum, Istanbul: 157. – William Rockhill Nelson Gallery, Kansas City: 69. – Keystone, München: 251, 253. – Arts Council, London: 53. – Britisches Museum, London: 12, 36, 50 links, 91, 103, 111, 124, 144, 165. – Victoria and Albert Museum, London: 162, 235. – Warburg Institute, London: 145, 147. – Wellcome Medical Foundation, London: 9, 35. – Dr. Michael Luther, München: 13, 20, 31, 45, 47, 58, 92, 99, 117, 118/19, 138/39, 155, 169, 185, 195, 196, 198/99, 202, 219, 229, 246, 247. – Foto Marburg: 192, 193. – Minneapolis Institute of Arts: 50 rechts. – Bibliothèque Nationale, Paris: 152, 153, 182, 204, 209. – Musée Cernuschi, Paris: 27. – Musée Guimet, Paris: 34, 230, 234. – M. H. de Young Memorial Museum, San Francisco: 55, 178. – Palastmuseum, Taipeh (Taiwan): 6, 73, 115, 120, 127, 133, 137, 142, 149, 166, 176, 206, 213. – Freer Gallery, Washington, D.C.: 15, 22, 156, 164. – Österreichische Nationalbibliothek, Wien: 105.

Personen- und Sachregister